中国冰雪经济发展报告

（2022）

ZHONGGUO BINGXUE JINGJI
FAZHAN BAOGAO
（2022）

国家体育总局　编

中国计划出版社
北　京

图书在版编目（CIP）数据

中国冰雪经济发展报告． 2022 / 国家体育总局编
．-- 北京 ：中国计划出版社，2023.2
ISBN 978-7-5182-1256-9

Ⅰ．①中… Ⅱ．①国… Ⅲ．①冰上运动—体育产业—产业发展—研究报告—中国—2022 ②雪上运动—体育产业—产业发展—研究报告—中国—2022 Ⅳ．① G862.92 ②G863.92

中国国家版本馆 CIP 数据核字（2023）第 025065 号

策划编辑：朱　冰　　责任编辑：赵超霖
封面设计：韩可斌　　责任校对：杨奇志　谭佳艺
责任印制：李　晨　王亚军

中国计划出版社出版发行
网址：www. jhpress. com
地址：北京市西城区木樨地北里甲 11 号国宏大厦 C 座 3 层
邮政编码：100038　电话:（010）63906433（发行部）
三河富华印刷包装有限公司印刷

787mm × 1092mm　1 /16　22.5 印张　403 千字
2023 年 2 月第 1 版　2023 年 2 月第 1 次印刷

定价：93.00 元

编　委　会

前　言

党的十八大以来，以习近平同志为核心的党中央高度重视冰雪运动和冰雪经济发展，把筹办举办北京冬奥会、冬残奥会作为“国之大者”，作出一系列重要指示批示，指明了冰雪运动和冰雪经济发展的目标定位和实践要求。党的二十大报告提出“广泛开展全民健身活动，加强青少年体育工作，促进群众体育和竞技体育全面发展，加快建设体育强国”，为后冬奥时期冰雪运动和冰雪经济发展提供了根本遵循。推动冰雪经济高质量发展，是实现中国式现代化的有效途径，是构建新发展格局的现实选择，是开创体育强国建设新局面的必然要求。

北京冬奥会、冬残奥会申办成功以来，国家不断完善冰雪经济政策体系。2019 年中共中央办公厅、国务院办公厅印发《关于以 2022 年北京冬奥会为契机大力发展冰雪运动的意见》；国家体育总局会同相关部门相继印发了《冰雪运动发展规划（2016—2025 年）》《全国冰雪场地设施建设规划（2016—2022 年）》《冰雪装备器材产业发展行动计划（2019—2022 年）》《冰雪旅游发展行动计划（2021—2023 年）》等一系列文件；各省（区、市）纷纷出台本地区冰雪产业发展规划、行动方案等。完善的政策体系引导形成部门联动发力、社会广泛参与的良好局面，在发展机制、场地设施、资金供给、人才培养等方面提供了要素支撑，推动我国冰雪运动和冰雪经济实现了跨越式发展和历史性突破。我国冰雪运动覆盖面不断扩大，群众性赛事活动、高水平竞技赛事在大江南北、长城内外呈现出前所未有的发展活力；冰雪场地数量不断增加，截至 2021 年 12 月，全国共建有冰雪运动场地 2 261 个，场地面积达到 0.77 亿平方米；

冰雪运动参与人群不断增长，截至2021年10月，我国居民参与冰雪运动的人数为3.46亿人，冰雪运动参与率为24.56%，12个省（区、市）冰雪运动参与率超过30%；冬季运动竞技水平全面提升，北京冬奥会中国代表团取得9金4银2铜的成绩，多项指标创造新的历史；冰雪产业规模大幅增长，2021年产业总规模达到5 788亿元，预计到2025年有望突破1万亿元；冰雪市场主体持续壮大，截至2022年12月，冰雪运动相关企业约有9 000家；冰雪装备器材研发实现突破，为体育用品制造业的转型升级树立了典型；冬奥经济激发北京河北两地三赛区经济发展新动能，高水平运动员明星效应凸显，赛事经济与区域经济发展相得益彰。

2021年1月，习近平总书记在考察北京冬奥会筹办工作时指出，“推动我国冰雪运动跨越式发展是实现第二个百年奋斗目标的重要组成部分”。为更好实现冰雪经济高质量发展，助力体育强国建设，后冬奥时期中国冰雪经济将按照《“十四五”体育发展规划》《“十四五”体育产业发展规划》提出的“促进冰雪产业全面升级”目标，积极实施“冰雪产业促进工程”，在加强战略规划布局、优化冰雪经济结构、推动要素市场化配置水平、加强知名品牌培育、优化冰雪经济发展环境等方面下功夫，实现冰雪经济提质增效。

《中国冰雪经济发展报告（2022）》由国家体育总局会同国家发展改革委、工业和信息化部、文化和旅游部组织有关高等院校、研究机构及业界代表共同编写，是第一部系统梳理我国冰雪经济发展的专题报告。《报告》全面总结了2015年北京成功申办冬奥会、冬残奥会以来我国冰雪经济发展取得的重要成果，以重点领域、产业链各环节、标志性事件为线索，系统分析了发展现状和面临的问题，并提出政策建议。《报告》呈现四个亮点：一是首次从完善产业政策体系、加强多元主体合作、丰富赛事活动供给、培育示范试点项目、补齐产业短板弱项、引导科技创新应用、推进标准体系建设等方面全面梳理了我国冰雪经济工作推动情况；二是首次聚焦重点细分行业，从产业链形成、区域优势、发展路径等维度系统分析了冰雪经济全产业链发展状况；三是首次应用遥感技术、地理信息技术对我国冰雪资源空间布局进行了研究，为我国冰雪资源合理开发、利用与保护提供科学依据；四是首次从冰雪产业新增长点、细分行业头部企业、冰雪经济典型案例等近年来较少涉及的研究领域入手，以小见大，以点代面，通过“解剖麻雀”的方式总结经验、摸索规律，为后冬奥时期冰雪经济高质量发展谋划发展路径。

《报告》分总报告、分报告、行业分析、专题研究，共十二章五十三节。国家体育总局体育经济司与国家发展改革委社会发展司、北京师范大学共同完成第一章总报告撰写及全书统稿、审稿工作，指导北京雪帮雪业企业管理有限公司、中国科学院地理科学与资源研究所、北京体育大学、清华大学分别完成第七章、第十章、第十一章和第十二章撰写工作；国家体育总局群众体育司会同冬季运动管理中心完成第二章、第三章、第九章组稿，并指导华腾冰雪（北京）体育文化发展有限公司完成第八章撰写工作；工业和信息化部装备工业一司指导工业文化发展中心完成第四章撰写工作；文化和旅游部资源开发司指导中国旅游研究院完成第五章、第六章撰写工作。

中国冰雪经济所取得的瞩目成绩和未来的健康可持续发展，与党中央、国务院及相关部门、地方各级政府的高度重视和大力支持密不可分，与奋斗在体育系统一线的体育工作者、高等院校和研究机构的专家学者、体育企业、新闻媒体以及冰雪运动参与者的共同努力密不可分，在此一并致以诚挚谢意！

本书编委会

2022 年 12 月

目　录

CONTENTS

Ⅰ 总报告篇

Ⅱ 分报告篇

Ⅲ 行业分析篇

Ⅳ　专题研究篇

附　　录

I 总报告篇

第一章　中国冰雪经济发展报告

党的十八大以来，以习近平同志为核心的党中央高度重视冰雪运动和冰雪经济发展，提出“要把推动冰雪运动普及贯穿始终，大力发展群众冰雪运动，提高冰雪运动竞技水平，加快冰雪产业发展，推动冬季群众体育运动开展，增强人民体质”。在习近平总书记的亲自谋划、亲自部署、亲自推动下，北京冬奥会、冬残奥会成功举办，我国冰雪运动实现了跨越式发展；“带动三亿人参与冰雪运动”成为现实，人民群众获得感显著增强；冰天雪地成为群众致富、乡村振兴的“金山银山”。冰雪经济发展水平已成为国家实力的象征、人民健康水平的标尺、区域经济发展的动能、民族精神的载体。

在党的二十大精神指引下，我国冰雪经济将勇担新时代赋予的使命，积极顺应新发展格局，在新征程上凝心聚力，不断深化供给侧结构性改革和加强需求侧管理，形成竞技冰雪、群众冰雪、冰雪产业、冰雪文化协同发展、相互促进的良好格局，加快推动冰雪经济高质量发展，为体育强国建设和实现中国式现代化贡献中国冰雪力量。

第一节　发展冰雪经济的现实意义

大力发展冰雪经济是践行习近平总书记冰天雪地也是金山银山理念、带动三亿人参与冰雪运动的有力抓手，也是满足群众多样化体育需求、推动全民健身和全民健康深度融合、建设健康中国和体育强国、促进经济社会发展的重要举措。2017年1月，习近平总书记在河北张家口考察冬奥会筹办工作时指出，“人生幸福快乐，强身健体十分重要”“我们申办北京冬奥会，一个重要目的就是推动我国冰雪运动快速进步，推动全民健身广泛开展。我们提出，要努力带动更多人参与冰雪运动，北京冬奥会是一个重要推动，对冰雪运动产业也是一个重要导向”。2021年1月，习近平总书记在主持召开北京2022年冬奥会和冬残奥会筹办工作汇报会时强调，“推动京津冀协同发展，努力在交通、环境、产业、公共服务等领域取得更多成果。要积极谋划冬奥场馆赛后利用，将举办重大赛事同服务全民健身结合起来，加快建设京张体育文化旅游带”。2022年4月，习近平总书记在北京冬奥会、冬残奥会总结表彰大会上号召大家“要积极谋划、接续奋斗，管理好、运用好北京冬奥遗产”。经过多年发展，特别是伴随北京2022年冬奥会、冬残奥会的顺利筹备和成功举办，我国冰雪运动与冰雪经济实现跨越式发展，我国已成为全球最活跃冰雪消费市场和冰雪经济发展新增长极，为开创我国体育强国建设新局面贡献了冰雪力量，为推动高质量发展和实现中国式现代化提供有力支撑。

一、发展冰雪经济是实现中国式现代化的有效途径

党的二十大报告擘画了以中国式现代化全面推进中华民族伟大复兴的宏伟蓝图，明确提出中国式现代化的本质要求。报告指出，我们坚持把实现人民对美好生活的向往作为现代化建设的出发点和落脚点。冰雪经济发展的重要目标之一就是带动更多人参与冰雪运动，推动全民健身广泛开展，为人民健康筑基。在习近平总书记的亲自倡导下，冰雪运动以喜闻乐见的健身形式和丰富多彩的赛事活动进入全国各地人民群众生活中，吸引了越来越多的人群参与冰雪运动，增强了人民群众的获得感、幸福感。进入新发展阶段，冰雪经济通过保障要素供给，深化“放管服”改革，推动冰雪场地设施、冰雪器材装备和冰雪服务现代化，创造冰雪消费新需求，以更好满足新时代人民群众高品质生活需求。

中国式现代化是全体人民共同富裕的现代化，发展冰雪经济能够有效解决体育区域发展不平衡、不充分的问题，落实以人民为中心的体育发展观。我国北方地区是世界上最为重要和具有世界级开发潜力的冰雪资源集聚区之一。通过挖掘冰雪经济发展潜力，将“冷资源”变成“热经济”，有助于巩固脱贫攻坚成果，助力我国北方地区乡村振兴，为革命老区、民族地区、边疆地区经济发展赋能，为东北全面振兴、西部大开发、京津冀协同发展提供新路径。

二、发展冰雪经济是构建新发展格局的现实选择

习近平总书记强调，“构建新发展格局是适应我国发展新阶段要求、塑造国际合作和竞争新优势的必然选择”。构建新发展格局要贯彻新发展理念，将新发展理念作为冰雪经济谋发展的主要出路。坚持创新驱动，强化冰雪经济发展中的科技支撑；补齐发展短板，加大对器材装备制造业等重点产业的支持力度；坚持绿色发展，扎实践行绿水青山就是金山银山、冰天雪地也是金山银山的理念；加强与国际市场的合作与交流，发挥“冰雪 +”带动作用，与文化、旅游等相关产业共享发展成果。

冰雪经济具有投资强度大、产业链长、辐射带动作用强的特征，国内和国际市场融合度高。发展冰雪经济有利于促进体育消费，培育内需新动能，为经济社会持续健康发展提供强大内生动力，也有利于更好吸引全球资源要素，提升产业发展水平，培育我国参与国际经济合作竞争新优势，为构建以国内大循环为主体、国内国际双循环相互促进的新发展格局作出贡献。

三、发展冰雪经济是开创体育强国建设新局面的必然要求

体育强国建设要求“精神强”“体制强”“物质强”“全面强”“融入强”。在“精神强”方面，北京冬奥会、冬残奥会成功举办，不但向世界传播了中华优秀传统文化，向世界展现了中国力量，更为中华民族伟大复兴

提供了凝心聚气的强大精神力量，激发了中华儿女爱国热情，进一步形成了竞技体育、群众体育、体育产业协调发展的良好局面。在“体制强”方面，习近平总书记指出：“我国社会主义制度非凡的组织动员能力、统筹协调能力、贯彻执行能力，我国坚实的经济实力、科技实力、综合国力，为成功办奥提供了强有力的底气和最坚实的保障！”在“物质强”方面，冰雪经济发挥市场在优化配置资源中的重要作用，为群众参与冰雪运动和竞技体育发展提供了场地、资金、人才等要素资源保障，丰富了赛事活动、装备器材、文化旅游产品供给。在“全面强”方面，我国实现了冰雪场地设施31个省（区、市）全覆盖，冰雪运动参与人数达到3.46亿人[①]；北京冬奥会、冬残奥会中国体育代表团首次全项目参赛，创造了我国参加冬奥会、冬残奥会的历史最好成绩，全面促进了社会体育事业发展，广大群众生活更加丰富多彩。在“融入强”方面，冰雪经济作为绿色经济，是体育消费新亮点和体育产业发展新动能，在服务区域协调发展战略、区域重大战略、主体功能区战略、新型城镇化战略中发挥了重要作用，推动了体育与旅游、文化、科技等领域的深度融合，为世界冰雪经济可持续发展贡献了力量。

第二节　中国冰雪经济总体发展情况

2015年北京冬奥会、冬残奥会的成功申办，极大地推动了我国冰雪经济快速发展。我国冰雪经济克服世纪疫情影响，逐步适应新发展阶段的客观要求，总体发展趋势稳中向好，主要表现在：冰雪产业实现跨越式发展、冰雪消费市场活力有效激发、冰雪要素协同配置效率提高、冰雪产业平台效应凸显、冰雪产业重点领域经济贡献突出、冰雪产业治理能力显著增强。现阶段，我国已成为全球最活跃的冰雪消费市场和全球

① 央视网.中国实现三亿人参与冰雪运动总体目标 12个省区市参与率超30%［EB/OL］.（2022-01-13）［2022-06-01］.http://news.cctv.com/2022/01/13/ARTIGxIXqr0ArYfnmN1NjDzx220113.shtml.

冰雪经济新的增长极，向世界展现了中国自信和中国力量。

一、冰雪产业实现跨越式发展

（一）产业规模快速增长

《2022 中国冰雪产业发展研究报告》数据显示，2015—2018 年我国冰雪产业规模稳步增长，冬奥会周期增速加快（见图 1-1）。2015 年，我国冰雪产业总规模为 2 700 亿元，2021 年达到 5 788 亿元，比 2020 年增长 51.88%，比 2015 年增长 114.37%，以现有增速推算，预计 2025 年有望突破 1 万亿元[①]，呈现出巨大的发展潜力。

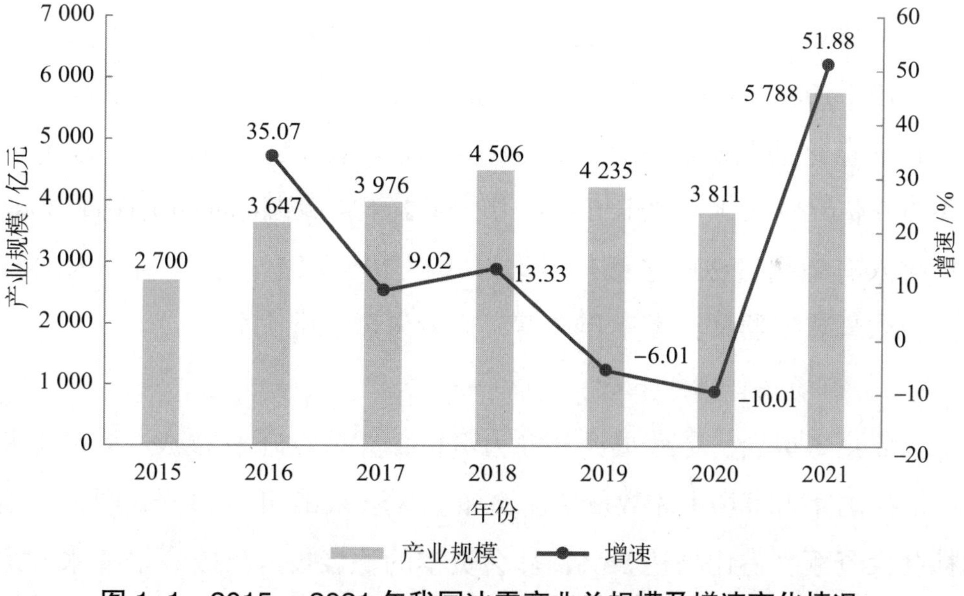

图 1-1　2015—2021 年我国冰雪产业总规模及增速变化情况

数据来源：亚洲数据集团，《2022 中国冰雪产业发展研究报告》，2022。

（二）产业结构不断优化

经过多年发展，我国基本形成了以冰雪场地设施建设与运营为基础、

① 京报网.《中国冰雪产业发展研究报告》发布，我国冰雪产业规模有望达 8 000 亿元［EB/OL］.（2022-09-02）［2022-06-01］.https://news.bjd.com.cn/2022/09/02/10143133.shtml.

冰雪健身休闲和冰雪竞赛表演为核心、冰雪旅游为带动、冰雪装备制造为支撑的冰雪产业体系。随着产业发展逐渐深入，冰雪产业与相关产业不断融合、相互渗透，催生出冰雪教育培训、冰雪信息传媒、冰雪经纪中介、冰雪场地设计等新兴业态，我国冰雪产业体系日益完善，冰雪产业结构不断优化，整体质量和效益稳步提升，成为我国实体经济新的增长点。以冰雪场地服务、冰雪竞赛表演、冰雪健身休闲等为代表的服务型业态增速显著，以冰雪旅游业为例，根据中国旅游研究院冰雪旅游课题组测算，2016—2017 我国冰雪季旅游收入仅为 2 700 亿元，到 2021—2022 冰雪季，冰雪休闲旅游收入已增长至 4 740 亿元，预计至 2024—2025 冰雪季将达到 7 200 亿元[①]。此外，以冰雪装备制造业为代表的第二产业在《冰雪装备器材产业发展行动计划（2019—2022 年）》（工信部联装〔2019〕106 号）等一系列国家政策的扶持下，也逐渐驶入快车道，据工业和信息化部调研数据显示，2021 年我国冰雪装备器材产业市场规模约为 200 亿元，较上年增长 13%，到 2022 年，我国冰雪装备器材产业年销售收入有望超过 200 亿元，年均增速在 20% 以上。各类新技术和新产品推动冰雪装备器材种类逐年丰富，产业发展态势向好。

（三）市场主体持续壮大

以北京冬奥会、冬残奥会筹办为契机，在持续旺盛的冰雪消费需求刺激下，我国冰雪市场主体数量快速增加。截至 2022 年 3 月，我国冰雪领域的社会投资额度占比高达 86%，社会资本的积极投入已成为培育冰雪龙头企业、扶持冰雪中小微企业持续壮大的关键力量。截至 2022 年底，冰雪运动相关企业数量约 9 000 家，其中 2022 年新增注册企业 1 460 家，同比增长 20.1%。涨幅速度已基本恢复到 2019 年疫情前水平。2022 年新增注册企业中，数量排名前三名的省（区、市）分别为北京、广东和山东。

---

① 伍策，一丁 . 中国冰雪旅游市场已进入扩容提质并重新阶段［EB/OL］.（2023-01-05）［2023-01-06］.http://travel.china.com.cn/txt/2023-01/06/content_85043736.html.

二、冰雪消费市场活力有效激发

（一）冰雪消费人群逐年壮大

庞大而有生机的冰雪消费人群是冰雪消费市场健康可持续发展的基础保障。《2021—2022 中国滑雪产业白皮书》显示，2013—2021 年，全国滑雪人次从 900 万人次增至 2 154 万人次（见图 1–2），年均增长 15.5%；全国滑冰人次从 670 万人次增至 1 830 万人次，年均增长 21.6%。2022 年 1 月国家统计局、国家体育总局发布的《“带动三亿人参与冰雪运动”统计调查报告》显示，截至 2021 年 11 月，我国冰雪运动参与率已达到 24.56%，其中 18 ~ 30 岁居民参与率最高，为 37.27%，参与人数为 0.82 亿人，80 后和 90 后成为冰雪旅游的主力人群[①]，消费群体年轻化特征日益显现，为冰雪消费注入强劲活力。

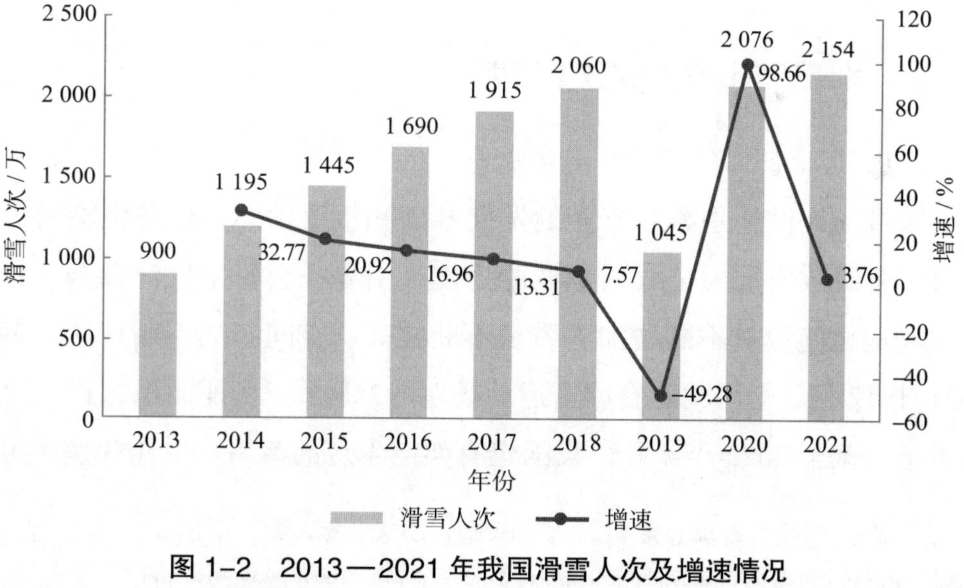

图 1–2　2013—2021 年我国滑雪人次及增速情况

数据来源：雪帮雪业企业管理有限公司，《2021—2022 中国滑雪产业白皮书》，2022。

① 国家体育总局．“带动三亿人参与冰雪运动”调查主要数据结果［EB/OL］.（2022–01–13）［2022–08–13］. https://www.sport.gov.cn/n20001280/n20001265/n20067533/c23922073/content.html.

（二）冰雪消费规模持续扩大

在冰雪人口增多和冰雪消费潜力增长的双轮驱动下，我国冰雪市场不断扩大，冰雪消费规模增长态势显著。据携程网统计，截至 2019 年底，我国人均滑雪消费支出达到 2 398 元。商务部数据显示，在北京冬奥会、冬残奥会带动下，截至 2022 年 1 月下旬，滑雪装备销售额同比增长 51.9%，冰雪主题乐园和滑雪景区门票销售额同比分别增长 131.5% 和 95.2%①。截至 2022 年 5 月，北京冬奥会吉祥物“冰墩墩”相关产品销量达到 520 万只②，受到市场热捧。北京市体育局调查数据显示，2021 年北京市冰雪运动消费人口人均消费达到 24 501.04 元，是同年北京市居民人均体育消费的 7.4 倍③。大数据、区块链和 5G 等先进技术的应用助力了一批冰雪企业数字化转型，极大地释放了发展型和享受型消费需求，推动消费方式向个性化、多样化转变，加速了经济转型与消费升级的有机结合。

三、冰雪要素协同配置效率提高

（一）场地设施供给质量大幅提升

冰雪场地设施是冰雪产业的发展基础和重要保障。以冬奥会筹办为契机，各级政府加大公共资源调配力度，引导社会资本广泛参与，推动冰雪场地设施数量不断增加、质量不断提高、空间布局不断优化。截至 2021 年 12 月，全国共建有冰雪运动场地 2 261 个，场地面积达到 0.77 亿平方米。截至 2022 年 4 月，我国建有架空索道的滑雪场共 163 座（见图

① 黄盛．冰雪运动激发消费热潮 “冬奥”推动产业红利持续释放［EB/OL］．（2022-02-16）［2022-10-15］. http://finance.people.com.cn/n1/2022/0216/c1004-32353416.html.

② 马莲红．全球观众超 20 亿！《北京冬奥会市场营销报告》解读这 6 大亮点［EB/OL］．（2022-10-22）［2022-10-30］.http://www.sportsmoney.cn/article/114020.html.

③ 北京市体育局 .2021 年北京市居民人均体育消费 3 310.3 元 全市冰雪运动消费人口人均消费超 2.4 万元［EB/OL］．（2022-08-09）［2022-10-30］. http://tyj.beijing.gov.cn/bjsports/gzdt84/zwdt/325892557/index.html.

1–3），其中，有脱挂式索道的滑雪场30座；全国滑雪场地中共有1 581条魔毯处于运营中，总长度达到235公里；截至2019年底，全国室内真冰场数量达到388块[①]。冰雪场地、设施的分布逐步打破“北强南弱”的不平衡状态，初步形成滑雪运动设施“南展西扩东进”、室内冰场全域分布、室外冰场集中在东北和京冀的空间布局。

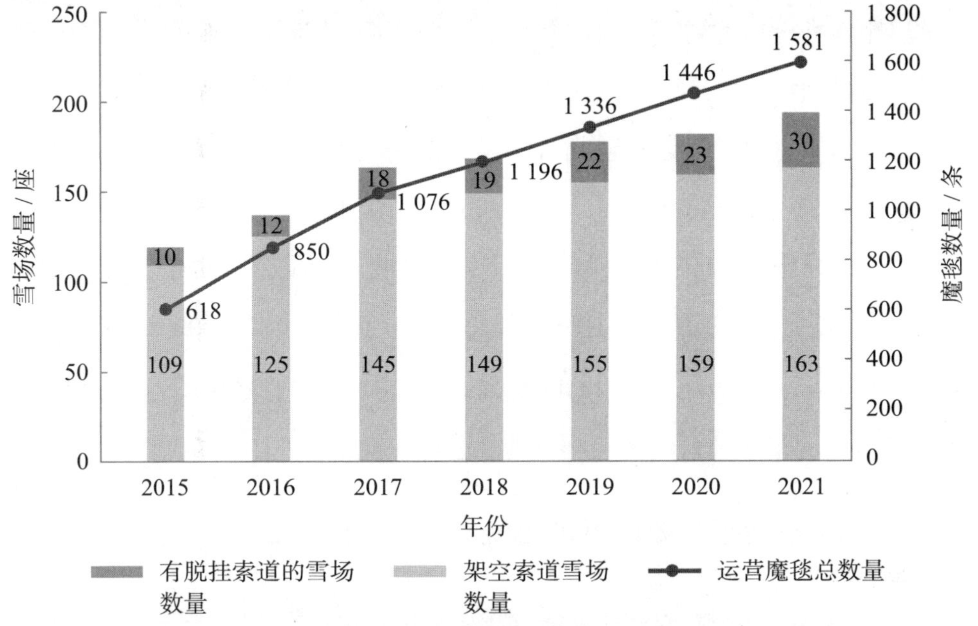

图1–3　2015—2021年我国滑雪场索道和运营魔毯数量

数据来源：雪帮雪业企业管理有限公司，《2021—2022中国滑雪产业白皮书》，2022。

（二）人才供给数量显著增多

我国不断拓宽人才培养供给渠道，加大冰雪人才供给。通过制定冰雪产业人才激励政策、创新人才引进机制、举办冰雪产业人才交流大会、丰富冰雪产业就业岗位、举办冰雪高级研修班、开设冰雪专业学院等方式，不断壮大冰雪运动员队伍，培养冰雪产业相关人才，为产业发展积

① 伍斌.2021—2022中国滑雪产业白皮书［R/OL］.（2022-07-29）［2022-09-16］.http://vanat.ch/publications.shtml.

蓄力量。2015—2020年，参加全国性冰雪运动比赛注册运动员人数实现翻番，从5 111名增长为11 398名。全国冰上运动项目国家级裁判员增至357名，国际级裁判员增至106名，雪上运动项目裁判员增至523名，国际级裁判员增至25名①。一大批参加过冬奥会筹办组织的工作人员和志愿者成为后冬奥时期冰雪运动与冰雪经济发展的主力军。

（三）投资方式趋于理性

我国冰雪投资活跃，投资方式向提质扩容的内涵式方向转变。2015—2021年，冰雪领域共发生融资59起，融资金额达到34.12亿元，2021年冰雪赛道共计发生融资10起，披露金额约3.05亿元，主要集中在滑雪领域，包括滑雪设备、场地及相关社交平台②。从冰雪旅游企业的角度看，投资更注重的是回报率和回报周期；从政府的角度看，更偏重考量投资所能产生的带动作用和整体效应。据统计，2018—2022年五年间，我国冰雪旅游重资产项目的总投资规模超过11 100亿元，其中2022年新增重资产项目投资总额约1 100亿元③。

四、冰雪产业平台效应逐步凸显

（一）区域协作平台促进要素流动

各区域通过政策倾斜、资源共享、人才交流等途径搭建冰雪产业协作平台，成功实现合作共赢。长三角、珠三角、京津冀等体育产业集群强强联合，通过区域协作，不断挖掘冰雪服装、装备制造潜力，打造多家知名度高、影响力大、市场竞争力强的冰雪企业，为冰雪产业高质量

① 吴为.最新数据：3.46亿中国居民参与过冰雪运动[EB/OL].(2022-01-19)[2022-09-27].https://www.bjnews.com.cn/detail/164257677614923.html.

② 马莲红.冰雪赛道融资34亿、现存企业2.15万家，北京冬奥带火“白色经济”[EB/OL].(2022-02-11)[2022-09-28].http://www.sportsmoney.cn/article/108369.html.

③ 伍策，一丁.中国冰雪旅游市场已进入扩容提质并重新阶段[EB/OL].(2023-01-05)[2023-01-06].http://travel.china.com.cn/txt/2023-01/06/content_85043736.html.

发展奠定了基础。新疆阿勒泰地区与吉林省吉林市优势资源互补，建立冰雪友好城市，联合开展冰雪赛事、冰雪旅游、人才培养等活动，促进资源要素在区域内流动，成功带动两地冰雪产业发展，推动区域冰雪经济结构不断优化。

（二）示范工程引领带动作用明显

国家体育产业基地、国家级滑雪旅游度假地、国家体育旅游示范基地等示范工程积极发挥引领作用。河北崇礼、涞源和新疆阿勒泰等地被命名为国家体育产业示范基地，重点打造以冰雪产业为主导产业的区域冰雪经济引领区，推动华北、西北等地区冰雪经济发展；齐齐哈尔黑龙冰刀制造股份有限公司、新疆丝绸之路冬季冰雪运动发展有限公司、湖北神农架国际滑雪场等被认定为国家体育产业示范单位、示范项目及国家体育旅游示范基地，在冰雪装备制造、冰雪场馆、冰雪赛事等多个领域发力，争创行业龙头。

（三）产业园区集聚作用初步显现

随着多地兴建冰雪产业园区，产业集聚作用初步显现。北京延庆奥林匹克园区围绕山地户外运动核心区、室内休闲娱乐区和休闲度假综合服务区三大功能分区打造国际一流、国内领先的山地度假目的地。河北张家口市借势北京冬奥会，引进意大利天冰造雪机、苏法格造雪机、法国 MND 索道等优质项目，开发大众冰雪装备器材，打造高品质冰雪运动装备产业园。黑龙江、吉林、辽宁、内蒙古等传统冰雪资源优势地区，依托已有冰雪资源和冰雪装备制造基础，促进产业集群化发展，带动区域冰雪产业发展。

五、冰雪产业重点领域经济贡献突出

（一）冰雪竞赛表演产业激发消费市场潜力

在北京冬奥会、冬残奥会的带动下，我国冰雪竞赛表演产业发展迅速，高水平竞技赛事和大众冰雪赛事数量显著增加，经济效益与社会效益日益突出。多项高水平国际冰雪赛事落户中国，涌现出以武大靖、苏翊鸣、徐梦桃等为代表的一批高水平冰雪运动明星，明星效应凸显，推动冰雪市场潜力进一步释放。据国家体育总局冬季运动管理中心数据统计，全国 2016—2019 冰雪季共举办竞技赛事 225 场，大众冰雪赛事数量从 1 975 场增至 2 818 场，年均增速达到 12.58%，赛事种类不断丰富。2018—2019 年全国冰雪竞赛表演活动直接经济效益超 10 亿元，间接经济效益占比近 70%，经济效益增长显著；2018—2019 年平均每项冰上和雪上赛事分别带动参赛人数为 104 人和 147 人，较 2016—2017 年分别增长 38.67%、5.76%，取得了较为突出的社会效益。

（二）冰雪健身休闲产业拓展冰雪消费场景

凭借北京冬奥会带来的历史机遇，我国深入实施冰雪运动“南展西扩东进”战略，统筹区域冰雪运动场地设施建设，不断创新扩大冰雪健身休闲产品与服务供给。据统计，2021 年“全国大众冰雪季”覆盖 184 个地级市，举办赛事活动 4 808 项，参与人数达 1.62 亿人次[①]。东部和中部地区积极引入社会资本，发挥市场主体作用，通过使用仿真冰、旱雪等技术创造模拟冰雪体验场景，有条件的地方通过建设室内冰雪运动场地延展冰雪运动空间。西部地区将冰雪景观与民俗特色融合，打造多元民俗文化与冰雪运动深度融合的健身休闲活动，不断创新冰雪消费新场景。此外，数字化技术的发展与应用也为冰雪健身休闲产业的发展拓展了新空间，全国多地通过推广综合运用全息光影、激光显示等技术应用，打造四季沉浸式冰雪主题乐园，提供全新数字化互动体验。

（三）冰雪器材装备制造产业促进冰雪产业升级

2019 年，国家体育总局会同工业和信息化部等部门印发《冰雪装备

① 央视新闻.“数”说冰雪运动 我国冰雪运动步入快车道[EB/OL].(2022-01-03)[2022-09-27]. https://content-static.cctvnews.cctv.com/snow-book/index.html?item_id=4759001397652087347.

器材产业发展行动计划（2019—2022年）》（以下简称《行动计划》）。各级政府部门积极落实《行动计划》，创新冰雪消费体验，促进冰雪产业转型升级，在科技创新、品牌国产化和产业布局等方面取得重大突破。以北京冬奥会、冬残奥会为契机，我国冰雪器材装备在竞赛器材、运动设施、训练装置、服装装备等重点领域加强研发攻关，国产雪车、国产打蜡车、量产型电动雪地摩托车、六自由度电动模拟体育训练系统等已投入使用，引领和推动了我国冰雪装备器材产业化、市场化发展。随着企业转型积极性提高，国产冰雪品牌发展势头迅猛。传统冰雪装备器材企业通过引入自动化生产线，加大新产品研发力度，扩展产业链条，或通过跨界合作，促进体旅融合，拓展企业产品种类；非冰雪装备器材企业依托科研优势，积极研发高质量冰雪装备器材，紧抓冰雪装备制造业转型升级机遇，成功进军国际冰雪市场，打破同类型欧美产品的市场垄断。此外，在冰雪需求激增和消费升级的双重背景下，南方省市也开始进军冰雪轻装备器材市场，形成了区域比较优势，改变了我国冰雪器材装备制造业的传统发展格局，促进了产业发展提质升级。

（四）冰雪旅游产业优化冰雪消费结构

在国家政策引领、地方供给创新和游客消费升级多重因素影响下，冰雪旅游产业规模不断扩大，逐渐形成了“三足鼎立、两带崛起、全面开花”的区域发展格局，冰雪消费结构进一步优化，成为冰天雪地也是金山银山的示范产业。据中国旅游研究院冰雪旅游课题组测算，2021—2022冰雪季我国冰雪休闲旅游人数为3.44亿人次，预计2022—2023冰雪季我国冰雪休闲旅游人数仍会超过3亿人，到“十四五”末期的2024—2025冰雪季，我国冰雪休闲旅游人数有望达到5.2亿人次；2021—2022冰雪季我国冰雪旅游人均消费1 378元[①]，较2020—2021冰雪季的1 061元增长317元，冰雪旅游的

① 伍策，一丁．中国冰雪旅游市场已进入扩容提质并重新阶段［EB/OL］．（2023-01-05）［2023-01-06］．http://travel.china.com.cn/txt/2023-01/06/content_85043736.html.

内需拉动能力依然突出。受世纪疫情影响，我国冰雪旅游产业的目标开始进行战略性调整，从注重市场规模扩张向高质量发展方向转变，更广泛游客参与、更多产品创新和更高的品质提升成为新时期冰雪旅游发展的重点，越来越多的消费者开始寻求满足多样化、多元化消费需求的“一站式”服务，冰雪旅游观光和休闲度假并重成为冰雪旅游市场发展的新特征。

（五）冰雪文化丰富冰雪经济人文内涵

我国冰雪文化发展已逐渐呈现出集传统与现代、自然与人文等多元素交相辉映的立体化发展格局，通过将冰雪文化与科技、旅游等产业深度融合发展，丰富了冰雪经济的内涵。北京冬奥会将冰雪文化融入“冰墩墩”“雪容融”的可爱形象中，让中国传统冰雪文化与现代奥林匹克文化有机结合，创造了冬奥历史上普及冬奥文化知识、弘扬冬奥精神、推广冰雪文化规模最大、人数最多、效果最好的奥林匹克文化教育活动。《冰上时刻》《超越》《冰球少年》等以冰雪元素为主题的冬奥题材影视作品，通过冰雪运动员的拼搏奋斗形象、影像与文字交叠等多种方式，活化冰雪文化，共筑冰雪休闲产品，传递现代冰雪精神。十大冰雪经典创新项目、十大冰雪时尚创新项目及文化旅游精品线路等多样化的冰雪文化产品的开发推广，为人们的精神文化生活提供了滋养。

六、冰雪产业治理能力显著增强

（一）政策支持体系持续完善

2019 年中共中央办公厅、国务院办公厅发布《关于以 2022 年北京冬奥会为契机大力发展冰雪运动的意见》（中办发〔2019〕19 号），为我国冰雪经济发展指明方向。国家体育总局会同相关部委认真贯彻落实党中央、国务院工作部署和政策精神，结合我国冰雪经济发展实际，制定多项政策文件，切实推动冰雪经济工作高效开展，内容涉及冰雪场地设施、冰雪装备器材、冰雪旅游、冰雪人才培养、冰雪运动场所安全、青少年冰雪运动进校园等多个方面，从场地、设施、资金、人才等多方面为发展冰雪运动提供保障。在国家层面政策指引下，各省市结合地方发展实际，纷纷出台地方冰雪产业发展意见、规划、行动方案等，形成政策协同合力，为我国冰雪经济高质量发展提供了良好的政策环境。

（二）工作机制不断健全

为加快推进冰雪经济相关工作，调动各方积极性集中力量办大事，我国形成了以党中央、国务院关于冰雪产业工作部署为引领，国家体育总局、国家发展改革委、工业和信息化部、文化和旅游部等多部门协同治理，各地政府部门紧抓落实的工作机制。国家体育总局与工业和信息化部共同指导成立了中国冰雪产业联盟，搭建政府、企业、科研机构等主体合作交流的公共服务平台，为开展冰雪产业相关工作提供支持与保障。黑龙江、吉林、河北、新疆等多地通过建立沟通协调机制，成立由体育部门牵头组成的冰雪运动发展工作联席会议机制，统筹冰雪运动发展，不断推动冰雪运动普及和推广。

（三）产业发展环境持续优化

自 2015 年成功申办北京冬奥会以来，全国各级政府部门和行业组织积极谋划、扎实推进冰雪产业相关工作，从强化要素保障、优化营商环境、加强行业标准制定等方面进一步优化冰雪产业发展环境。各省市积极制定冰雪产业相关政策文件，对土地供给不足、资金投入不足、人才短缺等发展堵点、痛点，因地制宜采取针对性措施。2022 年 7 月，国家体育总局印发《关于体育助力稳经济促消费激活力的工作方案》，加大对冰雪企业的帮扶力度，上线“体育领域助企纾困政策专栏”，减轻冰雪企业负担，带动冰雪产业链协同复工复产，为冰雪产业创造良好营商环境。印发或启动编制冰雪系列相关标准，推动标准技术水平与国际标准接轨，有利于规范和促进我国冰雪装备器材产业的自主发展，进一步培育和宣传民族品牌，推动冰雪产业持续健康发展。

第三节　中国冰雪经济工作推动情况

近年来，全国体育系统联合各方力量，调动各类资源，合力推动群众冰雪运动普及发展、推进冰雪产业高质量发展。国家体育总局会同相关部门及各省（区、市）体育行政部门深入贯彻习近平总书记关于发展冰雪运动的重要批示指示精神，认真落实党中央、国务院的工作部署和文件精神，着力完善产业政策体系、加强多元主体合作、丰富赛事活动供给、培育示范试点项目、补齐产业短板弱项、引导科技创新应用、推进标准体系建设等方面，不断加强冰雪经济重点工作推动力度，统筹推进全国冰雪经济工作。在国务院及相关部门的重视支持和全国体育系统的共同努力下，在社会各界的持续关注和通力合作下，我国冰雪经济工作取得了显著成效。

一、完善政策支持体系

国家及各级政府高度重视发展冰雪产业，持续出台相关政策，基本形成了宏观政策引领、专项规划支撑、地方政策协同的冰雪产业政策体系。2019 年，中共中央办公厅、国务院办公厅出台《关于以 2022 年北京冬奥会为契机大力发展冰雪运动的意见》，聚焦冰雪运动和冰雪产业发展的关键领域和关键问题，为推广普及冰雪运动、引领冰雪产业发展指明了路径和方向。国家体育总局会同相关部门结合我国冰雪经济发展实际，针对冰雪产业发展重点领域，在冰雪运动发展、冬季运动推广普及、冰雪场地设施建设、冰雪器材装备、冰雪旅游发展等方面，制定了《冰雪运动发展规划（2016—2025 年）》（体经字〔2016〕645 号）、《群众冬季运动推广普及计划（2016—2020 年）》（体群字〔2016〕146 号）、《全国冰雪场地设施建设规划（2016—2022 年）》（体经字〔2016〕646 号）、《“带动三亿人参与冰雪运动”实施纲要（2018—2022 年）》、《冰雪装备器材产业发展行动计划（2019—2022 年）》、《冰雪旅游发展行动计划

（2021—2023年）》（文旅资源发〔2021〕12号）等系列政策文件（见附录1表1），着力解决冰雪产业发展的痛点、难点、堵点问题。此外，全国各省（区、市）认真贯彻落实国务院及国家体育总局工作部署和政策精神，多地出台冰雪经济相关政策（见附录1表2），因地制宜布局发展冰雪产业，解决产业发展过程中面临的实际问题，聚焦细分领域，注重精准施策，推动冰雪产业持续健康发展。截至2020年12月，全国31个省（区、市）已全部将冰雪产业发展纳入当地体育产业发展整体规划。

二、加强多元主体合作

为深入推进冰雪经济各项工作，充分调动社会各界积极性，国家体育总局持续加强多元主体合作，与国务院各部门、地方政府、区域市场主体等深入合作，促进区域冰雪产业协同发展，实现多元联动、合作共赢。国家体育总局深化与国家发展改革委、工业和信息化部、科技部的合作，以技术创新促进冰雪装备器材产业升级，聚焦冬奥备战、大众冰雪等冰雪装备器材重点领域，不断提升本土冰雪企业自主研发能力；深化与文化和旅游部的合作，认定冰雪类国家体育旅游示范基地，推动滑雪旅游度假地建设，不断提升冰雪旅游质量。通过与地方政府合作，推动实现项目共建、要素互补、资源共享、政策协同。为支持地方冰雪产业发展，国家体育总局与上海市、河北省、吉林省、内蒙古自治区等地人民政府签署合作协议，在共建冬奥备战队伍、深化青少年冰雪运动项目合作、推动冰雪运动普及推广、大力发展冰雪产业等方面展开合作[①][②][③][④]。此

① 何青汉.国家体育总局与上海市展开冰雪项目合作[EB/OL].(2018-12-11)[2022-10-20].https://www.sport.gov.cn/n20001280/n20745751/n20767277/c21337937/content.html.

② 国家体育总局.国家体育总局与河北省政府签署框架协议[EB/OL].(2017-02-06)[2022-10-20].http://www.gov.cn/xinwen/2017-02/06/content_5165830.htm.

③ 黄鹭.推动体育事业和体育产业发展 赋能吉林全面振兴全方位振兴[EB/OL].(2021-09-10)[2022-10-20].http://www.jl.gov.cn/zw/yw/jlyw/202109/t20210910_8214356.html.

④ 郝占，黄璐超.国家体育总局与内蒙古签订合作框架协议[EB/OL].(2018-01-09)[2022-10-20].https://www.sport.gov.cn/n20001280/n20745751/n20767277/c21360199/content.html.

外，国家体育总局积极推动与银行、汽车、移动通信、网络媒体等行业合作，举办不同类型的群众性冰雪赛事活动，进一步丰富冰雪运动产品供给。通过与各部门、地方政府、科研院所和企业协同合作，吸引社会力量参与到冰雪运动中，发挥不同主体的优势和资源价值，优化生产要素配置，提高冰雪经济发展效率。

三、丰富赛事活动供给

以冬奥会为契机，国家体育总局大力推广冰雪竞技赛事活动和大众冰雪健身赛事活动，经过多年发展，赛事组织与参与主体日益多样，赛事活动供给日益丰富。主要表现在两个方面：一是高水平冰雪竞技赛事关注热度居高不下。以筹办冬奥会为契机，国家体育总局积极推进“高水平赛事引领计划”，引入多场国际冰雪运动重大赛事，不断提升冰雪竞技水平，打造了一批冰雪体育明星，吸引广大群众关注高水平冰雪赛事，带动冰雪竞赛表演市场发展。二是群众性冰雪赛事举办百花齐放，赛事种类与数量大幅提升。国家体育总局主办的全国大众冰雪季、青少年冰雪夏令营、冰雪嘉年华等活动，已成为落实全民健身国家战略、推广普及冰雪运动的品牌活动。全国各地积极举办大众冰雪健身赛事活动，举办场次从2016—2017赛季的1 975场上升到2018—2019赛季的2 818场，年均增速达到12.58%，2020—2021冰雪季，全国共184个地级市开展了群众性冰雪赛事活动，数量超过1 200场次，直接参与和间接影响近1亿人[①]。青少年冰雪赛事举办方面，组织开展全国青少年冰雪项目U系列赛事、中国青少年滑雪大奖赛等，不断为青少年普及冰雪运动知识，实现竞技性赛事与群众性赛事齐头并进、协同发展。

---

① 北京2022年冬奥会和冬残奥会组织委员会，北京体育大学．北京2022年冬奥会和冬残奥会遗产报告（2022）［R］.2022.

四、培育示范试点项目

为扩大优质冰雪产品供给，打造冰雪产业增长极，国家体育总局会同有关部门积极打造示范工程，发挥辐射和带动作用。国家体育总局会同文化和旅游部共同认定了北京延庆海陀、河北崇礼等19家国家级滑雪旅游度假地，亚布力滑雪旅游度假区、新疆丝绸之路国际度假区等一批冰雪主题类国家体育旅游示范基地，推出长吉图冬季冰雪自驾游线路、伊春冰雪旅游线路等以冰雪休闲度假体验为特色的假期体育旅游精品线路。北京市石景山区成为全国首个“带动三亿人参与冰雪运动”示范区，冰雪经济成为区域发展的新动能。在由国家体育总局命名的国家体育产业基地中，冰雪产业已成为重要内容。截至2022年10月，有3处冰雪重点发展区域获批国家体育产业示范基地，5家冰雪企业获批国家体育产业示范单位，7项冰雪产业项目获批国家体育产业示范项目。以冰雪产业为发展重点的张家口市、吉林市等入选首批40个国家体育消费试点城市。示范试点项目的培育和建设，为整合各类资源要素、赋能区域冰雪产业发展贡献了重要力量。

五、补齐产业发展短板

国家体育总局高度重视补齐冰雪产业发展的短板和薄弱环节，在冰雪场地设施、参与人群等方面精准施力，不断夯实产业发展基础。通过印发《全国冰雪场地设施建设规划（2016—2022年）》《“十四五”时期全民健身设施补短板工程实施方案》（发改社会〔2021〕555号）等文件，实施“百城千冰”计划，不断加大冰雪场地设施建设，为广大群众参与冰雪运动提供场地支持。鼓励有条件的省（区、市）发放体育消费券，引导冰雪运动消费，通过体教融合支持冰雪运动进校园，培育更多青少年掌握冰雪运动技能，进一步扩大我国冰雪消费市场。通过补短板、强弱项，我国冰雪产业消费市场日益壮大，冰雪消费整体发展势头良好，产业发展基础日益夯实。2021—2022 冰雪季我国冰雪旅游人均消费 1 378 元，是 2021 年全国人均旅游消费 899.28 元的 1.53 倍[①]。尽管受新冠肺炎疫情的影响和冲击，2020—2021 冰雪季我国冰雪旅游人均消费降至 1 061 元，但仍高于 2020 年我国整体旅游业中游客人均消费金额的 775 元[②]。

六、引导科技创新应用

为贯彻落实科技冬奥办赛理念，国家体育总局会同工业和信息化部等部门制定《冰雪装备器材产业发展行动计划（2019—2022 年）》，会同科技部等部门制定《科技冬奥（2022）行动计划》，借鉴冰雪强国先进技术和理念，开展竞赛器材、训练装置、服装装备等重点领域研发攻关，加快自主创新步伐，在装备保障、训练备战、赛事服务等方面为运动员全方位保驾护航。500 多家单位、超过 1 万名科研人员参与研发的 212 项技术成果在北京冬奥会上落地应用，为实现北京冬奥会的“简约、安全、精彩”提供有力支撑。国家体育总局在京津冀地区建设了 3 个具有世界先进水平的体育风洞，辅助运动员科学训练、改善提高运动成绩、提升竞技水平。物联网、人工智能、大数据、云计算、虚拟现实等数字技术被广泛应用，各类科技创新成果逐步落地产业化，催生出更多高质量的冰雪产品和服务。通过技术创新促进冰雪全产业链升级，冰雪装备器材产业的国产化进程也进一步加快。体育总局冬季运动管理中心还通过与一汽集团、中央广播电视总台等签订战略合作，在冰雪装备研发、冰雪

---

① 伍策，一丁．中国冰雪旅游市场已进入扩容提质并重新阶段［EB/OL］．（2023-01-05）［2023-01-06］.http://travel.china.com.cn/txt/2023-01/06/content_85043736.html.

② 刘佳.2021—2022 冰雪季我国冰雪休闲旅游人数将达 3.05 亿人次［EB/OL］.（2022-01-07）［2022-10-20］.http://ent.people.com.cn/n1/2022/0107/c1012-32326391.html.

文化全媒体多样态传播等领域共谋发展。

七、推进标准体系建设

为进一步适应冰雪经济高质量发展的客观需要，引导冰雪产业规范化发展，国家体育总局积极推进标准化工作，不断完善冰雪运动相关的国家标准和行业标准。一方面，国家体育总局成立全国体育标准化技术委员会冰雪运动标准化工作组，为促进冰雪运动标准化工作提供组织基础和人才保障，确保标准化工作做实做细；另一方面，不断加强在冰雪项目技术、场地设施、装备器材、从业人员、安全规范等方面的标准化建设。在国家标准制定方面，推动国家市场监督管理总局、国家标准化管理委员会批准发布了《冰球运动护具　第 1 部分：通用要求》《高山滑雪杖和旅行滑雪杖　要求和试验方法》等 16 项冰雪运动用品推荐性国家标准，以及《冰雪运动场所用安全标志》，发布《仿真冰场　通用技术要求和试验方法》推荐性国家标准，明确仿真冰的制造技术、验收、安全标准，为指导群众性健身休闲冰雪场地建设提供了参考；支持指导有关机构编制《移动真冰场技术规范》推荐性国家标准。此外，国家体育总局还联合黑龙江省人民政府、全国体育标准化技术委员会和黑龙江省体育局共同起草了《滑雪运动项目基础术语》《体育场所等级的划分　第 5 部分：滑雪场所星级划分与评定》等 11 项冰雪运动国家标准计划项目，获得了国家市场监督管理总局（标准委）批准立项[①]。在行业标准制定方面，根据行业标准制修订程序要求，国家体育总局积极推进《体育赛事活动竞赛规则标准编制规范》《冰球赛事转播制作规程》行业标准相关工作。

① 体育总局体育器材装备中心 . 规范发展：十一项冰雪运动国家标准获得立项［EB/OL］.（2022-02-16）［2022-10-20］.https://www.sport.gov.cn/zbzx/n5639/c24020501/content.html.

第四节　中国冰雪经济发展面临的问题

2015 年北京成功申办冬奥会、冬残奥会以来，我国冰雪经济快速发展，取得了令人瞩目的成绩，但与国际冰雪强国相比，还有较大差距，主要表现在冰雪经济发展质量不优、冰雪要素市场化程度不高、冰雪经济供给侧结构性改革不深入和基础性工作还有待进一步加强等方面。

一、冰雪经济发展质量有待进一步提升

现阶段，我国冰雪产业总体规模较小，规模以上冰雪企业数量偏少；冰雪装备制造业依旧偏弱，企业国际竞争力不强、产业集聚效应不明显；冰雪服务业中的冰雪竞赛表演、冰雪运动培训等核心业态的经济价值尚未完全显现，目前仍以体验型冰雪旅游为冰雪经济增长的核心驱动力，冰雪赛事表演、冰雪运动培训等产业发展则相对滞后。冰雪经济发展区域布局还不够均衡，北方省份依托冰雪旅游、冰雪装备制造等业态，贡献了全国大部分冰雪产业规模，而南方省份受资源禀赋制约，冰雪产品种类单一，导致南北冰雪产业发展差异较大。

二、冰雪要素市场化程度有待进一步提高

冰雪要素市场化程度不高主要表现在土地、人才、资本等要素市场化程度不高等方面。一是土地等要素制约发展。冰雪场地设施建设用地指标较少、土地性质转换难、项目立项审批周期长，是冰雪项目投资者面临的主要困难。冰雪场地设施经营压力大，特别是滑雪场、滑冰馆水电气热等能源消耗大、成本高，一些地区滑雪场甚至按照特种行业水价执行。此外，交通、通信、能源等基础设施配套不够，也在一定程度上制约了冰雪运动的普及推广。二是专业人才严重匮乏。目前，我国从事冰雪赛事组织、教练培训、场馆运行和经营管理、设备维修维护等各类

专业人才缺口较大。据初步测算，到 2025 年我国冰雪专业人才缺口达 5 万人，不能满足冰雪运动的发展需要。三是冰雪融资渠道单一、不畅通。冰雪场地运营的高投入性提升了资本投资者的进入门槛，当前各地对于冰雪产业的扶持，大部分以政府性质的资本投入为主，限制了后期冰雪场地的规模拓展，并带来运营资本无法补足的隐患。冰雪类专项融资比例较小，除了一些科技性质的冰雪企业容易获得风险投资公司支持外，冰雪场地类项目融资非常困难。四是冰雪数据要素市场机制尚未健全。随着冰雪经济的数字化升级，数据要素的重要性日益凸显。但由于我国冰雪经济数据要素尚未建立有效的流通机制及配置机制，对公共数据开放应用水平较低，要素资源利用率较低，不能有效发挥经济价值。

三、冰雪经济供给侧结构性改革有待进一步深化

当前我国冰雪经济供给侧结构性改革主要存在创新驱动不足和产品供给质量不高两个方面问题。在创新驱动方面，由于目前我国冰雪运动市场还处于初级阶段，人民群众参与冰雪运动尚未形成习惯性消费，一次性体验滑雪人群约占57.64%[①]。具体表现在，一方面，冰雪产品不够丰富，有创新、特色鲜明、品牌突出的产品和服务较少，冰场、雪场提供的服务也不到位，产业链开发的深度还不够；另一方面，我国多数滑雪场运营模式单一，缺乏创新，四季运营能力不够，还存在“一季养三季”的现象。在产品供给质量方面，由于缺乏对大众多元化、个性化的冰雪消费需求和对冰雪运动文化内涵与特色优势的充分挖掘，冰雪产业与其他产业优势资源的有效融合不够，导致市场上同质化产品和服务的供给较多，中高端产品供给不足，品牌市场有待培育。

---

① 伍斌.2020 中国滑雪产业白皮书［R/OL］.（2021-07-23）［2022-10-20］.http://vanat.ch/publications.shtml.

四、冰雪经济基础性工作有待进一步加强

当前，我国发展冰雪经济在顶层统筹布局、行业标准体系建设等基础性工作方面还有待进一步加强。在顶层统筹布局方面，虽然近年来国家出台系列冰雪产业支持政策，但总体上看促进类政策多、综合改革类政策少，一些发展瓶颈还需要政策集成和创新来解决。特别是多地先后出台区域性冰雪产业发展意见，但由于缺乏统筹规划和统一指导，冰雪产业发展同质化、低水平现象还存在，大多数冰雪场地设施规模小、分布散、功能不全，冰雪资源的利用率不高、差异化不明显，冰雪产业发展不平衡不充分较为突出。在行业标准体系建设方面，相较于冰雪产业的快速发展，我国冰雪产业相关标准体系还有待健全，在冰雪运动培训、场地设施、服务保障和安全管理等方面标准的研制力度亟须加大。

第五节　后冬奥时期中国冰雪经济发展路径

2021 年 1 月，习近平总书记在考察北京冬奥会筹办工作时强调，“推动我国冰雪运动跨越式发展是实现第二个百年奋斗目标的重要组成部分”。为更好实现冰雪经济高质量发展，助力体育强国建设，中国冰雪经济应从加强战略规划布局、强化要素保障、提高冰雪产品供给质量、培育壮大冰雪消费市场、优化冰雪经济发展环境等方面下功夫，推进冰雪经济工作向纵深发展，实现冰雪经济提质增效。

一、加强战略规划布局，推动冰雪经济区域协调发展

（一）完善冰雪产业区域空间布局

进一步完善冰雪产业区域空间布局，引导各地因地制宜发展健身休闲、竞赛表演、技能培训、装备制造、冰雪旅游等业态。重点发展东北、

华北地区的冰雪机械装备制造业，发掘长三角、珠三角、海峡西岸等体育产业集群在冰雪装备器材研发生产方面的潜力。提升华北、东北地区冰雪旅游服务水平，打造高质量滑雪旅游度假地。推动西北、华中、华东、西南有条件的地区加快冰雪项目布局。鼓励开展跨区域冰雪产业合作，实现要素互补、资源共享、政策协同，实现冰雪产业全面协调可持续发展。

（二）深入推进冰雪经济区域协调发展

继续深入实施冰雪运动“南展西扩东进”战略，以京津冀为核心区域，发挥华北、东北、西北的资源和经验优势，以东南沿海等经济发达地区为推广重点，引领和带动中部及西南地区发展冰雪产业，形成东西南北交相呼应、春夏秋冬各具特色、冰上雪上协调并进的发展格局。聚焦绿水青山就是金山银山、冰天雪地也是金山银山的发展理念，结合京张体育文化旅游带、冰雪丝路带建设，在东、中、西部分别培育一批具有较大影响力的冰雪赛事名城，加快发展特色冰雪产业，支持河北崇礼、吉林长白山（非红线区）、黑龙江亚布力、新疆阿勒泰等地建设冰雪丝路带，打造国际顶级冰雪赛事活动平台和冰雪旅游度假地，形成多中心、多层级、多节点的冰雪产业增长极网络，促进区域冰雪经济协调发展。

二、强化要素保障，提升冰雪经济发展质量

（一）加强冰雪场地设施建设

深入践行冰天雪地也是金山银山的发展理念，根据各地地貌、生态等自然资源因地制宜建设冰雪场地设施。配合国家发展改革委实施“十四五”时期全民健身设施补短板工程，充分发挥中央预算内投资的引导和撬动作用，引导支持配建一批举步可就、经济环保的群众性冰雪场地设施。继续开展“百城千冰”群众滑冰场建设，鼓励利用城市公园或现有场地设施建设可移动式冰场等户外临时性群众冰雪设施。统筹做好冬奥场馆赛后开发利用，不断提升场馆经营效益。加强“后奥运”时期

延庆冬奥园区、张家口崇礼、北京首钢等国家冬季运动训练基地和北京冬奥会场馆设施的综合开发和利用。

（二）培养复合型冰雪人才

培养一批有知识、懂专业、可持续的复合型冰雪人才队伍。支持有条件的高等院校开设冰雪运动、运营管理、器材维护和设备维修等专业。建设冰雪产业职业技能实训基地和人才培养基地，培养冰雪关联产业专业人才队伍。加快引进国际高端专业人才，推进与国际优质教学资源合作办学，提高专业人才水平。强化从业人员职业技能培训和职业教育，完善冰雪专业技术人才等级评价制度，规范冰雪专业技术人才管理及专业技术等级评价。

（三）增加有效金融服务供给

推动政府、银行、企业合作，鼓励建设集冰雪产业信息、资金担保、融资等多功能于一体的冰雪产业综合服务平台，创新金融服务方式，更好地服务冰雪实体经济。鼓励金融机构加大对冰雪企业的支持力度，加大信贷资金投入，简化融资流程，为冰雪企业长远可持续发展奠定资金基础。支持金融机构针对智慧冰雪场馆、数字冰雪服务等创新领域开发金融产品及服务，引导生产要素向创新型冰雪产业转移和集聚。鼓励冰雪企业与保险公司合作，制定冰雪场所保险方案，扩大保险理赔范围，建立直赔机制，为冰雪产业发展提供有力保障。

（四）规范冰雪数据要素流通

发挥好“中国冰雪”信息服务平台作用，汇集并及时发布冰雪场地、赛事活动、冰雪企业及配套服务信息，促进政府统计与大数据深度融合。持续加强冰雪产业统计工作，探索完善统计机制，开展冰雪消费统计调查，丰富冰雪产业数据资源。鼓励引导专业化大数据服务企业开展冰雪数据服务。贯彻国家网络安全、数据安全等法律法规，落实网络安全等级保护、关键信息基础设施安全保护等制度要求，建立冰雪数据安全风险防控制度，加强冰雪数据要素治理能力。

三、提高冰雪产品供给质量，创造冰雪消费新需求

（一）提升冰雪装备器材竞争力

加强部门合作，以技术创新促进冰雪装备器材产业升级，聚焦冬奥备战、大众冰雪等冰雪装备器材重点领域，不断提升本土冰雪企业自主研发能力。支持有条件的地区打造冰雪装备器材特色产业园区。鼓励有条件、有基础的地区发展冰雪装备器材产业，积极开发安全可靠、先进适用、物美质优的冰雪场地设施装备和普及型运动器材。面向国内外市场，努力打造一批具有国际竞争力的冰雪装备器材国产品牌。

（二）打造冰雪赛事活动品牌

继续落实国家发展冰雪产业的各项政策，进一步为市场主体营造后冬奥时期良好的发展环境。持续打造“全国大众冰雪季”“中国冰雪大会”“全国大众冰雪欢乐周”等品牌活动，支持各地培育一批优秀冰雪运动俱乐部、示范场馆和品牌赛事，为大众赏冰乐雪、运动技能培训、专业人才培养、冰雪文化普及推广打造优质载体，带动三亿人参与冰雪运动。继续开展国家体育产业基地建设，遴选一批冰雪主题示范基地、单位和项目。会同文化和旅游部继续认定冰雪运动类国家体育旅游示范基地，推动滑雪旅游度假地建设，推动有条件的滑雪场完善配套设施、提升服务质量、满足群众需求。

（三）推动冰雪经济数字化转型

探索互联网、大数据、5G、虚拟现实等新技术在冰雪产业发展中的应用，不断提升冰雪产品和服务的智能化水平。鼓励冰雪企业依托互联网、大数据、云计算等数字技术，打造 O2O（线上线下一体化）运营模式，丰富冰雪产业接入端口，实现线上线下无缝对接，充分掌握消费者的消费需求，扩大冰雪消费市场。鼓励企业应用 VR、3D、定位服务

（LBS）等技术，为冰雪消费者带来真实感官体验，精准定位冰雪消费者，丰富群众冰雪消费场景，增强消费黏性。支持政府、企业联合建设冰雪赛事信息服务工程，完成冰雪赛事信息数据统计和信息化赛事管理调度，创新冰雪项目数字化办赛模式。

（四）推进冰雪产业融合发展

促进冰雪与文化、旅游、健康、科技等相关产业深度融合，不断培育新产品、新业态、新模式，丰富冰雪产业链条。开发融合地方特色的冰雪文化活动，讲好冰雪故事，传播冰雪文化。着重打造一批集冰雪、养老、休闲为一体的冰雪健身休闲项目，推动全民健身与全民健康融合发展。推进冰雪运动消费场景与乡村旅游、休闲农业等融合，转化绿水青山生态价值，加快实现冰雪兴农。打通冰雪装备制造业与冰雪旅游、冰雪赛事等业态的合作渠道，优化冰雪产业结构，提升冰雪经济贡献度。

四、培育壮大冰雪消费市场，增强冰雪经济发展内生动力

（一）巩固扩大冰雪消费人群

针对各年龄段人群制定冰雪消费政策，促进全龄段人群冰雪消费，为冰雪市场扩大和冰雪经济增长奠定基础。加大扶持培育冰雪体育社会组织，要求各社会组织围绕“扩面抓平台”，把扩大项目人口、推广项目文化、提升项目水平作为立身之本和首要责任，鼓励各类冰雪组织下沉到行政村（社区），加强冰雪运动普及与推广。继续深挖运动项目文化内涵，培养具有良好社会形象的冰雪体育明星，提高群众参与冰雪运动热情。鼓励冰雪企业与学校、单位、协会、社区积极合作，贴近群众需求，提供全季、全龄的定制化、个性化冰雪服务，激发群众冰雪消费热情，提高群众冰雪运动参与度。

（二）推动国内冰雪消费健康持续发展

继续加大国家级滑雪旅游度假地建设。依托国家体育产业示范基地、

国家体育消费试点城市等，建设一批区域冰雪消费中心。鼓励各地以“冰雪 +”“+ 冰雪”为主题有序建设一批设施完善、业态丰富、健康绿色的冰雪消费集聚区，改善基础设施和服务环境，提升流通循环效率和消费承载力。继续鼓励有条件的地区发放冰雪消费券；在中国体育用品博览会、中国体育消费博览会等展会中增加冰雪消费展示，组织“欢乐冰雪消费季”，进一步提升和带动群众冰雪消费动力。

（三）拓宽国际冰雪消费领域

加强与国际奥委会、冰雪项目国际组织合作，积极申办、承办国际大型冰雪赛事，以赛事促消费。充分利用多边合作平台深化冰雪对外交流，广泛开展跨地区、跨国境冰雪比赛与交流活动。在做大做强国内市场的同时，统筹兼顾国际市场，通过“引进来、走出去”，深化在冰雪旅游、冰雪装备制造、冰雪赛事领域的国际交流合作。将冬奥遗产与我国特有的文化资源开发相结合，开发世界级冰雪旅游线路，坚定走冰雪旅游国际化之路。

五、优化冰雪经济发展环境，提高冰雪经济治理水平

（一）完善政策支撑体系

完善冰雪经济高质量发展政策体系。加强冰雪产业标准化建设，形成国家标准、行业标准、地方标准和团体标准、企业标准相衔接的体育标准体系，开展冰雪产业服务标准化试点示范建设。坚持投资政策与消费政策相衔接，建立政府引导、企业主导、市场运作的常态化促冰雪消费机制，形成财政综合支持体系，积极引导社会力量支持冰雪产业发展。要求企业制定安全生产和风险防控制度，树牢安全发展理念，加强监督检查，把稳经济、促消费、激活力贯穿到企业工作任务中，保障冰雪经济平稳运行。

（二）加快服务平台建设

加快建设冰雪经济综合性服务平台。促进冰雪产业信息、项目、资

金等要素的开放与流通，提高资源配置效率。积极推进冰雪资源交易平台和行业协会建设。鼓励将冰雪运动赛事举办权、商务开发权、场地经营权、无形资产开发等具备交易条件的冰雪体育产业资源纳入公共资源交易平台流转，促进优质冰雪体育资源公开自由流转。

（三）加强安全管理工作

切实落实冰雪产业安全生产主体责任及企业法定代表人和实际控制人等企业主要负责人第一责任人责任，完善安全管理制度规范，确保安全投入到位、安全培训到位、安全基础管理到位、安全应急救援到位，实现安全运营。加大对冰雪运动救援保障系统的投入，完善高山滑雪救援的人员配置、专业设备配置、特殊药品配置和救援流程标准指南，构建符合冰雪场地设施地理分布和实地环境的冰雪运动应急救援体系。

Ⅱ 分报告篇

第二章　中国冰雪竞赛表演产业发展报告

近年来，中国冰雪竞赛表演产业快速发展，已成为推动冰雪产业向纵深发展和落实“健康中国”“体育强国”战略的重要引擎。发展冰雪竞赛表演产业，对挖掘和释放我国消费潜力、保障和改善民生、打造经济增长新动能具有重要意义。2018 年 12 月，国务院办公厅印发《关于加快发展体育竞赛表演产业的指导意见》（国办发〔2018〕121 号），提出“积极培育冰雪体育赛事”“完善产业链条”。2015 年以来，以筹办北京冬奥会、冬残奥会为契机，我国冰雪竞赛表演产业快速发展，吸引了一批高水平国际冰雪赛事落户，打造了一批具有自主知识产权的群众冰雪赛事活动，培育了一批各具特色的冰雪赛事公司。进入新发展阶段，积极申办国际重大冰雪赛事，推动专业冰雪体育赛事升级，加大各类群众冰雪体育赛事举办力度，建立中国冰雪赛事体系，是我国冰雪竞赛表演产业实现高质量发展的重要任务。

第一节　中国冰雪竞赛表演产业发展概况

冰雪竞赛表演产业是冰雪产业的重要组成部分，表现为冰雪竞赛表演组织者为满足消费者冰雪运动竞技观赏需要，向市场提供各类冰雪运动竞技表演产品而开展的一系列经济活动。发展冰雪竞赛表演产业对挖掘和释放冰雪消费潜力、加大冰雪产品供给、壮大冰雪市场主体、打造冰雪经济增长新动能具有重要意义。

一、冰雪竞赛表演产业概述

近年来，各类冰雪竞技赛事和大众冰雪赛事举办如火如荼，我国冰雪竞赛表演产业已经成为推动冰雪产业向纵深发展，推动“健康中国”建设，落实全民健身国家战略的新亮点。

（一）冰雪竞赛表演产业的分类

冰雪竞赛表演产业目前在我国产业统计分类中尚未有正式定义，所在行业分类可参考已发布的相关文件和标准。在《国民经济行业分类》GB/T 4754—2017 中，代码 8911 为“体育竞赛组织”，在《体育产业统计分类（2019）》（国家统计局令第 26 号）中，“体育竞赛表演活动”包括 0210“职业体育竞赛表演活动”和 0220“非职业体育竞赛表演活动”两小类。“职业体育竞赛表演活动”指商业化、市场化的职业体育赛事活动的组织、宣传、训练，以及职业俱乐部和运动员的展示、交流等活动；“非职业体育竞赛表演活动”指非职业化的专业或业余运动项目比赛、训练、辅导、管理、宣传、运动队服务、运动员交流等活动，详见表 2-1。

表 2-1　体育竞赛表演活动的分类

代码			类别名称	说明	国民经济行业分类代码及名称（2017）
大类	中类	小类			
02			体育竞赛表演活动		
	021	0210	职业体育竞赛表演活动	指商业化、市场化的职业体育赛事活动的组织、宣传、训练，以及职业俱乐部和运动员的展示、交流等活动。主要包括足球、篮球、排球、棒球、乒乓球、羽毛球、拳击、马拉松、围棋、电子竞技等运动项目	8911* 体育竞赛组织
	022	0220	非职业体育竞赛表演活动	指非职业化的专业或业余运动项目比赛、训练、辅导、管理、宣传、运动队服务、运动员交流等活动，以及赛事承办者和相应推广机构等组织的活动	8911* 体育竞赛组织

对应体育竞赛表演活动的分类，冰雪竞赛表演活动分为“职业冰雪竞赛表演活动”和“非职业冰雪竞赛表演活动”两类，如表 2–2 所示。

表 2–2　冰雪竞赛表演活动分类

表演活动分类	内容
职业冰雪竞赛表演活动	商业化、市场化的职业冰雪竞赛表演活动的组织、宣传、训练，以及职业俱乐部和运动员的展示、交流等活动。主要包括滑雪、滑冰、冰球、冰壶、雪橇、雪车等运动项目
非职业冰雪竞赛表演活动	非职业化的专业或业余冰雪竞赛表演活动涵盖的项目比赛、训练、辅导、管理、宣传、运动队服务、运动员交流等活动，以及赛事承办者和相应推广机构等组织的活动

1. 职业冰雪体育赛事

冰雪竞赛表演产业的核心是各类冰雪赛事。冰雪赛事主要分为职业冰雪体育赛事和非职业冰雪体育赛事两大类，前者更注重专业竞技和职业发展，后者以大众休闲、技能提升、业余比赛和训练服务为主。职业冰雪体育赛事的组织机构主要有政府相关部门、国际体育组织、行业协会、企业等。职业冰雪体育赛事又包括单项冰雪体育赛事和综合性冰雪体育赛事，详见表 2–3。

表 2–3　职业冰雪体育赛事介绍

名称	侧重	类型	组织机构
职业冰雪体育赛事	以冰雪竞技赛事为主	单项冰雪体育赛事和综合性冰雪体育赛事	以政府相关部门、国际体育组织和具有资质的市场主体为主

2. 高水平冰雪竞技体育赛事

冰雪竞技体育赛事既是发展职业冰雪体育赛事的关键，又是冰雪竞赛表演产业的核心。在一些职业冰雪体育发展成熟的国家，冰雪竞赛表演产业已经成为国家体育产业中的重要一环，每年举办的大量冰雪竞赛成为提高竞技水平的重要手段。我国冰雪产业尚处于初级发展阶段，冰雪竞赛表演产业基础相对薄弱，北京冬奥会、冬残奥会的成功举办，加速了我国冰雪竞赛表演产业体系化发展进程。目前，我国高水平冰雪竞技体育赛事主要有三大类，其组成详见表 2–4 所述。

表 2–4　高水平冰雪竞技体育赛事组成

类型	组成
国际高水平赛事	世锦赛、世界杯、洲际杯等国际高水平职业冰雪竞赛
全国性专业赛事	全国锦标赛、全国冠军赛、全国青少年锦标赛等全国性职业冰雪竞赛
由社会力量承办的高水平商业性赛事	社会力量积极参与，同时又具有一定水平的赛事，如中国青少年冰球联赛、中国冰壶联赛等单项高水平冰雪体育赛事

（二）冰雪竞赛表演产业链

冰雪竞赛表演产业链市场主体主要包括上游端市场的各类冰雪竞赛表演产品和主体知识产权（Intellectual Property，以下简称 IP）所有方，中游端市场的冰雪竞赛表演主体的版权代理方和主体 IP 应用的关联方，以及下游端市场的各类冰雪竞赛表演活动的相关参与群体和消费者。运营代理方在获得上游端主体 IP 的运营权后，可向下游端的媒体企业、票务公司、衍生品销售平台和赛事 IP 开发平台分别出售转播权、票务销售权以及商业开发权，最后通过各类参与群体和消费者实现冰雪竞赛表演产品的变现，如图 2–1 所示。

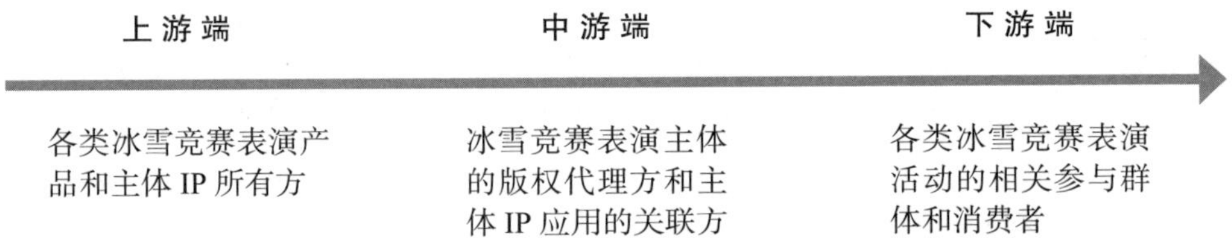

图 2–1　冰雪竞赛表演产业链

二、冰雪竞赛表演产业发展现状

（一）冰雪赛事关注度大幅提升

在北京冬奥会、冬残奥会上，中国冰雪健儿的优异表现进一步增强了全国人民的爱国情怀，提振了民族士气，激发了大众参与冰雪运动的热情和对冰雪竞技赛事的关注。奥林匹克广播服务公司（OBS）公布的收视数据显示，在中国，有近 6 亿人通过电视观看了北京 2022 年冬奥会；在日本，每 10 人当中就有 8 人观看了北京 2022 年冬奥会，总观看人数超过 1.4 亿；在澳大利亚，有超过 1 000 万人，即超过 40% 的澳大利亚人观看了北京 2022 年冬奥会的比赛。通过电视端收看北京冬奥赛事的人群数量及小时量，均超过平昌冬奥会和索契冬奥会之和[①]。中国冰雪健儿的出色表现不仅成功为冰雪竞技赛事引流，更增加了亿万观众对冬奥项目的了解程度，为冰雪竞赛表演产业的发展建立了广泛的群众基础。

（二）国家支持力度显著加大

1. 推进“高水平赛事引领计划”

为更好支持冰雪运动发展，国家体育总局全面推进“高水平赛事引领计划”，积极承办 2021 年国际雪联自由式滑雪和单板滑雪世锦赛、2019 沸雪北京国际雪联单板及自由式滑雪大跳台世界杯、第二届世界单板滑雪锦标赛、国际雪联远东杯滑雪赛和国际雪联越野滑雪积分赛等多项重大国际冰雪体育赛事，为广大群众提供丰富的顶级冰雪竞赛表演。坚持与国际接轨，积极打造中国·哈尔滨（芬兰蒂亚）滑雪马拉松、中国冰球公开赛、数字冰雪运动会等具有中国特色的大众冰雪品牌赛事，推动大众冰雪文化不断深入人心。

2. 注重扩大群众参与

国家体育总局推动在专业级比赛中设置大众组，积极下沉基层，满足广大冰雪爱好者的冰雪运动需求。2019 年国际雪联中国北京越野滑雪积分大奖赛，以“走进百姓”为主题，选取与北京冬奥会相关的地标性区域为举办地，在城市中举办短距离冰雪赛事，促进和提高群众对越

① 王辉 . 北京冬奥会收视率创新高［EB/OL］.（2022-03-03）［2022-09-28］.http://www.chinasportsdaily.cn/tyb/html/2022-03/03/content_116883_14555258.html.

野滑雪运动的兴趣。全国雪地摩托车越野锦标赛秉承“竞技与体验并重”的理念，设立公开组，允许经过赛前培训和赛事组织者允许上赛道的非正式选手参加，既保持赛事挑战性又注重赛道驾驶体验和乐趣。中国·哈尔滨（芬兰蒂亚）滑雪马拉松赛事中设立专业组和业余组，在保证竞技性和专业性的同时更加注重吸引群众参与。

（三）冰雪赛事数量与质量显著提高

1. 冰雪竞技赛事稳定举办

根据国家体育总局冬季运动管理中心公布的全国冰雪赛事赛历，全国2016—2019赛季举办的冰雪竞技赛事总数分别为71、79和75场，基本保持稳定。冰上和雪上赛事的数量基本持平，以2018—2019赛季为例，全年举办的75场冰雪竞技赛事中，有39场冰上竞技赛事和36场雪上竞技赛事[①]，见图2-2。

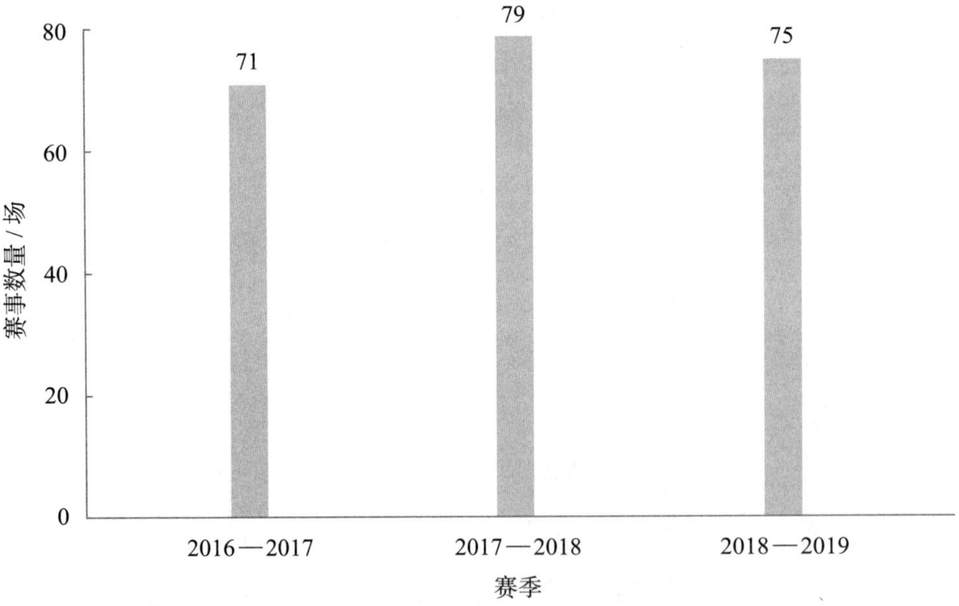

图2-2　2016—2019三个赛季冰雪竞技赛事数量统计

数据来源：国家体育总局官网，2019。

① 国家体育总局.冬季运动管理中心.体育总局冬运中心关于公布2018/2019赛季全国冰雪赛事赛历的函［EB/OL］.（2018-12-05）［2022-09-28］.https://www.sport.gov.cn/dyzx/n5169/c884937/content.html.

2. 大众冰雪技能赛事百花齐放

随着冰雪运动在我国的推广普及，各地以提高群众冰雪技能为主的赛事数量实现快速增长。国家体育总局冬季运动管理中心统计数据显示，除 2019—2020 赛季受新冠肺炎疫情影响较大外，我国大众冰雪技能赛事举办场次从 2016—2017 赛季的 1 975 场上升到 2018—2019 赛季的 2 818 场[①]，年均增速达到 12.58%。其中，滑雪比赛举办数量从 2016—2017 赛季的 960 场增至 2018—2019 赛季的 1 448 场，年均增速达到 14.68%，如图 2–3 所示。

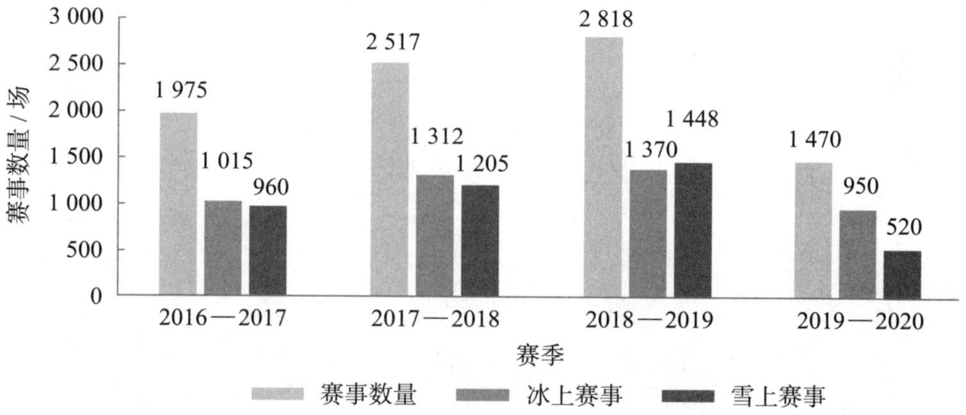

图 2–3 2016—2020 年度大众冰雪赛事数量统计

数据来源：根据国家体育总局冬季运动管理中心网站公布数据整理。

3. 群众参与热情明显高涨

国家体育总局委托国家统计局社情民意调查中心开展的《“带动三亿人参与冰雪运动”统计调查报告》显示，从冰雪运动参与方式来看，首选“个人自发参与”的比重高达 92.46%，选择“公司或单位组织”和“社区居委会组织”的比重分别为 12.26% 和 3.97%。从参与冰雪运动的频

① 比赛举办数量统计方法为以反映冰雪场地办赛数量为主要目的，针对同一项赛事，每增加一场或新增一个承办方，赛事统计便增加 1 项。赛事统计范围包含了甘肃、陕西、贵州、云南、广西等地区的一些技能测试类赛事活动。

率来看，受访者选择“一年 1 ～ 2 次”的比重最高，为 38.43%；其次是“三年或更久 1 次”，为 36.92%；选择“两年 1 次”和“一年 3 ～ 5 次”的比重分别为 13.63% 和 7.16%；选择“一年 5 次以上”的比重最低，为 3.86%（见图 2-4）①。中国冰雪运动正在由一次性体验向经常性、多次性深度参与转变，群众参与频率大幅提升，正逐步成为居民体育消费的常态化选项。而个人自发参与冰雪运动消费习惯的形成，将进一步推动人们对大众冰雪技能赛事深度参与的积极性。

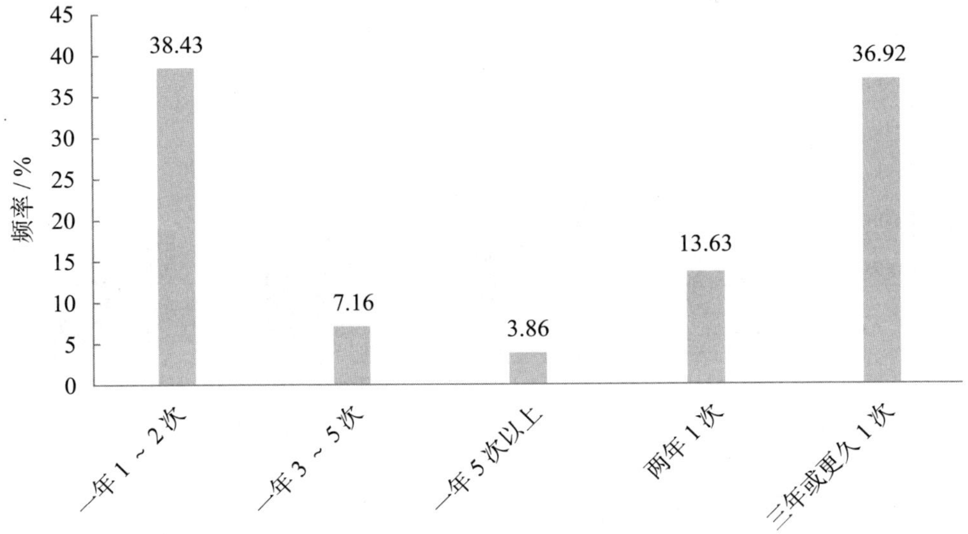

图 2-4 参与冰雪运动的频率

数据来源：国家体育总局、国家统计局，《“带动三亿人参与冰雪运动”统计调查报告》，2022。

（四）冰雪赛事监管力度显著加强

为进一步规范冰雪赛事活动中的赛场行为，确保中国冰雪赛事活动公平、公正、安全、有序开展，2022 年 8 月，国家体育总局冬季运动管理中心根据国家体育总局、公安部发布的《关于加强体育赛场行为规范管理的若干意见》（体规字〔2021〕2 号）等文件，制定了《冰雪赛事赛

① 吴俊宽，周畅，王恒志 .3.46 亿人！“带动三亿人参与冰雪运动”目标已达成［EB/OL］.（2022-01-12）［2022-09-28］.http://www.gov.cn/xinwen/2022-01/12/content_5667956.htm.

场行为规范》。此外，国家体育总局和中国冰雪试点改革协会将建立信用记录和“黑名单”机制，对违反规定的个人或单位依法依规采取惩戒措施并将其列为重点监管对象。各级体育主管部门或协会和赛事组委会如在赛事活动组织中出现重大事故、造成严重后果或恶劣影响的，应当按照相关法律法规承担相应责任。

三、新冠肺炎疫情对冰雪竞赛表演产业发展的影响

（一）对大众冰雪技能赛事举办影响的概况

受新冠肺炎疫情影响，冰上赛事方面，商业冰场所组织的中小型大众冰雪技能赛事受到的影响较大，尤其是许多参赛人数在 50 ~ 100 人/场次的小规模冰场因疫情停止了常规赛事活动的举办。雪上赛事方面，举办数量同样下滑严重。根据国家体育总局冬季运动管理中心统计数据，在 2019—2020 赛季，国内共举办了 1 470 项大众冰雪技能赛事，其中雪上赛事为 520 项，与上一年度相比，下降幅度达到 64%。

（二）疫情防控常态化下的全国冰雪竞赛活动组织情况

新冠肺炎疫情蔓延对全球体育赛事带来前所未有的挑战，在北京冬奥会、冬残奥会备战的关键时期，国家体育总局在严格落实国家防疫政策的同时，全力支持国家队备战冬奥会，举办了国家队的奥运选拔赛、奥运积分赛在内的系列全国冰雪赛事，确保各运动队顺利完成备战任务。

1. 顺利举办多项高水平竞技冰雪体育赛事

受国内外新冠肺炎疫情影响，国家冰雪集训队多在国内训练，国内高水平冰雪赛事成为检验运动员训练备战水平、促进地方队伍积极训练的重要手段。国家体育总局制定疫情防控常态化背景下的竞赛流程，规范疫情下的办赛程序，并根据各国家队训练或组队需要，制定竞赛细则，最终顺利完成 2021—2022 赛季空中技巧世界杯、2021—2022 赛季空中技巧水池比赛、2021 越野国际雪联积分系列赛、2020—2021 赛季全国

冰壶锦标赛、2020—2021 赛季全国冰壶冠军赛、2020—2021 赛季全国短道速滑冠军赛、2021 高山滑雪 FIS 积分赛、2020—2021 赛季全国高山滑雪冠军赛、2020—2021 赛季全国高山滑雪锦标赛、2020—2021 赛季全国冬季两项冠军赛、2020—2021 赛季全国单板滑雪平行项目锦标赛、2020—2021 赛季全国单板滑雪平行项目冠军赛、2021 年全国女子冰球锦标赛、2021 年全国女子冰球精英赛、2021 年冰壶国家挑战队选拔赛、单板及自由式坡面障碍大跳台队内对抗赛、2021 年越野滑雪对抗赛、北欧项目群滑轮对抗赛、冰壶奥运选拔系列赛等多项全国高水平专业冰雪体育赛事。

2. 构建常态化安全防控机制

为更好保障各国家队比赛安全，国家体育总局根据疫情防控相关要求，适时调整相关赛事组织规定，在竞赛计划制定方面，结合国家集训队备战建议，起草竞赛计划，提高赛事计划合理性，鼓励地方或社会力量承办相关赛事，既满足国家队备战需求，也积极调动各方办赛积极性。压实冰雪运动场所的安全管理责任，定期全面摸查地区冰雪场所安全隐患，确保冰雪场所的各项安全管理措施不留死角、不留盲区。面对偶发冰雪运动场所安全事故，安全管理监督部门第一时间介入处理，对于典型事故案例，及时通报全国，形成有效动态防控机制。

第二节　中国冰雪竞赛表演产业重点领域分析

2018 年，国务院办公厅印发《关于加快发展体育竞赛表演产业的指导意见》，提出要大力发展职业赛事、支持引进国际重大赛事、引导扶持业余精品赛事、积极培育冰雪体育赛事、促进体育竞赛与文化表演互动融合。到 2025 年，体育竞赛表演产业总规模将达到 2 万亿元，体育竞赛表演产业成为推动经济社会持续发展的重要力量。作为体育竞赛表演产业的重要组成部分，冰雪竞赛表演产业以北京冬奥会、冬残奥会举办为契机，加大了冰雪竞赛表演领域的国际合作，举办了一批影响范围大、竞赛水平高的赛事，在经济和社会效益方面取得突出成绩。

一、冰雪竞赛表演产业的经济及社会效益分析

近年来，冰雪竞赛表演产业快速发展，本质上是由于国民收入不断上升推动的体育消费升级，即居民体育消费从实物型消费向以冰雪运动为代表的时尚体验式消费转变。居民体育消费结构的改变有利于冰雪竞赛表演产业的进一步发展，同时带动旅游住宿业等多业态发展，具有显著的经济和社会效益。

（一）经济效益分析

冰雪竞赛表演产业的经济效益包括直接经济效益和间接经济效益，其中直接经济效益包括赛事赞助收入、门票收入、电视广告收入、媒体转播费用、商业代言，以及赛事报名费、赛事期间的食宿费、交通费、比赛装备、赛时训练费等收益。间接经济效益则包括赛事举办对举办城市、周边业态等带来的食宿消费、娱乐活动、赛事举办地旅游、特产售卖等。

（二）社会效益分析

冰雪竞赛表演产业所带来的社会效益更加值得重视，特别是举办大型冰雪竞赛表演活动，对于传播城市形象和品牌、丰富人民群众生活、宣传当地经济文化、提高冰雪运动人口、助力城市产业升级等方面，具有潜在的和更加值得挖掘的价值空间。

以丰富人民群众生活为例，大众冰雪技能赛事是冰雪爱好者人群参与的主要载体。根据国家体育总局冬季运动管理中心统计数据，全国举办的各类大众冰雪技能赛事至2018—2019冰雪季达到2 818项，包括1 370项冰上赛事和1 448项雪上赛事。从每项赛事参与人数来看，2016—2017冰

雪季雪上赛事平均参与人数为 139 人、冰上赛事平均参与人数为 75 人，到 2018—2019 冰雪季雪上赛事平均参赛人数为 147 人，冰上赛事平均参赛人数为 104 人（见图 2–5）。2016—2019 年度平均复合增长率超过 17%。

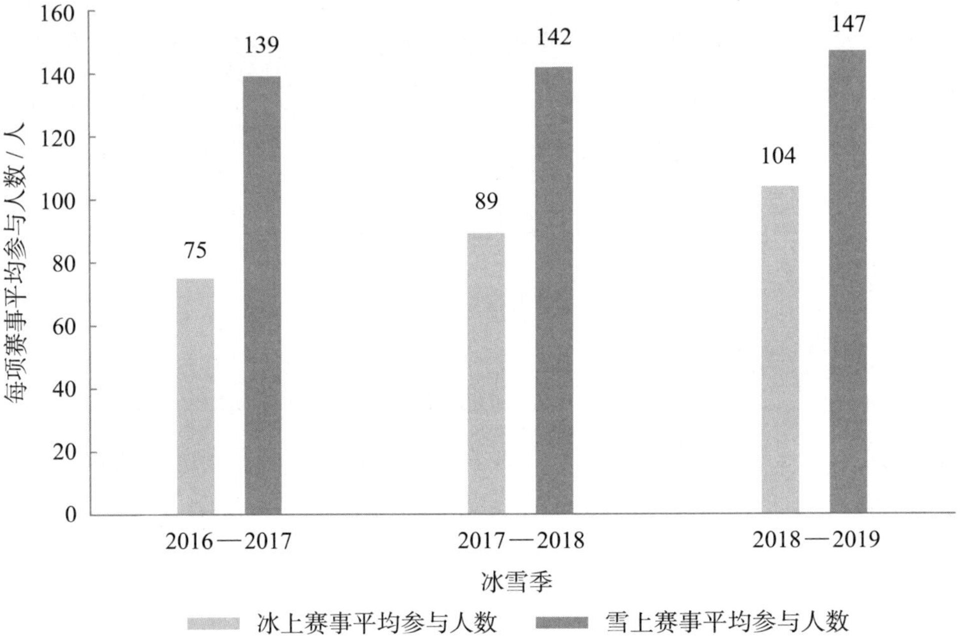

图 2–5　2016—2019 年每项大众冰雪技能赛事平均参与人数变化

数据来源：根据国家体育总局冬季运动管理中心统计数据整理。

随着全国群众性冰雪赛事的参与度不断提高，冰雪运动产生巨大的消费市场，各种冰雪体育用品和特许商品在消费市场上持续火爆，加快了规模化冰雪竞赛表演产业链的形成。

二、冰雪体育明星效应分析

各类冰雪竞赛表演活动的举办，带动了数量庞大的冰雪爱好者群体参与。国际高水平大型冰雪赛事的举行，带来了巨大商业流量和市场价值，冰雪高水平运动员的明星效应凸显。以北京冬奥会为例，2022 年 10

月 20 日，国际奥委会（IOC）发布的《北京冬奥会市场营销报告》显示，北京冬奥会是数字化参与程度最高的一届冬奥会，全球有超过 20 亿人通过广播电视及数字平台观看了 2022 年北京冬奥会，世界各地的观众在由奥委会授权的频道上观看了总计 7 130 亿分钟的奥运会报道，与 2018 年平昌冬奥会相比增加了 18%①。北京冬奥会带来的巨大流量，不仅让人们深切感受到体育竞赛所带来的激情和动力，也让冰雪运动员的明星效应得到了充分体现，商业价值和社会关注度迅速提升。其中，以谷爱凌和苏翊鸣为代表的中国冰雪运动员所呈现出的正能量、阳光、积极向上的形象，获得了众多商家品牌的青睐，其个人商业价值也在冬奥会夺冠后实现大幅增长。

（一）冰雪体育明星运动员代言品牌增加

在北京冬奥会上，中国选手谷爱凌获得女子自由式滑雪大跳台和女子自由式滑雪 U 型场地两枚金牌，以及女子自由式滑雪坡面障碍技巧银牌。两金一银的优异成绩让谷爱凌成为各大媒体和舆论关注的焦点，得到了众多品牌商家抛出的橄榄枝。据不完全统计，截至 2023 年 2 月，谷爱凌获得代言或合作数量达到 28 个，获得的商业代言包括奢侈品、运动用品、饮料品牌、互联网品牌、化妆品、卫浴用品、汽车、手表等许多商业品类。

中国选手苏翊鸣 2021 年 10 月 28 日在奥地利斯图拜滑雪公园的训练中，成为首位成功完成单板滑雪内转 1 980 度抓板动作的运动员，打破吉尼斯世界纪录。在 2021 年单板滑雪大跳台世界杯决赛中，获得了中国男子单板滑雪运动员首个世界杯冠军。2022 年 2 月，苏翊鸣在北京冬奥会上斩获了单板滑雪男子大跳台金牌和单板滑雪男子坡面障碍技巧银牌。

① 央视网 . 北京冬奥会全球观众超 20 亿！国际奥委会发布《北京冬奥会市场营销报告》[EB/OL].（2022-10-21）[2022-09-29].http://news.cctv.com/2022/10/21/ARTI1l48LQHT05gIwXqDA79X221021.shtml.

优秀的竞赛成绩带来了更大的商业价值，冬奥会后苏翊鸣的代言品牌数量急速增加。根据不完全统计，苏翊鸣获得的代言和合作数量达到14个，代言的合作品牌涵盖了运动服饰、化妆品、食品饮料和汽车等商品类别。

（二）冰雪体育明星群体市场价值广受认可

除了谷爱凌和苏翊鸣，众多明星运动员在冬奥会后，都获得了更多的商业代言。据不完全统计，截至2023年2月，中国冬奥运动员的代言或合作数量达到上百个，近半数为北京冬奥会后的新签代言，其中北京冬奥会短道速滑男女2 000米混合接力冠军武大靖、自由式滑雪空中技巧冠军徐梦桃、短道速滑男子1 000米冠军任子威、花样滑冰双人滑冠军隋文静和韩聪、平昌冬奥会单板滑雪女子U型场地亚军刘佳宇等众多明星运动员分别获得了15个、8个、6个、3个和5个代言或合作。① 在北京冬奥会成功举办后，随着全民冰雪热情高涨，冰雪明星运动员的话题度与商业价值普遍提升，冰雪体育明星军团所具有的整体效益快速增长。众多品牌商家在赞助明星运动员的同时，获得了更高的消费者关注度和品牌人气，商家与运动员双方的商业价值都得到了充分体现。

三、冰雪特许商品市场分析

特许经营，即指权利人通过特别经营的方式，许可他人生产或销售带有特定标识的各类名称、徽记等相关知识产权，以及各类带有特定标志的商品，并收取特许经营费的行为。在北京冬奥会期间，带有冬奥知识产权标识的奥运特许经营和各类冰雪特许商品创造出销售奇迹。根据国际奥委会发布的《北京冬奥会市场营销报告》，在特许经营方面，北京冬奥会期间销售火爆的“冰墩墩”成为最有市场号召力的王牌产品，相

① 王继松.谷爱凌、武大靖和苏翊鸣领衔，中国冬奥运动员商业价值飙升［EB/OL］.（2023-02-04）［2023-02-04］.https://news.sina.com.cn/o/2023-02-04/doc-imyenzxx3558665.shtml.

关产品销量占到北京冬奥会特许经营商品销售额的69%。截至2022年5月，“冰墩墩”毛绒玩具的总销售量已经超过520万只，冬奥冰雪特许商品的火爆程度超乎想象①。

根据统计，北京冬奥会特许经营计划自2018年7月正式启动之后，北京冬奥组委共开发了16大类5 200余款特许商品，包括徽章、钥匙扣等非贵金属制品，贵金属制品，服装、服饰及配饰，丝绸制品，陶瓷制品，文具，毛绒及各类材质玩具，工艺品，首饰，家纺制品，伞具，户外用品，箱包，紫砂壶，纪念邮票及邮品。“冰墩墩”玩具盲盒、国旗款服装等推出后成为网红商品。北京冬奥组委征集特许零售企业58家，开设特许商品零售店162家，在280余对高铁列车上设置覆盖31个省区市的特许商品销售渠道。以“冰墩墩”为代表的冰雪特许商品市场被全面激活，特许经营计划创造了多项纪录，特许权费收入超额实现预定目标。

冰雪特许衍生品是多重产业融合的复合型产品，也是“冰雪体育+文化+赛事”的一种具象载体。在北京冬奥会周期，除了冬奥特许商品，国家体育总局冬季运动管理中心授权开发了中国冰雪冰娃雪娃系列产品；咪咕体育推出谷爱凌手办、为王濛和黄健翔制作了Q版人物手办等周边衍生产品。这些衍生产品借势冬奥冰雪热度，受到了广大粉丝的喜爱和市场的认可。

四、冰雪竞赛表演产业市场开发分析

“大体育”发展新格局，为冰雪竞赛表演进行市场开发和发挥营销平台效应创造了广泛的人群基础和巨大的消费空间。现阶段，冰雪品牌营销市场开发主要涉及冰雪竞赛表演活动、冰雪场地及冰雪综艺节目赞助等领域。大宗冰雪营销事件目前主要集中在高水平冰雪竞技赛事和知名

① 马莲红.全球观众超20亿！《北京冬奥会市场营销报告》解读这6大亮点［EB/OL］.（2022-10-22）［2022-10-30］.http://www.sportsmoney.cn/article/114020.html.

冰雪场馆的联合营销。

（一）国家队赞助受到市场青睐

在北京冬奥周期内，我国冰雪竞赛表演产业成为体育赞助的重要领域。众多赞助商将赞助资源向顶级赛事和以国家队为代表的专业冰雪队伍倾斜。

国家体育总局冬季运动管理中心统计数据显示，从冰雪项目国家队赞助开发总体情况来看，在北京冬奥会周期，众多知名品牌赞助了多个冰雪运动项目国家队，包括但不限于：2015年8月1日，一汽-大众奥迪与国家体育总局冬季运动管理中心达成战略合作，鼎力赞助中国国家花样滑冰队、中国国家短道速滑队、中国国家自由式滑雪空中技巧队、中国国家单板滑雪U型场地队、中国国家高山滑雪队等5支核心冬季运动国家队；2016年9月21日，挪威国际顶级滑雪品牌赞助商SWIX（史威科斯）与国家体育总局冬季运动管理中心签约，正式成为国家自由式滑雪队、国家单板滑雪U型场地队赞助商；2017年4月19日，安踏体育与国家体育总局冬季运动管理中心达成合作，成为中国花样滑冰、速度滑冰在内的13支冰雪运动国家队运动服装类赞助商，合作期限从2018年8月1日到2022年7月31日，这也包括了北京冬奥周期；2018年9月13日，北欧运动品牌ONEWAY签约赞助7支中国国家滑雪队，在2018—2020年，为7支国家队提供专业训练和日常装备，北京冬奥会期间，这些队伍所需的比赛装备同样由ONEWAY提供；2019年3月23日，九牧卫浴正式成为中国短道速滑队签约的第四家赞助合作商；2019年11月28日，国家体育总局宣布怡宝正式成为中国国家队/TEAM CHINA合作伙伴，为中国国家短道速滑队等70余支队伍的体育健儿提供备战资金、饮用水、运动饮料及所有非酒精类饮料的补给支持。

（二）大型冰雪场馆市场开发价值凸显

冰雪场馆是冰雪竞赛表演产业发展的基础，冰雪场馆市场开发成效主要受到场地规模、运营水平等因素影响。现阶段，我国冰雪场馆市场开发主要以品牌合作方式为主，且多集中于大型滑雪度假区或冰上运动场地联合营销、品牌推广等方面，如宝马汽车和奥迪汽车选择与万龙度假天堂、密苑云顶乐园、太舞滑雪小镇、吉林万科松花湖度假区、黑龙江亚布力滑雪场、新疆阿勒泰将军山滑雪场等知名雪场合作，伊利冬奥学院选择与万龙度假天堂、密苑云顶乐园、富龙四季小镇、太舞滑雪小镇、世纪星冰雪俱乐部等顶级冰雪场地场馆合作。品牌间的强强合作为企业拓展全国市场提供了有力支撑。

（三）北京冬奥会市场开发收入创历届冬奥新高

作为全球最有影响力的冬季运动赛事，冬奥会将冰雪竞赛表演业的营销价值展现得淋漓尽致，各行业最具代表性的品牌，不断加入这场世界顶级冰雪竞赛表演中来。2021 年 7 月，北京冬奥组委宣布，对照国际奥委会官方网站公布的历届冬奥会赞助收入数据，北京冬奥会市场开发可实现的赞助收入，已超过以往历届冬奥会同类数据[①]。北京冬奥组委给予赞助企业的权益回报主要有市场营销权、产品或服务提供权、优先谈判权等。优质冰雪竞赛表演活动的价值供给与实力品牌的市场需求实现了高效能对接，形成了以竞赛表演活动为平台，向消费者传递品牌形象，建立紧密联系的市场目标。北京冬奥组委 2022 年 1 月 19 日发布的《北京 2022 年冬奥会和冬残奥会经济遗产报告（2022）》显示，北京冬奥会市场开发工作从 2017 年 2 月正式启动以来，广泛吸引社会资金和社会力量参与，为北京 2022 年冬奥会和冬残奥会筹办工作筹集了必要的资金、物资、技术和服务保障。在 2017 年至 2021 年期间，除去 13 家奥林匹克全球合作伙伴之外，与北京冬奥会达成合作伙伴关系的 45 家北京冬奥会赞助企业名单包括官方合作伙伴（11 家）、官方赞助商（11 家）、官方独

① 汪涌 . 北京冬奥会市场开发收入创历届冬奥新高[EB/OL].（2021-07-22）[2022-10-30]. http://www.gov.cn/xinwen/2021-07/22/content_5626598.htm.

家供应商（10家）、官方供应商（13家）。国际奥委会总收入达到76亿美元，其中媒体转播版权收入占61%，奥林匹克全球合作伙伴计划收入接近23亿美元，与2013—2016年奥运周期相比增长了128.8%。

五、冰雪竞赛表演人才领域分析

我国冰雪运动基础相对薄弱，高层次管理人才和专业性技术人才比较缺乏，这是北京冬奥会前制约我国办赛和推广冰雪运动工作的瓶颈问题。经过冬奥会的淬炼和洗礼后，成功培养出一批冰雪赛事办赛人才。北京冬奥会、冬残奥会不仅向世界奉献了一届简约、安全、精彩的奥运盛会，在人才遗产方面，人才队伍从无到有，逐渐发展壮大，赛时正式工作人员达到60 510人[①]，为我国积累了经验丰富的冬奥会办赛人才队伍。具体人才类型主要有以下几类。

（一）冰雪运动管理人才

冰雪运动管理人才主要是冬奥会举办所需的战略人才，负责赛事的组织策划，是冬奥会组织运行的中坚力量，涵盖了项目管理、赛事管理、竞赛管理、技术管理、场地管理、人事人才管理、外事管理、财务管理等多个方面，高级管理人才主要围绕冬奥会组织运行以及冰雪项目推广与宣传开展工作，是赛事组织和冰雪项目推动的顶层设计与管理者。

（二）冰雪赛事竞赛人才

在北京冬奥会举办以及我国冰雪运动的推广中，需要大量的冰雪竞赛管理人员，特别是裁判员和竞赛组织人员，都需要专业人才作支撑，冬奥会需要专业的竞赛组织人才完成组织工作，裁判员和助理裁判以及计时计分系统的专业人员均属于冰雪赛事竞赛人才。

---

① 北京2022年冬奥会和冬残奥会组织委员会．可持续·向未来——北京冬奥会可持续发展报告（赛后）［R/OL］.（2023-02-01）［2023-02-04］.https://www.beijing2008.cn/upload/resources/file/2023/02/02/9827.pdf.

（三）冰雪赛事服务人才

冰雪赛事服务人才主要是雪场和冰场的导滑员、专业救护人员以及雪场安全巡逻等服务人员，具备专业滑冰滑雪技能，在赛事期间能够配合竞赛做好雪场和冰场场地维护与线路的巡逻以及冰雪运动员突发急救、运输及现场处置工作。

（四）专业保障服务人才

由于赛时运行保障工作涉及竞赛服务、场馆设施设备运行以及索道、雪车、雪橇制冰、修冰等专业性保障工作，因此相关专业人才培养至关重要。近年来，随着冰雪人才需求的不断增加，校企合作开创了高校冬季运动人才培养的新途径。

第三节　后冬奥时期中国冰雪竞赛表演产业面临的机遇和挑战

在北京冬奥周期内，各类冰雪赛事的成功举办对运动员备战参赛和大众冰雪运动普及起到了重要支撑作用，为更多人走上冰场雪场，实现“带动三亿人参与冰雪运动”目标起到了关键引领作用。随着北京冬奥会、冬残奥会的圆满结束，进入后冬奥时期，我国冰雪赛事的组织开展和冰雪竞赛表演产业的稳定发展，也面临着新的机遇和挑战。

一、中国冰雪竞赛表演产业面临的机遇

我国通过实施冰雪运动“南展西扩东进”战略，各地因地制宜建设冰雪运动场馆设施，积极开展冰雪竞赛表演活动，不断营造冰雪运动文化氛围，让冰雪运动普及度逐渐提高，实现冰雪运动由地域性参与向全国性发展转变。

（一）冰雪运动普及步伐迈向全国

《“带动三亿人参与冰雪运动”统计调查报告》显示，全国 31 个省

（区、市）的居民，均不同程度参与冰雪运动，其中 12 个省（区、市）冰雪运动参与率达到 30% 以上。庞大的冰雪运动参与人群和不断增长的参与率，为未来冰雪竞赛表演产业的发展奠定了坚实的基础。除传统冰雪强省（区、市）外，江苏、浙江、山东、河南、广东、四川等多省的冰雪运动参与人数和参与率也较高，如图 2-6 所示。

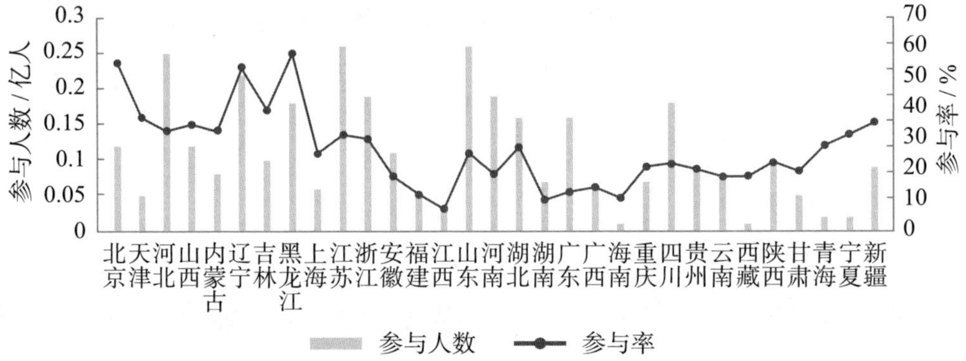

图 2-6　31 个省（区、市）冰雪运动参与人数及参与率

数据来源：国家体育总局、国家统计局，《“带动三亿人参与冰雪运动”统计调查报告》，2022。

（二）冰雪运动参与从冬季向全年覆盖

我国冰雪运动过去主要在冬季开展。目前，通过科技助力、开展非雪季运动项目等方式，逐渐形成全年常态化的冰雪活动组织模式，掀起了全社会多时段关注并参与冰雪运动的新热潮。以往只在冬季开展的冰雪运动已突破时空限制，从单一季节性的小众运动向四季皆宜的日常休闲运动转变，为冰雪竞赛表演活动的四季开展创造了条件。

1. 因地制宜建设四季皆宜的冰雪场地

我国借助环保型制冷剂制冰、造雪储雪、气膜建筑等技术，破解夏季少冰少雪的现实困境，在多个地区因地制宜建设四季滑雪场、滑冰馆、冰雪乐园以及综合性冰雪场馆，突破气候环境制约，为大众四季全时段参与冰雪运动创造了硬件基础。《“带动三亿人参与冰雪运动”统计调查报告》显示，2015 年以来参与过冰雪运动的受访人群中，22.86% 参与过室内四季冰雪运动。在东部地区，29.34% 受访人群参与过室内冰雪运动，比冰雪气候条件好的东北地区高出 15.91 个百分点。

2. 非雪季旱冰旱雪运动开展日益丰富

轮滑、旱地冰壶、陆地冰球等项目兴起，非雪季冰雪运动项目的推广逐渐成为实现“带动三亿人参与冰雪运动”目标的有效途径。在对全国 18 岁及以上居民统计中，有 7.17% 的受访者通过陆地冰雪项目参与冰雪运动。其中，8.95% 的北部地区受访者和 8.23% 的东部地区受访者参与过陆地冰雪运动。另外，我国积极实施“轮转冰”“轮转雪”计划，选择江苏、上海、福建、四川、广东、广西、湖南、云南等 11 个省（区、市）作为试点，打通轮滑和滑冰滑雪项目之间的通道，扩大上冰上雪人口基础。目前，轮滑俱乐部已遍布全国各地。如云南城镇人口 3 ~ 14 岁年龄段的轮滑普及率高达 85%。

（三）冰雪运动组织向更高水平发展

冰雪运动组织是联结冰雪运动爱好者的社会中介组织，是推动冰雪运动普及的主力军，在冬奥会筹备期间，冰雪运动组织数量快速增长，为冰雪人群的聚集创造了有利条件。冰雪运动组织作为政府职能转移的重要承载者，在有效配置冰雪资源、组织群众冰雪活动、弘扬冰雪文化中发挥着重要作用。《“十四五”体育发展规划》中多次强调加强组织建设，2015 年以前，我国冰雪运动组织发展十分缓慢，但北京冬奥会申办成功后，特别是 2019 年中共中央办公厅、国务院办公厅印发《关于以 2022 年北京冬奥会为契机大力发展冰雪运动的意见》，提出充分发挥各级体育总会、冰雪运动协会和其他社会组织作用，组织和引导群众广泛参与冰雪运动。截至 2021 年 12 月，我国已注册了 792 家冰雪运动组织，是 2015 年的 2.89 倍，呈现出快速增长态势，形成了以国家行业协会为引领、地方行业协会为支撑，群众社团蓬勃发展的局面。

二、中国冰雪竞赛表演产业面临的挑战

（一）市场开发难度较大

冰雪竞赛表演产业市场整体赞助额偏低，赞助商需求差异较大，市场开发难度较大。以冰球竞赛表演活动为例，国内代表性较强的20项青少年和儿童冰球赛事的赞助开发情况显示，赞助品牌数量达到44个，其中跨界品牌数量达到35个，分布在地产、生活用品、车企、饮品、科技等领域，以家庭消费为目标客户群体的赞助企业品牌占多数，但市场赞助额仍较低。不同类型的赞助商对赛事赞助回报的诉求存在较大差异，这对赛事的组织和运营提出了更高要求。建立有竞争优势和体系完整的冰雪竞赛IP，有利于吸引更多社会赞助，促进冰雪竞赛表演产业高质量可持续发展。

（二）冰雪赛事体系不够健全

大众冰雪技能赛事办赛水平差异较大，办赛资源浪费问题比较突出。职业冰雪体育赛事影响力大，参赛运动员成绩好、知名度高、专业能力强，具有较完善的赛事运营和组织体系，但由于专业化程度过高，限制了群众参与的积极性。而多数大众冰雪技能赛事在办赛专业化程度、赛事组织体系等方面需要进一步完善。为健全冰雪赛事体系，需加强大众冰雪技能赛事的组织与管理，让更多冰雪爱好者参与进来，通过赛事普及冰雪运动知识，激发群众冰雪运动参与热情，助推冰雪赛事高质量发展。

（三）赛事举办成本增高

自新冠肺炎疫情暴发以来，大部分冰雪竞技赛事陷入停摆或封闭办赛的状态，无形中增加了办赛成本，导致赛事承办方和主办方难以实现收支平衡，甚至陷入亏损状态。后冬奥时期，如何兼顾防疫、办赛、安全和发展，是开展冰雪竞赛表演活动需要克服的主要问题。为此，国家

体育总局冬季运动管理中心发布了《冰雪赛事赛场行为规范》，为后冬奥时期冰雪赛事举办提供专业引导，提高各方参与积极性。

（四）专业竞赛运行团队缺乏

我国体育赛事专业人才缺口较大，冰雪专业项目竞赛运行团队较少，难以满足市场需求，影响了各专业项目持续举办更多高水平全国性冰雪竞技赛事。专业竞赛运行团队能够确保竞赛过程平稳运行，保证参赛者拥有较好的参赛体验，有助于参赛者充分发挥竞技水平、提高办赛质量，要鼓励各类型的社会体育竞赛组织通过职业冰雪体育赛事协作等不同路径，参与到冰雪竞赛表演活动的组织和管理中，壮大竞赛管理团队，提升冰雪竞技赛事的组织水平，做好专业项目的后备保障。

第四节　后冬奥时期中国冰雪竞赛表演产业高质量发展建议

冰雪竞赛表演产业要实现高质量发展，需要从加快构建完备的冰雪竞赛表演产业体系，不断推进冰雪竞赛表演产业市场化进程，积极引入国际高水平竞赛活动，充分利用冬奥场馆的资源优势，持续培育专业人才团队，结合数字化技术，提高产业发展效率与质量等方面发力。

一、完善冰雪竞赛表演产业体系

鼓励承办高端冰雪体育赛事，打造自主品牌赛事，形成阶梯式冰雪赛事新格局。借鉴国际冬季项目单项组织办赛模式，策划组织专业与大众相结合的冰雪联赛，提升办赛水平，吸引国际高水平运动员参赛。打造顶层专业赛事、中间层全国性商业赛事、基础层大众青少年赛事的三维冰雪竞赛表演体系。充分发挥媒体和标志性运动员的影响力，通过赛事新闻与舆论传播，增加赛事曝光度，提升赛事知名度。重视将赛事活动与地方城市文化、民俗等特色资源相融合，形成具有地方特色的冰雪竞赛表演活动品牌。

二、提高冰雪竞赛表演活动市场化程度

持续推进“放管服”改革，转变政府职能，充分调动社会资源参与冰雪竞赛表演活动的积极性，推进冰雪竞赛表演产业市场化发展。推动赛事活动运营专业化，促进办赛主体多元化，推进冰雪竞赛表演活动市场化运作，培育和打造市场化程度高、观赏性强的冰雪竞赛表演自主 IP 品牌，抢占国际冰雪赛事市场。充分发挥高水平冰雪竞赛对全民参与冰雪运动的带动作用，研究制定群众性冰雪赛事和活动标准，推动群众冰雪赛事市场稳定、健康、有序发展。

三、引入国际高水平冰雪竞赛表演活动

积极引入国际高水平冰雪竞赛表演活动，满足群众观赛和体验需求。通过开展跨地区、跨国境冰雪竞赛与交流活动，提升冰雪文化软实力，促进冰雪运动普及，扩大冰雪竞赛表演运动参与人群。借鉴国际竞赛活动举办经验，开展全国性大众冰雪技能赛事，完善赛事认证体系、积分体系，不断提升赛事品牌影响力，提高赛事国际竞争力。

四、充分发挥冬奥会场馆作用

用好冬奥场馆资源，落实冬奥场馆赛后利用计划。推动场馆向社会开放，积极承办高水平赛事和大众冰雪技能赛事。利用冬奥场馆资源，积极开展冰雪竞赛表演活动，引导冰雪消费，形成冰雪时尚。通过加强国际交流、加大青少年培养、举办冰雪展览等途径，不断丰富冬奥场馆赛后利用场景，助力冬奥城市建设国际冰雪赛事名城，实现冬奥遗产利用效益最大化。

五、加大冰雪竞赛表演专业人才培养力度

围绕紧缺专业人才，积极鼓励高校、企业、社会组织开展产学研合作，共同开展专业教育培训，提升冰雪竞赛表演人才专业水平。鼓励社会机构就冰雪赛事运营、冰雪竞赛组织、冰雪表演管理等相关专业或方向，与院校或相关部门共同探索研发相关教材，建立专业师资培训体系，扩大师资队伍，完善教育培训标准，打造培训认定平台，提高师资专业化水平。引导学校与企业和社会组织共建实习基地，为学生提供丰富的实践机会，培养理论技能并重的复合型人才。

六、促进冰雪竞赛表演项目数字化发展

充分结合 5G 等网络数字技术，实现科技赋能冰雪赛事场景，延展冰雪竞赛表演产业链条。持续推动物联网、大数据、人工智能等赋能冰雪竞赛表演项目，拓展新消费空间和服务场景，构建更高水平的全民冰雪健身公共服务体系，实现冰雪竞赛表演产业的高质量发展。

第三章　中国冰雪健身休闲产业发展报告

2016年10月，国务院办公厅印发《关于加快发展健身休闲产业的指导意见》（国办发〔2016〕77号），提出“完善健身休闲服务体系，发展冰雪运动”。为构建更高水平的全民健身公共服务体系、促进冰雪健身休闲产业发展，我国以筹办2022年北京冬奥会、冬残奥会为契机，围绕实现“带动三亿人参与冰雪运动”目标，以东北、华北、西北为带动，以大众滑雪、滑冰、冰球等为重点，深入实施冰雪运动“南展西扩东进”战略，推动冰雪场地设施建设，培育群众冰雪活动品牌，扩大冰雪运动参与人口，全面提升冰雪运动普及程度和产业发展水平。进入新发展阶段，我国冰雪健身休闲产业将继续挖掘冬奥遗产价值，通过持续开展“冰雪惠民”、开展更加丰富的青少年冰雪活动、充分发挥冰雪社会组织带动作用等途径，进一步扩大冰雪运动参与人群、加强“冰雪+”相关产业融合，实现冰雪健身休闲产业更好更优发展。

第一节　中国冰雪健身休闲产业发展概况

随着“带动三亿人参与冰雪运动”目标的提出和实现，更加规范、更加完善的群众性冰雪运动发展机制逐渐形成，更多冰雪“零基础”的群众开始成为冰雪运动的体验者和爱好者，人们对参与冰雪运动健身和冰雪休闲活动的热情被点燃。冰雪健身休闲产业作为冰雪产业的基础与核心，对促进人们形成时尚健康生活新方式，满足人们对高品质生活的需求，扩大群众冰雪消费规模具有重要作用。

一、冰雪健身休闲产业概述

（一）冰雪健身休闲产业的定义

冰雪健身休闲产业是冰雪产业的重要组成部分，是以冰雪运动为载体、以体验冰雪运动为主要形式、以促进身心健康为目的，向大众提供相关产品和服务的一系列经济活动，涵盖健身服务、设施建设、器材装备制造等业态。当前，人民群众多样化体育需求日益增长，消费方式逐渐从实物型消费向参与型消费转变，冰雪健身休闲产业在北京冬奥会、冬残奥会成功举办和冰雪运动广泛普及的带动下，迎来了快速发展期。

（二）冰雪健身休闲运动的分类

在《2017 国民经济行业分类注释》（国统办设管字〔2018〕93 号）中，8930 代码是指“健身休闲活动”，在《体育产业统计分类（2019）》中对应的是“体育健身休闲活动”，包括“运动休闲活动”“群众体育运动”和“其他体育休闲活动”三类。与之对应，冰雪健身休闲产业是建立在体育运动与健身休闲发展基础上形成的产业分类（见表 3–1）。随着我国冰雪健身休闲运动的广泛开展，冰雪健身休闲产业已经形成以健身休闲为主，竞赛表演、冰雪娱乐、场馆服务、装备设施、文化传播、休闲旅游等业态协同发展的产业新格局。

表 3–1　冰雪健身休闲产业主要分类

《体育产业统计分类（2019）》	“冰雪健身休闲产业”对应分类
运动休闲活动	冰雪运动休闲活动
群众体育运动	群众冰雪运动
其他体育休闲活动	其他冰雪休闲活动

在北京冬奥会、冬残奥会的带动下，冰雪运动逐渐成为时尚运动项目。未来，能否立足大众冰雪需求，夯实消费基础，优化发展路径，将

成为壮大冰雪健身休闲产业发展的关键。

二、中国冰雪健身休闲产业发展现状

“带动三亿人参与冰雪运动”目标的提出和实现，不仅夯实了群众冰雪基础，同时也成为促进冰雪健身休闲产业发展和拉动内需、形成新的经济增长点的动力源。

（一）积极培育群众冰雪品牌活动

广泛举办赛事活动是吸引广大人民群众参与冰雪运动和助力冰雪健身休闲产业发展的核心引擎，是实现“带动三亿人参与冰雪运动”战略目标的重要抓手。我国以高水平冰雪竞技体育赛事为引领，积极发展形式多样、丰富多彩的大众冰雪赛事和各类冰雪休闲活动，调动了群众参与冰雪运动的热情，扩大了冰雪健身休闲群体。

我国结合冰雪运动发展实际和群众冰雪运动需求，培育了全国大众冰雪季等系列冰雪品牌活动，形成全年龄、全时段、全服务的冰雪活动品牌集群。根据国家体育总局冬季运动管理中心统计数据，通过连续 8 年组织“全国大众冰雪季”活动，地域范围从 2014 年仅有 10 个省（区、市）参与到 2021 年全面覆盖 31 个省（区、市）184 个地市，共举办赛事活动 4 808 项，参与人数达到 1.62 亿人次。以全国群众品牌活动为引领，全国 31 个省（区、市）因地制宜开展了类型丰富、形式多样、特色鲜明的冰雪赛事活动，通过训练营、体验营、全民健身运动会等方式让群众广泛参与，形成了“冬奥在北京・体验在吉林”“黑龙江赏冰乐雪”“快乐冰雪运动辽宁”“欢乐冰雪健康中原”“南国冰雪城贵州六盘水”“欢乐冰雪健康新疆”等地方活动品牌，对推广冰雪运动、发展冰雪旅游、传播冰雪文化起到了重要作用。

（二）广泛组织各类冰雪民俗活动

我国传统冰雪文化历史悠久，冰雪民俗活动更能强化群众的集体归属感，将冰雪运动融入大型民俗节，实现了冰雪健身休闲生活品质的提质升级，不断提高群众参与度。通过全国重大民俗节庆活动的知名度，冰雪健身休闲活动的普及度与接受度逐渐提高。目前，我国已有哈尔滨国际冰雪节、长春冰雪节、沈阳冰雪节、吉林国际雾凇冰雪节、满洲里中俄蒙国际冰雪节、成都西岭雪山南国国际冰雪节、巩义嵩顶冰雪文化旅游节、上海白玉兰国际冰雪节、中国鄱阳国际冰雪节等十多个现代冰雪节。藏族、蒙古族、鄂温克族等少数民族依托当地自然冰雪景观，打造发展出圣山祈福、查干湖冬捕、那达慕大会、草原冬季游牧等极具地域特色、民族特色的冰雪文化旅游活动。游客既可以体验冰滑子、滑爬犁、狗拉雪橇等传统特色冰雪活动，也能参与冰龙舟、冰帆船、毛皮雪板等竞技与冰雪相结合的新型冰雪文化活动。

（三）带动青少年冰雪健身消费群体增长

青少年是中国冰雪运动的基石与未来，是冰雪健身休闲产业的重要消费群体。全国各地积极响应国家战略，共建设 2 063 所全国青少年校园冰雪运动特色学校、835 所奥林匹克教育示范校，探索具有中国特色的青少年冰雪运动教育模式，拓宽青少年参与冰雪健身途径。各省（区、市）多措并举，解决中小学校园冰雪运动场地设施难题。实施冰场浇筑计划，每年冬季利用田径场等平整区域浇筑冰场，大力发展季节性、临时性冰场。推动校园冰雪运动“旱地化”，编制《校园冰雪运动主题活动指引手册》《青少年冰雪辅导员培训讲义》《中小学校园冰雪运动丛书》等教材，开展冰雪运动实践教育，全面带动青少年冰雪健身群体的增长。

第二节　中国冰雪健身休闲产业重点领域分析

发展冰雪健身休闲产业，政策支持是关键，群众喜爱是根本，青少年参与是希望，场地保障是基础，赛事活动是支点，营销推广是动力。发展冰雪健身休闲产业，需要在重点领域多下功夫，积极扩大冰雪健身消费群体，塑造冰雪时尚潮流，提升人们身体素质、增强全民健康水平、丰富精神文化生活、形成健康生活方式、推动社会经济发展。

一、冰雪健身休闲产业的经济及社会效益分析

发展冰雪健身休闲产业，对于拉动健康消费、形成经济新的增长点具有重要意义。在我国960万平方公里的土地上，稳定季节冰雪面积有420万平方公里，但冰雪在很长时间却没能成为“产业”，随着北京冬奥会的成功申办和我国经济社会的发展，体育产业不断壮大，冰雪健身休闲消费近年来取得突破式增长，经济效益和社会效益显著提高。

（一）经济效益分析

根据京东发布的《2022春节假期消费观察》数据显示，2022年春节，滑雪运动类商品整体成交额同比增长322%，冰上运动类商品整体成交额增长430%。受北京2022年冬奥会开幕的影响，全国各地的冰雪游相关产品持续升温。携程集团数据显示，2022年2月4日，以“冬奥”为关键词的搜索热度增长200%。春节前三天的滑雪门票订单与2021年相比增长33%[①]。冬奥会和冬残奥会的举办和冰雪健身消费需求增强，成为冰雪健身休闲产业发展的重要原因。

冰雪市场主体不断涌现，成为推动冰雪健身休闲产业发展的直接动力。以“滑雪”“雪地”“造雪”“冰雪”等为关键词搜索我国冰雪相关企业，截至2022年12月有9 000家，其中，2022年新增注册量为1 450家，同比增长20.1%。据《中国冰雪旅游发展报告（2023）》显示，从2018年到2022年5年间，冰雪旅游重资产投资规模近11 100亿元，其中2022年新增重资产项目投资总额约1 100亿元。“体育热”“冰雪热”“旅游热”的市场共振，共同为冰雪健身休闲产业持续增长打下了坚实的消费基础，

① 央广网.京东发布2022春节假期消费观察：“虎元素”、“冰雪运动”、“异地订单”成亮点[EB/OL].（2022-02-06）[2022-10-20].http://tech.cnr.cn/techph/20220206/t20220206_525734189.shtml.

并带动冰雪装备器材、冰雪场馆服务、冰雪文化、冰雪旅游等全方位需求，拉动了消费，培育了新的经济效益增长点，为我国经济建设和冰雪经济发展作出应有的贡献。

（二）社会效益分析

健身休闲和体育消费观念正逐渐成为当代社会的一种普遍现象，冰雪健身休闲开始形成一种受推崇的现代生活方式，以满足人民日益增长的美好生活需要。大力发展冰雪健身休闲产业，不仅能满足人民群众不断增长的消费需求，还可以发挥冰雪运动与大自然天然紧密结合的特性，放松身心，释放人们在工作中产生的紧张与压力，丰富文化生活，改善身体机能，预防疾病，增进健康，陶冶情操和建设精神文明。发展冰雪健身休闲产业，对形成良好的社会风气和传播中华传统冰雪文化、宣传冰雪城市美好形象、展现民族冰雪风情也具有很强的推动作用。

二、群众冰雪健身休闲开展情况分析

（一）主要参与对象特征

从群众冰雪健身休闲群体来看，主要有冰雪运动爱好者群体和冰雪运动体验人群（包括儿童、青少年和成人）。冰雪运动爱好者参与的特点是运动参与热情度高，参与时间长等，一旦规模趋势形成，具有相对稳定的消费投入。冰雪运动体验人群的参与特点是有一定不确定性，从短期经济效益角度看，冰雪运动体验人群能在冰雪季内贡献庞大流量，特别是家庭、亲友团、旅游团、企业团建等群体，至少具备成熟的一次性消费能力。

（二）主要参与人群分布

《“带动三亿人参与冰雪运动”统计调查报告》显示，按照年龄段来看，冰雪运动爱好者基本覆盖了各个年龄段。18 岁以下居民的冰雪运动参与人数为 0.46 亿人，参与率为 15.62%。18 岁及以上居民的冰雪运动参与人数达到 3 亿人，参与率为 26.95%。其中，18 ~ 30 岁居民冰雪运动参与人数为0.82亿人，参与率为37.27%；60岁以上居民冰雪运动参与人数达到0.33亿人，参与率为13.09%。

按照职业分布看，参与冰雪运动覆盖各行业领域的所有职业。其中，在校学生、国家机关人员、企业管理人员、文教科体卫人员参与率均超过45%；产业工人、商业及服务业员工、个体工商户、私营企业等人群的参与率在30% ~ 40%之间；自由职业者、离退休人员、无业或失业人员、进城务工农民的参与率在20% ~ 30%之间。

（三）品牌活动参与人群情况

随着冰雪品牌活动渐成规模，群众对冰雪运动的参与热情不断高涨。2016—2021年，在全国多地开展的“赏冰乐雪”、冰雪嘉年华、冰雪运动会等活动，涵盖了冰雪比赛、展示、体验及征文和摄影等多种活动内容和形式，让当地群众更加便利地参与到冰雪运动中来。持续多年举办“全国大众冰雪季”，各类赛事活动覆盖的区域超过了全国一半的地级市，人员规模从2014年的1 000万左右人次增长至2021年的近1亿人次，增长近9倍，成功推动了中国冰雪人口不断壮大。与此同时，各地蓬勃开展的群众性冰雪运动，也成了“健康中国”的亮丽风景线。

三、冰雪健身休闲场馆建设情况分析

冰雪运动场地设施是开展群众性冰雪健身休闲活动的前提条件和基础硬件，是实现“带动三亿人参与冰雪运动”战略目标的必要条件。我国坚持设施先行，深化冰雪场地设施供给侧改革，统筹区域冰雪运动场地设施建设，创新建设运营理念，增加供给、提高质量，快速补齐城市冰雪场地设施“短板”的制约，为冰雪运动普及和冰雪健身开展奠定坚实的硬件基础。

（一）冬奥场馆资源盘活使用情况

盘活冬奥场馆资源，做好赛后开发和利用，冰雪运动以及各项夏季运动能够持续开展，对促进全民健身具有重要作用。作为奥运遗产的重要组成部分，北京冬奥会、冬残奥会场馆向大众开放，由全民共享，通过冬奥场馆赛后开发和可持续利用，进一步带动冰雪健身休闲运动的发展和场馆设施建设，推动冰雪健身休闲产业的发展。部分冬奥场馆开放情况见表3–2。

表3–2 部分冬奥场馆首次面向公众开放时间统计

场馆名称	冬奥会后首次面向公众开放时间
国家速滑馆（“冰丝带”）	2022年7月9日
首钢园区（“雪飞天”）	2022年3月17日
国家游泳中心（“水立方/冰立方”）	2022年4月12日
首都体育馆体育公园（“首体”“冰坛”）	2022年8月6日
延庆奥林匹克园区（“雪飞燕”“雪游龙”）	2022年4月29日
张家口崇礼奥林匹克公园（“雪如意”“冰玉环”）	2022年7月16日

1. 国家速滑馆（“冰丝带”）

国家速滑馆位于北京奥林匹克森林公园西侧，又名“冰丝带”。北京冬奥会期间，“冰丝带”承担速度滑冰项目比赛，共产生了14枚冬奥会金牌。冬奥会后，“冰丝带”在2022年7月9日面向社会开放，先期开放约6 000平方米冰面供公众滑行，正式启动可持续运营工作。“冰丝带”内的冰面能满足举办速度滑冰、花样滑冰、冰球等多项赛事以及大众进行多种冰上活动的多功能需求。冬天则可在场馆外规划室外冰场，满足群众对户外冰上运动的需求。后冬奥时期，“冰丝带”集合体育赛事、群众健身、文化休闲、展览展示、社会公益等多种功能，在运营管理中融入更多中国元素，打造成为展示中国文化魅力和中国冰雪运动发展的重要窗口。

2. 首钢园区（“雪飞天”）

位于北京市石景山区首钢老工业园的首钢滑雪大跳台“雪飞天”，持续探索“老工业遗址 + 冬奥遗产 + 文体产业”结合再利用。冬奥会期间，大跳台见证了多个奥运奇迹，我国冰雪运动员谷爱凌、苏翊鸣相继在此夺冠。2022 年 3 月 17 日，首钢滑雪大跳台面向社会开放。作为世界上首个永久性大跳台，在冬奥会结束后，大跳台及周边设施被充分利用，积极引入单板及自由式滑雪世界杯等顶级赛事，并举办了各类冰雪活动和企业品牌发布会，推动首钢园区成为服务大众的体育主题公园。

3. 国家游泳中心（“水立方 / 冰立方”）

国家游泳中心又称“水立方”，在北京冬奥会、冬残奥会期间承接冰壶和轮椅冰壶项目比赛，完成“水冰转换”。“水冰转换”方案，即通过支撑体系和移动式制冰系统，完成“水立方”到“冰立方”的功能转换，从而实现一个场馆可举办水上、冰上两种类型的比赛。2022 年 4 月 12 日，“冰立方”正式向社会开放，场馆开放区域保留了冬奥会的全部原貌景观，场地的各种临时设施也暂作保留，让观众体验到了“原汁原味”的冬奥赛场。为充分做好冬奥会场馆赛后利用，“冰立方”冰上运动中心设立了“世界冰壶学院培训中心”、通过举办国际冰壶赛事及系列冰壶培训等方面工作，促进冰壶运动在中国和世界的发展。

4. 首都体育馆体育公园（“首体”“冰坛”）

首都体育馆是我国较早建设的冰雪运动场馆，见证了我国冰雪运动发展的众多重要时刻。按照规划，国家体育总局和北京市政府通过改扩建既有的首都体育馆、首体综合馆、首都滑冰馆、运动员公寓，与新建的国家体育总局冬季运动管理中心综合训练馆“冰坛”、首都体育馆冬奥赛事中心一起形成以 1 个竞赛场馆、3 个训练场馆、2 个配套设施共 6 个主要建筑为核心的首都体育馆运动园区。2022 年 8 月 6 日，首都体育馆场馆群暨首都体育馆体育公园正式面向市民开放，打造服务广大人民群众的全新冰雪娱乐公园，感受北京冬奥会首都体育馆冰场的氛围。室外还有篮球场、塑胶跑道、步道等体育设施，满足人民群众日益增长的文化体育需求。

5. 延庆奥林匹克园区（“雪飞燕”“雪游龙”）

2022年4月29日，延庆冬奥赛区正式挂牌“延庆奥林匹克园区”“国家级滑雪旅游度假地”及“高山滑雪北京延庆国家训练基地”，标志着延庆奥林匹克园区正式对公众开放。2021年12月15日，“延庆奥林匹克园区”获得国际奥委会批准，成为继北京奥林匹克公园和北京冬季奥林匹克公园后，北京市第三个被冠以“奥林匹克”称号的区域。从2022年到2024年，延庆将利用“雪飞燕”“雪游龙”，建设国内唯一国际化高标准冰雪挑战基地，并在小海陀山建设大众雪场，升级万科石京龙、八达岭滑雪场等雪场设施。预计到2024年底，延庆将成为国际滑雪度假旅游胜地，实现可滑面积100万平方米，滑雪旅游人次突破50万。

6. 张家口崇礼奥林匹克公园（“雪如意”“冰玉环”）

张家口崇礼奥林匹克公园（古杨树场馆群）和张家口冬奥村项目占地约4.6平方公里，包括三个国家级竞赛场馆（即国家跳台滑雪中心“雪如意”、国家越野滑雪中心和国家冬季两项中心），以及顶峰俱乐部、“冰玉环”和如意广场等配套附属设施。后冬奥时期，该项目将成为顶级冬季赛事举办地和市民享受高品位文化休闲娱乐活动的场所，为加速京张体育文化旅游带建设，促进区域环境和经济社会可持续发展发挥重要作用。2022年7月16日，张家口崇礼奥林匹克公园举行了开园仪式，游客实现了打卡“雪如意”“冰玉环”、冬奥村等场所愿望，共享冬奥成果。公园大力发展赛事经济、会展经济、论坛经济等新业态，在开园后的两个多月时间内，举办了赛事、会展、论坛等50余场次，接待来宾5万余人次。

7. 云顶滑雪公园

云顶滑雪公园是北京冬奥会7个雪上竞赛场馆中唯一利用现有滑雪场改造而成的场馆，其中90%的奥运场馆功能是通过搭建临时设施来实现。这些临时设施全部使用预制构件和可降解、可再生、可循环使用材料，拆除临建后，云顶冬奥赛道可恢复大众滑雪和旅游度假的功能，保留下来的赛道继续拓展功能，使其具备举办世界级赛事的能力。除专业赛事训练外，云顶滑雪公园还将加速融入京张体育文化旅游带建设及京津冀协同发展的新篇章中，吸引更多京津冀、全国乃至全世界人民前来休闲度假。

（二）冰雪健身休闲场地供给情况分析

1. 统筹场地设施规划

我国结合各地资源特色，以京津冀重点建设为引领，以东北地区稳步建设为基础，以西北、华北地区加快建设为支撑，以南方地区合理建设为扩展，形成了冰雪场地设施的全国合理统筹布局。其中，京津冀地区以北京冬奥会、冬残奥会为契机，重点建设一批国际标准的大型冰雪赛事场馆。东北地区在提升存量场馆基础上，稳步推进增量冰雪场地设施建设。华北和西北地区加快建设一批以健身休闲为主的冰雪场地设施。南方地区根据经济社会发展情况布局一批室内冰雪场地设施。

2. 扩大场地设施供给

在北京冬奥周期内，我国加大投入，加快公共滑冰馆、滑雪场、综合性冰雪运动中心等场地设施建设。通过中央财政支持的方式，国家体育总局启动“百城千冰计划”，在全国推动冰场建设，有效扭转中国内地城市缺少冰雪场地设施的局面。支持大型滑雪场地建设，鼓励完善滑雪场地配套服务。顺应冰雪健身休闲消费升级需求，支持有条件的地区建设以冰雪游憩活动为主的室内外冰雪乐园、冰雪运动休闲综合体，打造冰雪运动新场景，形成了哈尔滨冰雪大世界、广州融创雪世界、长春冰雪新天地、重庆融创雪世界、张家界冰雪世界等一批具有一定知名度的冰雪概念的主题乐园。截至 2021 年 12 月，全国滑冰场地 1 450 个，覆盖

30个省（区、市）；滑雪场地共811个[①]。

3. 创新场地供给方式

支持体育场馆改建为冰雪运动场所，鼓励有条件的北方地区利用江、河、湖等水域资源打造天然滑冰场，多方式扩大冰雪场地设施供给能力。如北京提供20处天然河湖水域作为拟开放的冰场，开放面积近100万平方米，为市民提供各类冰上娱乐项目。通过合理利用旧厂房、仓库、老旧商业设施和空闲地等闲置资源，建设室内冰雪场地设施。吉林市城区及周边县市开放50余块公益冰场。采用"囤雪技术"，利用吉林市北山防空洞，建设了四季滑雪场。鼓励公园、校园、社区等建设可拆装移动冰场，不断丰富群众身边的冰雪健身休闲场地设施类型。黑龙江省资助全省每个县区至少建设一套可拆装移动冰场。北京、河北等地可拆装移动冰场项目也相继落地。

4. 制定发布相关标准

国家体育总局制定了《中国滑雪场所管理规范》，强化标准引领，明确滑雪场所开发建设的基本条件，设定大众滑雪道及滑雪场地的最低要求。国家市场监督管理总局、国家标准化管理委员会批准发布《冰雪运动场所用安全标志》，发布《仿真冰场　通用技术要求和试验方法》推荐性国家标准，明确仿真冰的制造技术、验收、安全标准，形成符合中国"仿真冰场"市场现状的国家标准，指导群众性健身休闲冰雪场地设施建设。

四、青少年冰雪培训领域分析

目前，我国青少年群体（0 ~ 14岁统计数据）约2.5亿人。吸引广大青少年群体广泛参与，是实现我国冰雪运动可持续发展的关键一环。

---

① 北京2022年冬奥会和冬残奥会组织委员会，北京体育大学．北京2022年冬奥会和冬残奥会体育遗产报告（2022）［EB/OL］．(2022-01-19)［2022-10-20］.http://download.people.com.cn/jingji/thireteen16425617531.pdf.

围绕青少年冰雪运动开展，提供专业、系统、权威、健全的冰雪运动培训体系是普及冰雪运动、发展冰雪产业的重要支撑。与欧美传统冰雪运动强国相比，我国冰雪运动目前仍处于初级发展阶段。以滑雪运动为例，近两年在新增的滑雪游客中，七成以上是初学者和一次性体验者，这意味着我国有着巨大的滑雪培训市场潜力。

（一）青少年冰雪培训产业链

结合冰雪全产业链特征，青少年冰雪培训产业链组成较全面。产业链上游以冰雪体育指导员、教练员为核心环节，主要提供掌握冰雪运动的学习指导、安全保障等服务，其他人员包括裁判员、技术工人、场馆运营及管理人员等；硬件方面，主要包括室内外真冰真雪场馆，仿真冰仿真雪场馆，移动式冰雪训练场，室内滑雪模拟机、小型冰球训练场等硬件设备和滑雪板、滑雪杖、滑雪服、护具、头盔、帽子、手套等个人运动装备器材。产业链中游包括各级各类培训院校、培训机构、线上运营机构。培训机构包括面向专业运动员训练队和面向冰雪爱好者的自营滑雪学校和冰场培训俱乐部、第三方滑雪学校等，为培训提供教学设施和培训课程。产业链下游为广大用户群体，包括各类冰雪传统特色学校，各年龄段青少年冰雪运动短期体验者、青少年专业运动员、青少年冰雪项目爱好者等。从青少年冰雪培训产业链组成情况可以看出，青少年冰雪培训产业发展对冰雪场馆、教练员、运动安全保障等高度依赖。

（二）冰雪培训市场总体情况

随着冰雪热不断升温，冰雪爱好者对教学培训的市场需求在不断扩大。根据企查查公布的数据，2022 年初我国滑雪培训机构数量达到了 130 家，比 2020 年增长了两倍。在冰雪培训业务中，青少年是主要消费群体，已参与和具有冰雪培训意愿的青少年已超过 2 000 万人，具有广阔的发展空间。以青少年冰雪运动开展较为发达的城市——北京市场为例，在由北京市体育局、北京市统计局共同发起，由中国人民大学中国调查与数据中心、清华大学体育产业发展研究中心作为执行单位开展的相关体育消费调查中显示，2021 年度，北京市居民人均体育消费 3 310.3 元，2021 年北京市冰雪运动消费人口人均消费达到 24 501.04 元，冰雪运动人均消费远远高于普通体育消费。冰雪运动消费专业性强、技术门槛高，反映到消费结构上呈现冰雪运动参与型消费支出占比高，达到了 61.94%，其中又以冰雪运动培训教育和机构会费支出为主。调查显示，北京市冰雪运动消费者在选择培训机构时，最关注的三个要素依次为师资力量（57.1%）、地理位置（51.6%）和环境设施（49.8%）[①]。

五、“冰雪运动进校园”及校企合作开展情况

中小学生是冰雪运动参与的主体，也是冰雪健身休闲群体的主力军。2019 年，国家体育总局会同教育部等四部门联合印发了《关于加快推进全国青少年冰雪运动进校园的指导意见》（教体艺〔2019〕3 号），进一步明确了与冰雪运动进校园相关的教学、训练、竞赛等内容；制定了冰雪运动传统特色学校相关标准，将冰雪运动知识教育纳入学校体育课教学内容，学生们在校园里可以通过多种方式参与到冰雪运动中来。《冰雪运动发展规划（2016—2025 年）》提出目标，全国中小学校园冰雪运动特色学校到 2020 年达到 2 000 所，到 2025 年达到 5 000 所。根据教育部和国家体育总局官方发布，到 2021 年底，已完成遴选并正式发布 2 063 所冰雪运动特色学校，全国奥林匹克教育示范学校累计达到 835 所。

（一）北京市开展情况

北京市自 2017 年起持续开展“冰雪运动进校园”系列推广普及活动，青少年冰雪运动参与率迅速提升。北京青少年冰球运动发展全国领先，

① 北京市体育局 .2021 年北京市居民人均体育消费 3 310.3 元，全市冰雪运动消费人口人均消费超 2.4 万元［EB/OL］.（2022-08-09）［2022-10-20］.http://tyj.beijing.gov.cn/bjsports/gzdt84/zwdt/325892557/index.html.

得益于校企合作，广大社会冰场企业和俱乐部积极参与到学校冰雪运动开展中。截至2021年底，北京市中小学生累计参与冰雪运动近210万人次，共有200所学校获评冰雪运动特色学校、200所学校获评奥林匹克教育示范学校[①]。北京市冰雪竞技后备人才发展迅猛。拥有5支市级青少年冰球队和1支滑雪队，以及125支区级青少年冬季项目运动队，注册青少年运动员人数达到7 565名，是2017年的近百倍。2021年北京市中小学生校际冰球联赛，吸引了119所学校、126支队伍、1 730名运动员参赛，比赛场次达到319场[②]。社会冰场和俱乐部在参与广大赛事组织和举办中发挥了关键作用。为加快校园冰雪运动开展，《北京市冰雪运动特色学校评价指标体系》制定相关评价标准，对冰雪运动特色学校根据不同等级给予经费支持。同时，为鼓励校企合作，北京市鼓励通过政府购买服务的方式，利用社会滑冰场和滑雪场资源，为学生参与冰上、雪上技能培训提供条件，引进专业冰雪俱乐部，举办赛事活动。部分学校设置了仿真冰场，购入模拟滑雪机等器械，加强校内冰雪运动开展。部分有条件的学校铺设校园季节性冰场，满足学生体验冰雪运动需求。

（二）河北省开展情况

自2018年起，河北在全省范围内开展奥林匹克教育示范学校和校园冰雪运动特色学校创建活动，截至2021年10月，河北省共命名“奥林匹克教育示范学校”500所、“校园冰雪运动特色学校”207所。2021年，河北省体育局、河北省教育厅联合印发《河北省校园冰雪季实施方案》，实施中小学体育教师冰雪项目培训计划，在全省范围内开展校园冰雪季活动。张家口市作为北京冬奥会协办城市，近年来在全市范围持续开展“冰雪运动进校园”系列推广普及活动，大力推进冰雪运动进课堂，

① 黄玉玲.北京市教委：北京中小学生上冰上雪人数已近210万人次[EB/OL].(2021-12-27)[2022-10-21].http://news.cnr.cn/dj/20211227/t20211227_525699934.shtml.

② 赵晓松.双奥之城：奥运遗产全民共享[EB/OL].(2022-10-15)[2022-10-21].https://bjrbdzb.bjd.com.cn/bjrb/mobile/2022/20221015/20221015_m.html#page4.

开展冰雪运动课程，在全市校园传播冰雪运动知识。2017 年至 2021 年，该市连续开展五届万名学生体验冰雪运动活动，累计参与学生超过 10 万人[①]。从 2015 年申办冬奥会成功至 2022 年 1 月，张家口市培养冰雪项目社会体育指导员和校园辅导员 5 000 多名，要求所有体育教师均掌握至少一项冰雪运动技能[②]。截至 2022 年 1 月，当地中小学校累计建设各类校园冰场 155 个，总面积约 21 万平方米，直接辐射和带动约 30 万中小学生实现冰上运动体验，推动了冰雪运动的校园普及[③]。

（三）上海市开展情况

从 2018 年开始，上海市教委联合上海市冰壶运动协会推动“冰壶运动进校园”，利用便携式的仿真冰壶赛道作为装备补充，将冰壶课程推广到全市 100 多所学校。上海部分小学借助室内滑雪模拟机，尝试开设滑雪课，让更多孩子体验到滑雪的乐趣。社会化是上海冰雪运动发展的一个特点。近年来，上海冰雪运动已逐步探索出政府支持、社会力量参与的发展之路，在共同推动冰雪运动发展的同时，为冰雪运动协会和社会组织发挥作用搭建平台。在校企合作方面，上海飞扬冰上运动中心与多所学校展开教学合作，为学校提供专业冰场和教练，帮助学校组建花样滑冰队列滑队，建立冰球、队列滑训练基地，在冰场上体育课，组织教练带着装备走进校园，将冰雪项目送到孩子们身边。

（四）广东省开展情况

截至 2022 年 9 月，广东省有冰上俱乐部 25 家、滑雪俱乐部 20 家，俱乐部在中小学开展冰雪公益讲座，与学校共同组建冰球队伍，选派专

① 河北日报．河北：雪热校园 喜迎冬奥会［EB/OL］．(2021-12-27)［2022-10-21］. https://article.xuexi.cn/articles/index.html?art_id=5343826902938915898&item_id=5343826902938915898&cdn=https%3A%2F%2Fregion-hebei-resource&study_style_id=feeds_opaque&source=share&share_to=weibo.

② 黄丹玮，温维娜．冰雪运动“破冰”进校园，青少年喜爱冰雪的心不放寒假［EB/OL］．(2022-02-09)［2022-10-21］. http://news.youth.cn/jsxw/202202/t20220209_13434066.htm.

③ 马国萍．激情冰雪，让历史告诉未来［EB/OL］．(2022-02-05)［2022-10-21］. http://www.zjknews.com/bingxuewang/zhulishenao/202202/05/357435.html.

业教练入校指导；广东省冰雪运动协会联合各级体育部门推动冰雪运动进校园，支持全省30余所学校开展冰雪运动。在深圳，多所学校通过课程培训、校园公开课等方式了解和参与冰球运动。据初步统计，2017年至2021年，参与花样滑冰、冰球等项目训练的青少年达到了20万人。类似深圳这样的许多南方城市，还将滑冰滑雪运动与青少年喜爱的夏令营、游学等相结合，加快冰雪运动进校园的步伐。

（五）湖北省开展情况

2021年，湖北省已建成大型冰雪场地30余家，冰雪运动覆盖人数达到260万人，冰雪赛事蓬勃开展。不仅大众冰雪活动广泛开展，而且冰雪进校园也开展得如火如荼。作为湖北省开展冰雪运动较好的城市代表，武汉市内冰场雪场数量已达到10余家，19所学校入选冰雪运动特色学校。2021年11月，武汉市体育局、武汉市教育局联合发布了《首批武汉市冰雪运动特色学校实施方案》，在武汉正式启动冰雪运动进校园活动。2022年起，冰雪运动特色学校冰上嘉年华活动、校际花滑、旱地冰球、旱地冰壶等赛事活动陆续启动。受益于“冰雪运动进校园”开展和冰雪运动场地设施建设，武汉市常年参加花样滑冰和冰球训练的人数已达到2 000人左右。2022年夏天，武汉国际体育文化交流中心冰上运动中心成为湖北省运会的冰上项目比赛场地，武汉市在该届省运会上包揽了冰球项目设置的3个组别比赛冠军。

（六）重庆市开展情况

作为冰雪运动“南展”城市之一，重庆市持续推进冰雪运动进校园工作，创建冰雪项目品牌。2020年11月，重庆市冰雪运动“七进”活动首次走进大学校园，在重庆科技学院，大学生们体验了冰球、滑雪、冰壶等多个项目，此举旨在让冰雪运动渗透到重庆大学生群体中，让更多青年人感受到冰雪运动的魅力。在校企合作方面，推进重庆融创雪世界等企业与多所学校展开合作，共建冰雪运动实训基地，成立滑雪校队，进一步拉近青少年群体与冰雪运动的距离，普及校园冰雪文化，助力全民冰雪运动开展。

（七）新疆维吾尔自治区开展情况

新疆维吾尔自治区广泛开展全国大众冰雪季和群众冬季运动推广普及系列活动，大力实施“冰雪进校园”工程，凭借天然冰雪资源优势，全区有条件的学校冰雪体育课程开课率达到了100%。在新疆2022年8月印发的《关于进一步破解瓶颈制约推动自治区冰雪运动和冰雪旅游高质量发展行动方案（2022—2025年）》（新政办发〔2022〕50号）中提出，支持阿勒泰地区中小学冬季每周开设半天高山滑雪、越野滑雪、速度滑冰、冰球等课程，其他季节每周开设半天越野滑轮、滑冰轮滑课程。推动伊犁哈萨克自治州、博尔塔拉蒙古自治州、昌吉回族自治州、乌鲁木齐市等地中小学每两周至少开设半天相关冰雪课程。对成功创建冰雪体育传统特色的学校给予经费支持。到2025年，全区冰雪体育传统特色学校将达到200所以上。

六、冰雪健身休闲赛事领域分析

（一）赛事经济效益分析

冰雪赛事的经济效益主要包括直接经济效益、间接经济效益两个方面。其中，直接经济效益主要包括赛事主办方的经济收益和赛事赞助商的经济收益两大方面；冰雪赛事的间接经济效益主要包括参赛人群及观赛人群在赛事期间产生的住宿、餐饮、交通、娱乐、旅游、特产等消费收益，详见表3–3。

表3–3　冰雪赛事产生的经济效益来源

经济效益分类	来　源
直接经济效益	赛事主办方的经济收益，包括冰雪赛事赞助收入、赛事期间雪票及各类冰雪体验收入，纪念品、衍生品等销售收入，报名费用、地方政府财政奖补收入等
	赛事赞助商的经济收益，包括冰雪赛事相关产品的销售、赞助商产品的销售等
间接经济效益	赛事举办地住宿、餐饮、交通、娱乐、旅游、特产等消费

在北京冬奥会、冬残奥会举办热潮带动下，经统计，2021—2022冰雪季以大众参与为主的健身休闲赛事继续恢复增长态势，总数达到了3 700项左右，持续带动冰雪健身休闲人群的壮大。

（二）品牌赛事市场开发分析

在雪上赛事方面，近些年，国内涌现出一批如吉林国际高山/单板滑雪挑战赛、北京2022测试赛、国际雪联自由式滑雪雪上技巧世界杯、新浪杯高山滑雪公开赛、红牛南山公开赛、高山定点滑雪公开赛、万科松花湖冰雪马拉松、大众滑雪技术大赛等自主冰雪健身休闲IP和滑雪赛事。在冰雪消费市场日益扩大的背景下，雪上赛事的商业价值正受到外部品牌的关注，包括中国银行、安踏、伊利、奥迪、京东等知名品牌均参与了对重点滑雪赛事的赞助。冰上赛事方面，突出表现为以青少年冰上赛事为主，如中国青少年冰球联赛、北京市青少年俱乐部联赛、北京中小学生校际冰球联赛等。总体来看，商业价值高的头部冰雪赛事依然很缺乏。另外，受疫情影响，赛事引进数量也较少，并以引进国际体育组织旗下的官方赛事为主，主要功能是竞技层面的需求。

从合作模式的代表案例来看，伊利集团联合国家体育总局冬季运动管理中心持续推广青少年和群众冰雪运动，为冬季运动国家队科学训练水平提升、冬季运动国家队健康营养及伤病保障、运动员比赛激励等方面提供支持。通过冰雪主题营销，展现了企业社会责任形象，提升了消费者对品牌的好感。一汽—大众奥迪是冰雪运动的支持者和推动者，在冰雪健身休闲领域多年保持持续的营销投入，联合滑雪场举办冰雪季市场活动，赞助冰雪运动国家队，推广青少年冰雪等，都将冰雪场景作为品牌的营销切入点。成功的冰雪营销可以将企业品牌、冰雪运动、消费者进行深度关联，对于提升品牌在消费者心目中的形象、提高品牌与消费者之间的黏性具有重要作用。

第三节 后冬奥时期中国冰雪健身休闲产业面临的机遇和挑战

随着冬奥会的举办，冰雪健身休闲产业高质量发展基础已逐步夯实，发展前景日益开阔。全国冰雪健身休闲产业呈现出“走出北方、覆盖全国、精彩纷呈”的发展特点，大众冰雪赛事和冰雪休闲活动成为地方政府推动当地冰雪运动发展的切入口。进入后冬奥时期，人民群众对冰雪活动多样化的需求将进一步加强，为冰雪健身休闲产业带来新的发展机遇与挑战。

一、中国冰雪健身休闲产业面临的机遇

（一）中央和地方政策支持力度加大

近年来，在相关政策的引领下，冬季冰雪健身休闲群体不断扩大，更多人开始走向户外。为落实《关于以2022年北京冬奥会为契机大力发展冰雪运动的意见》《“带动三亿人参与冰雪运动”实施纲要（2018—2022年）》《群众冬季运动推广普及计划（2016—2020年）》等有关群众冰雪运动普及推广的文件要求，大力开展冰雪运动进机关、进部队、进厂矿、进农村、进社区、进家庭活动，不断满足不同人群参与冰雪健身休闲需求。持续推进以“大众冰雪季”等品牌活动为主线，以冰雪旅游节、冰雪文化节、冰雪嘉年华、欢乐冰雪季、冰雪马拉松等群众喜闻乐见的冬季项目活动为支撑的大众冬季健身休闲活动体系。

（二）群众参与热情高涨

北京冬奥会的成功举办，显著提升了公众对冰雪运动的关注度和参与度。根据《“带动三亿人参与冰雪运动”统计调查报告》，在对2015年以来参与过冰雪运动的受访人群调查显示，受访者参与冰雪运动的态度较为积极，表示“非常愿意”“比较愿意”的分别占21.36%、43.69%，两

者累加比重超过 65%。全国 18 岁及以上居民参与民俗冰雪运动、冰雪观赏体验类等活动人数分别为 1.87 亿人和 1.60 亿人。我国群众冰雪运动参与方式正由最初的“纯运动型”发展为“运动 + 休闲型”，冰雪运动成为人们健身休闲娱乐新生活方式的发展趋势得到充分印证。

（三）场地运营理念更趋成熟

滑雪人口的增长，让传统雪场只做冬季一季运营的局面发生改变，“四季运营”开始成为越来越多滑雪场的选择，场地运营项目丰富度不断提高。如张家口崇礼的太舞滑雪小镇、云顶滑雪乐园、万龙度假天堂，吉林的北大湖滑雪场、万科松花湖滑雪场等近两年都开启了夏季运营业务。与冬季更多的是围绕滑雪爱好者需求相比，越来越多的雪场在夏季运营时，更倾向于推出家庭亲子休闲游等产品。

二、中国冰雪健身休闲产业面临的挑战

现阶段，冰雪健身休闲产业仍存在整体规模不大、有效供给不足、内容同质单一、参与成本较高、大众消费激发不够等问题。同时，疫情防控常态化对线下赛事活动举办的影响延滞了行业的发展。从产业规模看，冰雪健身休闲在整个体育健身休闲产业中占比较低。要想实现更快更好地发展冰雪健身休闲产业，仍面临一些制度落实难、自发参与率不高、专业人才缺乏、优质场地设施供给不足等挑战。

（一）发展机制有待进一步完善

1. 协调各方共同参与的联动机制尚未完全建立

推动冰雪健身休闲产业深入发展的相关机制，需要进一步形成上下贯通、横向联系、运转有效的分工协作体系。如在体教结合方面，体育教练员及优秀退役运动员进入学校任专兼职教练员制度，社会体育培训机构（俱乐部）进入校园的标准及安全制度等相关工作需要进一步落实。

2. 推动群众自发性参与的工作机制有待进一步完善

各地举办的群众性冰雪健身休闲活动大多以自上而下形式为主，缺少激发群众自发参与的机制和方法，需要探索如何发挥群众参与的积极性。如许多地方在开展冰雪健身休闲活动过程中文化内涵匮乏，一定程度上使得工作开展失去了与群众更好联系的纽带。加强文化融入有望突破发展的瓶颈，成为增加群众参与冰雪健身休闲活动的催化剂。

3. 促进冰雪运动长远发展的基础性工作亟待加强

冰雪健身休闲场馆建设和运营成本相对较高，特别是能耗成本问题一直未得到有效解决，导致场地建设不足成为突出“短板”。同时，冰雪健身休闲场所安全管理制度规范不健全，滑冰、滑雪、专业健身休闲社会指导人员不足等问题也逐渐显现，阻碍了冰雪健身休闲产业长远发展，基础性工作需要进一步加强。

4. 校园冰雪健身开展受场地、师资、课程等制约仍较严重

当前，部分地区学校可以因地制宜利用田径场浇冰实现参与体验冰雪运动的目的，更多地方受自然资源、气候等因素限制，加之资金不足，导致校园冰雪健身运动的开展在规模、水平等方面大打折扣或难以为继，同时由于缺乏师资，许多校园冰雪健身运动的开展更多采取的是课堂学习理论知识、观看视频等方式，参与体验不足，导致校园冰雪健身运动可持续发展的动力较弱，对我国建设冰雪运动强国也形成一定制约。

5. 人才培养没有形成合力

随着冰雪健身休闲产业的发展，对专业人才的需求快速增长。从当前行业发展情况来看，高级人才缺口比较大。由于冰雪健身休闲对于跨界融合“一专多能”综合性人才要求较高，需要各方面形成合力。体育系统、专业院校、企业和社会团体等多方力量参与的积极性需要进一步加大，合力推动专业人才建设体系完善。

（二）健身休闲赛事活动组织问题突出

1. 宣传途径单一

目前，大众冰雪赛事和休闲活动在组织推广层面，普遍存在宣传方式单一的问题，主要原因是商业价值挖掘难度较大，赛事运营成本高，导致宣传费用紧缩、推广创意不足等问题，难以实现与更多的消费者进行互动，市场参与积极性较低，投入回报不成正比。

2. 品牌定位不清晰

现阶段，各类冰雪赛事尚存在赛事品牌要素体系不完整、赛事定位模糊的问题。赛事品牌要素体系不完整突出表现在赛事有关的品牌标识、标语和广告语等可视且容易吸引顾客的要素明显缺失①。冰雪赛事目前受益于政策支持和冬奥带动效应，表现得较为火热，从长远来看，赛事品牌要素缺失，赛事举办就会缺乏清晰定位，无法建立起属于赛事本身的差异化优势，最终表现为在冰雪赛事的同质化洪流中商业价值长期表现低迷。

3. 高水平办赛场地数量不足

冰雪运动场地是发展冰雪运动事业和冰雪产业的重要空间载体支撑，在冰雪产业链中扮演着不可缺少的作用，其重要性不言而喻。尽管我国冰雪场地数量基本上达到了预期的扩张速度，但整体质量上仍有待加强。以冰场为例，国内拥有的国际专业标准办赛冰场数量不多，集中在北京、河北、广东、上海、吉林、新疆、黑龙江、重庆等经济发达、消费旺盛和传统冰雪省（区、市），多数城市缺乏标准真冰场。

4. 赛事收入单一

现阶段，我国冰雪健身休闲赛事活动的主要收入来源于财政专项经费、赛事报名、商业赞助等，但与传统体育赛事相比，其在门票收入、

① 倪军，蔡理．品牌认知视角下冰雪体育赛事品牌培育研究［J］．体育文化导刊，2019（10）：99-104.

赛事版权费用和商业赞助方面的劣势仍然明显，赛事版权和商业赞助则是赛事活动商业价值提升的主要突破口。结合商业赞助来看，主要赛事活动的赞助商更多集中在少量知名品牌中，一般以车企、互联网头部企业、运动装备厂商、食品饮料厂商居多[①]。随着赞助商数量的增加，未来需要提供更具竞争力的产品形式和更加丰富的增值服务。

第四节　后冬奥时期中国冰雪健身休闲产业高质量发展建议

北京冬奥会、冬残奥会的成功举办将中国冰雪运动发展推向了一个新高度，但要真正解决“夏强冬弱”“竞技体育强群众体育弱”，实现群众冰雪运动“外延式”向“内涵式”发展转变，不断巩固和扩大“带动三亿人参与冰雪运动”成果，扩大冰雪健身长期参与者群体，做强冰雪休闲消费领域，还需要持续发力久久为功，系统谋划群众冰雪运动发展道路，推动冰雪健身休闲产业高质量发展。

一、持续扩大冰雪运动参与人口

持续巩固“带动三亿人参与冰雪运动”成果，推动冰雪场馆服务水平优化。大力开展群众冰雪健身休闲活动，丰富冰雪消费场景，在促进消费方面给予政策支持。不断加强“全国大众冰雪季”“全国大众欢乐冰雪周”“中国冰雪大篷车”“中国冰雪大会”等全国性活动的品牌建设，发挥品牌活动的示范、引领、带动作用，支持各地举办各类冰雪健身休闲赛事活动，持续扩大冰雪运动参与人口。

① 白雪．产业成熟尚需时日，看好装备与服务：冰雪产业运营与投资机会分析［EB/OL］．（2018-05-04）［2022-10-21］.https://mp.weixin.qq.com/s/fRFpbB8y5bXNpwY5qJsHLQ.

二、积极发挥冬奥带动效应

大力推广普及冰雪运动，促进全民健身发展。完善冰雪场馆财税补贴等措施，激发市场主体活力，推动营商环境持续优化。探索冬奥场馆多种经营，加强反复利用、综合利用和持久利用，设定合理的经营目标，找准公益性与经济性的平衡点。加强冰雪消费市场研究，通过分析不同类型消费人群，提高服务供给的精准性、实效性，培育消费新场景、新体验；积极培育冰雪 IP，探索冰雪运动与音乐、书法、绘画、电影等文化艺术相结合，形成特色品牌。

三、持续开展“冰雪惠民”

参照国际标准体系，结合我国冰雪运动发展实际，研究制定不同类型冰雪健身和休闲运动场地设施标准，指导群众性冰雪健身和休闲场地设施建设。持续开展“冰雪惠民计划”，不断扩大工作范围，协调相关部门加大资金补助力度，推动冰雪运动场地设施运营单位分时间、时段向群众免费或优惠开放。完善政府补贴、场馆让利、个人消费相结合的冰雪惠民机制。

四、加强产业融合

形成冰雪健身休闲和冰雪竞赛表演为引领、高端冰雪装备制造业与现代服务业融合发展的新型产业发展体系。加快冰雪健身休闲产业与冰雪赛事、冰雪文旅、冰雪科技、冰雪制造、冰雪商贸等融合发展；提质增效，引导和支持冰雪场馆科学化、专业化、数字化管理水平。培养冰雪健身休闲产业专业人才，垫厚人才基础，促进冰雪健身休闲产业高质量发展。

五、发挥冰雪社会组织带动作用

大力扶持群众身边的冰雪社会组织建设，充分发挥各级体育总会、冰雪运动协会和其他社会组织作用，指导、推动大众参与群众性冰雪组织，调动和激发冰雪运动爱好者的积极性，在各相关冰雪协会组织的引导下，开展更多“自我发动、自我组织、自我参与”的冰雪赛事和各类冰雪休闲活动。

六、开展更加丰富的青少年冰雪活动

利用冬奥场馆、国家队训练基地、冰场雪场等资源，鼓励支持结合冰雪元素策划一系列青少年研学活动、爱国主义主题教育活动和冰雪夏、冬令营等活动。规范“冰雪运动进校园”活动，指导各地组织开展不同形式、丰富多样的青少年冰雪赛事活动、民俗冰雪运动、仿真冰旱雪活动、冰雪知识文化普及推广活动。鼓励体育部门和教育部门联合开发冰雪主题校本课程，开展冰雪项目和冬奥文化主题教育相关活动，全力扩大青少年冰雪活动群体。

七、推动标准和专业人才体系化建设

加大冰雪运动各类人才培养力度，推动冰雪赛事策划与组织、冰雪产业管理、冰雪运动设施维护管理、冰雪场馆专业技能人才、冰雪运动防护康复等人才培养，满足群众性冰雪运动开展需要。健全冰雪运动场所安全监督管理制度，深入开展冰雪运动场所安全检查，实现全覆盖、无死角。启动雪场雪道级别评估认证工作，将大众滑雪等级标准与雪道级别挂钩，保障滑雪运动安全。完善冰雪专业人才梯队建设，推动冰雪健身休闲场馆高质量运营。

八、推动冰雪文化国际交流

利用好北京冬奥会、冬残奥会引发的全民冰雪热，深化冰雪与文化产业融合发展。组织专题对外讲述和传播中国冰雪健儿勇于拼搏为国争光的生动故事，弘扬中华体育精神，广泛开展主题鲜明、互动性强的冰雪文化线上活动，推动冰雪文化国际交流。积极服务“冰雪丝路”建设，搭建国际化冰雪交流平台，推进对外开放与交流合作。

第四章　中国冰雪装备器材产业发展报告

冰雪装备器材产业是冰雪产业的重要组成部分，对冰雪运动、冰雪消费、冰雪旅游等领域的发展具有重要支撑和保障作用。冰雪运动一直以来深受欧美国家消费者的喜爱，这些国家不仅培育出大批高水平运动员，同时还拥有数量众多的冰雪运动人群。冰雪运动的普及促进了欧美国家冰雪装备器材产业的发展和产品的更新迭代，而装备器材的换代升级又使得消费者可以获得更好的冰雪运动体验，从而带动更多的人群参与冰雪运动，形成了双向互动的良性循环。

中国冰雪装备器材产业虽然起步较晚，初期发展缓慢，困难问题较多，但受北京成功申办冬奥会、冬残奥会的重大利好因素影响，产业发展步入快车道，产业规模、企业数量特别是新产品的研发和落地能力都有了明显提高，孕育出一批具有一定社会影响力的自主品牌。未来随着国家支持冰雪经济发展的政策力度进一步加大，以及体育强国建设步伐的不断加快，在强大制造能力的支持和新冰雪人群的支撑下，中国冰雪装备器材产业的发展空间将进一步扩大，发展潜力也将得到进一步释放。

第一节　冰雪装备器材产业概述

一、冰雪装备器材产业界定

冰雪装备器材是从事冰雪运动者所使用的最终消费品和冰雪运动场

地所需的各类设施设备的总称[①]。冰雪装备器材产业主要是指围绕冰雪运动装备器材的研发设计、生产制造、销售服务等形成的产业体系，在整个冰雪产业链中处于上游位置，连接着冰雪运动的各方参与者，其发展繁荣对提升中国冰雪项目竞技水平、推动冰雪运动广泛开展具有重要意义。

随着现代冰雪旅游、休闲娱乐等项目的快速发展，一些传统旅游、休闲娱乐项目与冰雪场地场景相结合，催生出雪地卡丁车、冰山碰碰车、遥控浇冰车等新形式的冰雪装备，进一步丰富了冰雪装备器材产业的产品品类。

二、冰雪装备器材产品分类

根据《体育产业统计分类（2019）》《冰雪装备器材产业发展行动计划（2019—2022 年）》《冰雪装备行业标准化工作组筹建方案》等文件，结合实际情况，将冰雪装备器材分为设施设备、装备器材、服装、智能训练系统及辅助训练装备、其他相关装备器材五类。

（一）冰雪运动设施设备

冰雪运动设施设备类是指冰场和雪场的建设、运营和维护所使用的装备及配套设备，主要包括雪场设施设备、冰场设施设备、冰雪休闲设备、应急救援设备以及维修保养设备。

雪场设施设备包括造雪系统、造雪机、造雪枪、压雪机（车）、飘雪机、吹雪机、抛雪机、扫雪机、除雪机等造雪、清雪设备，索道、缆车、魔毯、拖牵、可移动式滑雪跳台、网杆、安全网及专用绞盘机、鼓风机等配套设施设备。

冰场设施设备包括冰场用制冰成套设备、浇冰车、制冰机、清冰车、

① 王佳见，苗润莲，于怡鑫，等．冬奥背景下京津冀冰雪装备制造产业发展研究［J］．科技智囊，2022（1）:15-22.

冰场刮冰机、冰面喷涂机、碎冰机、修冰机、冰场修边机等制、修和除冰设备，防撞垫及挡板、冰球项目用板墙等防护设备，可拆装移动式人工制冷冰场、高分子仿真冰板等设施设备。

冰雪休闲设备包括雪地全地形车、雪地卡丁车、雪地摩托车、雪地观光车、室内模拟滑雪机、雪地方舱等设备。

应急救援设备包括推雪车、雪地救护船、多功能除雪车、混合动力型可移动救生舱等设备。

维修保养设备包括雪板养护设备、雪鞋养护设备、冰刀养护设备等设备。

（二）冰雪运动装备器材

冰雪运动装备器材类是指用于进行冰雪运动时穿戴或使用的器材，根据使用场景可分为大众运动器材和竞赛装备器材。

大众运动器材包括冰刀、冰鞋、冰壶、冰球杆、滑雪板、雪鞋、滑雪杖、头盔、护具、雪镜等大众冰雪运动器材。

竞赛装备器材包括冰刀、冰鞋、冰壶鞋、滑雪板、雪鞋、雪杖、安全气囊衣、钢架雪车、雪车、雪橇、头盔、雪镜等冰雪项目运动员竞赛装备器材。

（三）冰雪运动服装

冰雪运动服装类是指用于进行冰雪运动时穿戴的服装，根据使用场景可分为大众运动服装和竞赛装备服装。

大众运动服装包括滑冰服、冰球服、滑雪服等大众冰雪运动服装。

竞赛装备服装包括短道速滑、速度滑冰、冰壶、冰球、单板滑雪、自由式滑雪、高山滑雪、越野滑雪、钢架雪车、雪橇等冰雪竞技竞赛服装以及相关材料。

（四）智能训练系统及辅助训练装备

智能训练系统及辅助训练装备类是指以竞赛训练为目的，为运动员提供相应辅助训练的相关系统及装备，包括智能训练系统与辅助训练装备。

智能训练系统包括短道速滑/速度滑冰轨迹分析及投影领滑系统、室内多自由度模拟滑雪训练系统、越野滑雪智能领滑系统、跳台滑雪运动智能分析管理系统、雪车雪橇模拟训练系统等智能型训练系统。

辅助训练装备包括弹射牵引装置、安全气囊、夏季推车（进）滑道、冰壶决策支持等用于辅助训练的装备。

（五）其他相关装备器材

其他相关装备器材是指除以上四类外的其他装备器材。

第二节 国际冰雪装备器材产业发展趋势

挪威、芬兰、德国、美国、加拿大等冰雪运动强国的冰雪装备器材产业发展很成功，表现在产品的研发设计契合消费者生理和心理需求，品牌培育过程中注重借助重大赛事不断增强品牌影响力，同时采取多种有效方式调动大众参与冰雪运动的积极性，并由此引领了国际冰雪装备器材产业的发展趋势。这些经验做法对中国培育发展冰雪装备器材产业具有重要参考和借鉴意义。

一、国际冰雪装备器材产业发展情况

（一）欧洲地区冰雪装备器材产业发展情况

受自然地理环境等因素的影响，挪威、芬兰等北欧国家有着优质的冰雪资源和悠久的冰雪运动发展历史，冰雪运动装备器材产业起步早，成长快，产品更新迭代频率高，现已培育形成多个国际知名品牌。拥有强大制造业基础的德国、法国和奥地利等国，冰雪装备器材产业在国际上也处于领先水平。

1. 挪威

挪威是现代滑雪运动的主要发源地之一。受自然环境影响，滑雪一直是挪威历史上重要的交通运输方式，相应地，滑雪等雪上运动装备器材也成为挪威人生活的必需品，由此也孕育出一批在国际上享有盛誉的滑雪装备制造商和雪上运动装备品牌。比如挪威著名滑雪板品牌 FJELL 出品的滑雪板，既体现了卓越的设计美学，又考虑到了功能性的形状，非常适合现代人户外冰雪生活的需求；再如挪威老牌滑雪品牌 SWIX（史威科），其服装和产品设计感极强，性能出众，因而成为多个越野滑雪国家队的赞助商。

2. 芬兰

天然漫长的冬季和丰富的冰雪资源，激发了芬兰人参与冰雪运动的热情，同时带动了芬兰冰雪运动装备的发展，孕育形成 ICEPEAK（艾斯匹克）、PELTONEN、HALTI（哈迪）等国际知名品牌。ICEPEAK 滑雪服运用针织面料，在保暖的同时带来轻盈、舒适、透气的穿着体验，可以帮助运动员时刻保持最佳竞技状态。HALTI 是世界顶级滑雪服品牌，产品定位于高端高山滑雪服装及装备，兼顾时尚、新潮，旨在用精致而专业的户外运动产品向世界传递北欧高端运动生活方式。

3. 法国

法国是冰雪科技强国，冰雪专利技术拥有量位居全球第一。创立于 1947 年的 SALOMON SA（萨洛蒙），拥有 877 项冰雪专利技术，主要涉及滑雪板、滑雪靴、滑雪杆、护手、护膝等领域。[①] 法国拥有全球第一大冬季运动装备制造商 ROSSIGNOL（罗斯戈奴），其出众的设计和独创的科技深刻影响越野滑雪比赛的发展进程，深受运动员及滑雪爱好者的青睐。法国冰雪装备器材关注实用性的同时注重在标识设计上突出法国

① 何秋鸿，汪毅，邱招义．国际冰雪专利技术领域的竞争情报分析［J］．北京体育大学学报，2020，43（4）:102-112.

元素，ROSSIGNOL 品牌标识中用到红白蓝三色和雄鸡的形象，很好地表现出其为法国品牌的身份，有利于带动其他法国品牌提高在全球的声望。

4. 奥地利

奥地利作为举办过两届冬奥会和一届青年冬奥会的冬季运动强国，其滑雪器械、索道和缆车等技术以及滑雪道安装设施在全球遥遥领先。奥地利拥有的冰雪技术专利数量仅次于法国，主要专利权利人 TMC CORP 公司和 TYROLIA FREIZEITGERAETE 公司，分别拥有 393 项和 355 项冰雪专利技术。奥地利索道企业多贝玛亚索道有限公司在索道研发领域位居世界前列，北京冬奥会、冬残奥会延庆和张家口赛区有 14 条缆车索道来自该公司。

5. 德国

强大的制造业基础和国际体育运动领域的领先地位共同铸就了德国在全球冰雪运动装备产业的地位。德国拥有在世界上享有盛名的柏林运动器材研究所，该研究所研究了大量的新器材，在每届冬奥运上都有应用。德国著名的滑雪板品牌 KORUA SHAPES，是一个拥有惊人效率、精尖动力和创新设计的品牌，其滑雪板特点是可以迅速在冰雪中切开一条路，并适用于从阿尔卑斯山到东海岸冰道的多种冰雪场景。

（二）北美地区冰雪装备器材产业发展情况

冰雪运动强国美国和加拿大，推动冰雪装备器材产业发展也有独到之处。

1. 美国

美国是至今为止举办冬奥会次数最多的国家，滑雪人口总数超过 2 500 万人，由此带动美国冰雪运动消费快速增长和装备品牌的培育发展。比如创办于 1977 年的 BURTON，在创新发展单板产品的同时，通过支持单板运动员和向雪场推广单板运动，使得单板滑雪从一种娱乐活动发展成为世界级体育运动，进而使得 BURTON 成为世界第一单板滑雪品牌。

2. 加拿大

加拿大拥有多个知名冰雪装备制造商和品牌。比如 OLIVE 是一家主营滑板和滑雪板的厂商，拥有 25 年的品牌历史。VEGA（威格）的滑雪板可以适合任何地形和雪地条件，对专业人士和爱好者都很友好。ENGO 是加拿大著名的冰场设备制造商，主要产品包括浇冰车、冰雪场装备、冰面修整器等，其产品在用户安全、创新技术、用户友好操作系统方面达到全球行业标杆的水平。

（三）亚洲地区冰雪装备器材产业发展情况

除欧美等传统冰雪强国外，亚洲的日本，其冰雪运动装备器材产业发展势头非常强劲。DESCENTE（迪桑特）作为日本著名的户外滑雪装备品牌，主打产品为其独家创新科技加持的滑雪服。相较于欧美产品，日本品牌不仅注重装备的功能和性能，还非常注重在品牌理念中引入独特的哲学、美学和艺术设计，以及产品的耐用性。

二、国际冰雪装备器材产业发展经验及未来趋势

（一）发展经验

1. 注重以人为本的研发设计理念

国外冰雪装备器材品牌之所以受到大众的青睐，不仅是制造商在产品研发设计等方面投入力度大，产品更新迭代速度快，更为重要的是，其在产品研发设计过程中，非常重视贴合人的生理、心理需求，与人体学、生理学的基本原理紧密结合，设计的产品很好地契合了消费者对人性化和健康保护等的诉求。比如 BURTON 开发的 Burton Step On 系列产品，采用无绑带快穿设计，可以适应各种滑行风格，同时增强了单板脚前脚后换刃触感和滑行性能，降低了初学者学习单板滑雪的门槛。再比如 DESCENTE 的 PT-ZERO 长裤，结合人体工学原理，使用 3D 版型结合膝盖后方切割设计，产品更加舒适灵活和轻盈透气。

2. 强化塑造并持续提升品牌形象

国际知名冰雪装备器材品牌自成立之初就非常注重塑造品牌形象，奠定品牌基因，明确品牌倡导的价值理念和精神，并通过 LOGO 和品牌故事进行传播，争取广泛的社会认同。以日本品牌 DESCENTE 为例，其品牌名取自法语词汇，意为“滑降”，其 LOGO 采用三箭头的形式，三箭头代表滑雪运动中“高速直线滑行”“穿越”“侧滑”三个重要技巧，表达了 DESCENTE 始于滑雪的品牌基因和追求卓越与大胆创新的精神。在发展过程中，DESCENTE 坚持创新理念，既强调设计性，又强调功能性，其推出的 ALLTERRAIN 系列产品，凝结了 DESCENTE 从创立之初到 2019 年近 84 年的科技成果，可以为运动爱好者提供符合各种场合的服装。

3. 善于整合资源提升品牌影响力

大型冰雪运动赛事，特别是站上领奖台的运动员，对于宣传推广冰雪装备器材品牌，增强品牌影响力和提升美誉度具有非常重要的作用。国际知名品牌都会选择具有争冠潜力的运动员或者具备夺金实力的国家队进行合作，定制化开发装备器材并免费提供给运动员使用，一旦运动员夺冠，该品牌热度将明显提升。比如北京冬奥会产生了 327 枚奖牌，日本品牌 DESCENTE 赞助的运动队进账 19 金、18 银、15 铜，共 52 枚奖牌，运动员取得出色成绩的同时使得该品牌的媒体曝光率大幅提升，起到明显的宣传和广告效应。此外，与高水平运动员合作，也可以帮助冰雪装备器材制造商改进产品。比如 ROSSIGNOL 与滑雪冠军密切合作，这些冠军运动员为 ROSSIGNOL 提供了关于其产品最真实的运动体验反馈和数据。

4. 激发全民参与冰雪运动的热情

欧美冰雪运动大国普遍具有大众参与冰雪运动的基础，其高服务水准的冰场雪场建设和高质量装备器材、设施的配备，最大限度保护了大众参与冰雪运动的热情，刺激了冰雪运动的消费，保障了冰雪装备器材市场的稳定，推动了冰雪装备器材产品的不断更新迭代。欧美国家政府部门和冰雪运动组织也通过组织系列活动呼吁和激励公众参与冰雪运动。如美国部分州政府举办“学习冰雪运动月”活动，向公众提供免费或者低折扣的冰雪运动学习课程，号召家庭参与冰雪运动，并请运动明星协助宣传。美国冰球大联盟和美国冰球协会等冰雪运动组织通过举办青少年冰球比赛以及其他冰球运动推广活动吸引青少年参与冰球运动。

（二）未来发展趋势

1. 更加注重环境适应性

冰雪装备器材的使用环境相对比较恶劣，具有一定的安全隐患，因此国际品牌在产品研发方面更加重视产品对环境的适应性，特别是保障使用者在冰雪环境中的安全和健康，包括面料保温、低温环境加热、防割伤等技术在冰雪服饰中已经得到成熟应用。未来，国际品牌将进一步提升产品对环境的适应性，并能够根据环境变化作出响应，强化对人体健康的保护。比如日本品牌（已被中国公司收购）PHENIX（菲尼克斯）在产品中广泛使用高功能性材料，使其产品可以适应不同季节和环境的变化，同时可以做到93%的抗紫外线和防静电。再如BURTON品牌下的Living Lining自动调节保暖透气面料可以通过人体自身温度进行调节，当人体感到过热的时候，加速排湿透气；当人体感到寒冷的时候，提升保暖性能。

2. 更加注重绿色环保

国外很多品牌在发展过程中都注重对环境的保护，在新产品研发方面更加注重降低对环境的污染和对生态的破坏。比如BURTON长期坚持可持续发展的理念，在该理念影响下，BURTON着力开发环境友好型产品，如在防水材料生产中，减少全氟和多氟化学品（PFC）的使用；在纺织品中，更多采取可回收材料；对于羽绒制品，也主要采购符合人道处理原则的生产商的产品。

第三节　中国冰雪装备器材产业发展现状

中国冰雪运动起步较晚，大众冰雪运动发展缓慢。2015 年，北京成功申办冬奥会、冬残奥会，极大地激发了中国冰雪运动及相关装备器材产业的发展，企业和科研机构投入冰雪装备器材研发的热情明显提高。围绕北京冬奥会需要，一批装备器材攻关成功，填补了国内空白，一批国产品牌也实现了快速发展，产业布局得到逐步优化。同时也显现出国产冰雪装备器材与国际先进水平的差距，以及存在的企业竞争力不强、体系不完善、专业人才缺乏等问题，产业发展任重道远。

一、北京冬奥会对冰雪装备器材产业的带动作用

以 2015 年北京成功申办冬奥会、冬残奥会为契机，中国冰雪装备器材产业发展进入了快车道，一方面政府相关部门出台一系列政策文件，为产业提速发展提供了相应的支持和保障；另一方面国内冰雪装备器材在科技创新与品牌培育等方面也取得了跨越式发展。

（一）政策支持力度加大

培育发展先进冰雪装备器材受到各级政府的高度重视，中央有关部门和地方陆续出台针对性的政策举措，助力冰雪装备器材产业快速发展。

1. 国家政策

中央有关部门从加强顶层设计入手，制定实施一系列规划和行动计划，明确冰雪装备器材产业发展思路、方向和重点任务，引导产业创新并向规模化、品牌化发展。

2016 年 11 月，国家发展改革委、国家体育总局等四部门联合印发了《冰雪运动发展规划（2016—2025 年）》，提出要创新发展冰雪装备制造业，扶持具有自主品牌的冰雪运动器材装备、防护用具、设施设备、客运索道等冰雪用品企业和服装鞋帽企业发展；支持高等院校、科研院所

和企业加大协同创新力度，培育一批具有较高知名度的冰雪用品企业。

2019 年 3 月，中共中央办公厅、国务院办公厅印发了《关于以 2022 年北京冬奥会为契机大力发展冰雪运动的意见》，强调要创新发展冰雪装备制造业，制定冰雪装备器材产业发展行动计划，建立冰雪装备器材产业发展平台，推动产业链上下游需求对接和资源整合；支持企业开发科技含量高、拥有自主知识产权的冰雪运动产品。

2019年5月，工业和信息化部、国家体育总局等九部门联合印发《冰雪装备器材产业发展行动计划（2019—2022 年）》，提出要开发一批物美质优的大众冰雪装备器材和北京冬奥会亟须装备，大幅提升供给能力，建立较为完善的综合标准化体系，培育一批具有国际竞争力的企业和知名品牌，创建若干特色产业园区，初步形成具备高质量发展基础的冰雪装备器材产业体系。

此外，《全国冰雪场地设施建设规划（2016—2022 年）》对冰雪场地建设提出了明确的要求，相应也促进了相关设备设施的发展。该规划要求，到 2022 年，全国滑冰馆数量不少于 650 座，其中新建不少于 500 座；滑雪场数量达到 800 座、雪道面积达到 10 000 万平方米、雪道长度达到 3 500 千米，其中新建滑雪场不少于 240 座、雪道面积不少于 7 000 万平方米、雪道长度不少于 2 500 千米。

相关政策文件见表 4–1。

表 4–1　国家出台的有关冰雪装备器材产业的政策文件

序号	发文时间	发文单位	文件名称
1	2016 年 11 月	国家发展改革委、国家体育总局、教育部、国家旅游局	《冰雪运动发展规划（2016—2025 年）》
2	2016 年 11 月	国家发展改革委、国家体育总局、工业和信息化部、财政部、国土资源部、住房和城乡建设部、国家旅游局	《全国冰雪场地设施建设规划（2016—2022 年）》
3	2019 年 3 月	中共中央办公厅、国务院办公厅	《关于以 2022 年北京冬奥会为契机大力发展冰雪运动的意见》

续表 4-1

序号	发文时间	发文单位	文件名称
4	2019 年 5 月	工业和信息化部、教育部、科学技术部、文化和旅游部、国家市场监管总局、国家广播电视总局、国家体育总局、国家知识产权局、北京 2022 年冬奥会和冬残奥会组织委员会	《冰雪装备器材产业发展行动计划（2019—2022 年）》
5	2020 年 5 月	国际奥委会、国际残奥委会、北京冬奥组委	《北京 2022 年冬奥会和冬残奥会可持续性计划》

2. 地方政策

（1）黑龙江、吉林等冰雪大省抓住国家大力支持冰雪运动发展的机遇，进一步加大了对冰雪装备器材产业的政策支持力度，将发展冰雪装备器材产业作为中长期发展目标，纳入本省规划和相关政策。

黑龙江省陆续出台《黑龙江省冰雪装备产业发展规划（2017—2022 年）》、《黑龙江省冰雪经济发展规划（2022—2030 年）》（黑政发〔2022〕7 号）、《黑龙江省支持冰雪经济发展若干政策措施》（黑政办规〔2022〕10 号）、《黑龙江省产业振兴行动计划（2022—2026 年）》（黑政发〔2022〕15 号）等规划、政策，通过打造冰雪装备产品体系、支持冰雪装备企业做强做优、培育冰雪装备产业集群等措施提升冰雪装备产业竞争力。

吉林省充分释放冰雪产业发展的空间与潜力，陆续出台《关于做大做强冰雪产业的实施意见》（吉发〔2016〕29 号）、《冰雪产业高质量发展规划（2021—2035 年）》（吉政办发〔2021〕66 号）、《吉林省工业发展“十四五”规划》（吉政办发〔2021〕36 号）等规划和政策，统筹冰雪装备产业发展布局，重点推动长春、吉林、辽源等冰雪装备产业集群建设，着力发展造雪机、压雪机、索道、全地形车等冰雪场地装备，推动冰刀、滑雪板、雪服等个人器材产业化以及短道速滑轨迹、模拟滑雪等智能训练分析系统研发，加快打造全国冰雪装备研发、制造和交易中心。

（2）辽宁、河北、江苏、福建等非冰雪运动传统强省出台政策，充分发挥本地在装备制造、体育用品研制等方面产业优势，加快培育发展冰雪装备器材产业。

辽宁省2020年1月出台了《辽宁省人民政府办公厅关于加快推进冰雪运动发展的实施意见》（辽政办发〔2020〕3号），明确提出创新发展冰雪制造产业，依托辽宁省装备制造业优势，发展冰雪装备制造业核心技术，打造辽宁冰雪运动装备自主品牌，加快推进冰雪产业链及相关产品制造产业发展。

河北省抓住联合筹办2022年冬奥会的时间窗口期，主动将冰雪产业发展融入京津冀协同发展，加强三地之间的交流合作与协调联动，出台了《河北省冰雪产业发展规划（2018—2025年）》（冀政办字〔2018〕73号）、《河北省冰雪装备器材产业发展行动计划（2019—2022年）》（冀工信装〔2019〕号）等相关政策，力争2025年全省冰雪装备制造业产值突破100亿元。

江苏省体育局、发展改革委、教育厅、旅游局四部门2018年6月联合印发了《江苏省加快发展冰雪运动产业行动方案》（苏体经〔2018〕50号），提出以苏州为核心，带动无锡、常州和南通，加速推进冰雪装备制造的发展格局，建立、健全冰雪运动装备技术标准体系，充分发挥财税政策作用，为冰雪运动装备产业发展营造良好环境。

福建省体育局2019年7月印发了《关于抢抓机遇发展冰雪运动的若干措施》（闽体〔2019〕198号），提出要创新发展冰雪装备制造业，支持冰雪装备制造企业与冰雪场地等单位联合开发冰雪装备，重点推动安踏、特步、361°、匹克等本省知名体育制造企业加大冰雪服饰、装备等市场份额。

（二）科技创新成效显著

为解决因科研支撑不足影响运动员训练比赛、场馆建设及安全保障等问题，2016年，在北京冬奥组委统筹协调下，科技部会同国家体育总局等有关部门，以及北京市、河北省等地方制定了“科技冬奥（2022）行动计划”。针对场馆、装备、转播、气象、交通、医疗、安保等关键场景的应用需求，安排部署80个科研项目，形成了212项成果[①]，其中多项冰雪装备器材新技术新产品通过攻克核心关键技术，实现产业化并在北京冬奥会上落地应用。

冰雪运动设施设备方面，SG400压雪机、中国雪蜡车、造雪机、高端冰刀磨削机床等重型装备填补了同类装备制造的“空白”。SG400压雪车是我国首台高端大马力压雪车，价格是进口压雪车的2/3，后期维保费用也将节约1/3，其批量化投产有望打破国际压雪车市场基本被德国和意大利企业垄断的格局，不仅将带动压雪车产品升级换代，同时将大幅降低国内使用压雪车的成本[②]。齐齐哈尔博瑞机械有限公司自主研发的高端冰刀精密磨削机床，磨削精度可到达0.01mm，在保证冰刀侧面磨削精度的同时，每天可磨削2 000余只，工作效率较使用普通机床提升了近4倍，大幅提高了冰刀磨削的生产效率[③]。

冰雪运动器材方面，红旗雪车的问世宣告我国雪车装备长期以来由国外品牌垄断的历史从此结束，对我国冰雪运动器材拓展市场空间具有积极促进作用。该产品研发过程中攻克了碳纤维壳体、底盘、制动、转向等系统和整车设计与制造关键技术，突破了焊接耐久性分析、紧固件选型、结构强度优化、碳纤维优化、CAE（计算机辅助工程）分析工况设定等难题，充分展示了我国工业的研发实力，增加了运动员对国产装

① 沈慧.212项技术在北京冬奥会应用“科技冬奥”成果将持续助力经济社会发展［EB/OL］.（2022-02-17）［2022-10-22］.http://bgimg.ce.cn/cysc/newmain/yc/jsxw/202202/17/t20220217_37335372.shtml.

② 闫宗春，魏依晨.国产压雪车显身手：在冬奥赛场做出“雪拉面”［EB/OL］.（2022-02-07）［2022-10-22］.http://digitalpaper.stdaily.com/http_www.kjrb.com/kjrb/html/2022-02/07/node_4.htm.

③ 姚建平.国内首台高端冰刀精密磨削设备冰刀磨削机床在齐齐哈尔下线［EB/OL］.（2022-02-16）［2022-10-22］.http://www.hljnews.cn/ljxw/content/2022-02/16/content_592626.html.

备器材的信心[①]。

冰雪运动服装方面，新型超轻保暖材料、冬季户外运动湿态保暖材料、保暖用抓绒衣面料、低温环境石墨烯加热服装服饰等技术的研发与改进，在服装穿着测试中获得了良好的体验，很好地满足了冰雪运动室内室外场所相关人员对保暖、轻便、舒适、防静电、抗菌等功能的要求。

（三）国产品牌发展迅猛

近年来，受北京冬奥会的带动作用，我国冰雪运动市场需求得到释放。根据国家体育总局委托国家统计局社情民意调查中心开展的《“带动三亿人参与冰雪运动”统计调查报告》显示，截至2021年，全国冰雪运动参与人数达到3.46亿人，居民参与率达到24.56%，全国已有2 261个冰雪运动场地，场地面积达到0.77亿平方米。

冰雪运动市场需求扩大带动我国冰雪器材装备品牌快速发展。部分企业通过自主研发和市场化运作，逐步培育形成具有一定知名度和竞争力的品牌。例如，知名运动品牌“李宁”开始涉足滑雪运动场景，推出全新滑雪品类LI-NING SNOWBOARDING单板滑雪系列。中索国游、北京国游、鸿基索道及北起院等品牌成为我国索道行业发展的中坚力量[②]。

国内体育装备龙头企业抓住市场需求上涨的机遇，通过收购等方式获取国际知名品牌，布局海外冰雪市场。比如安踏从2015年开始收购户外品牌专业冰雪服饰品牌DESCENTE和高端户外运动品牌AMER SPORTS（始祖鸟）等，361°与北欧著名运动品牌ONE WAY SPORT在中国香港达成合作，共同开拓大中华区市场，已经成为各个滑雪锦标赛的赞助商多年[③]。

① 华泰来.实现“零的突破”！红旗雪车正式交付，将出征冬奥会［EB/OL］.（2021-09-15）［2022-10-22］.https://baijiahao.baidu.com/s?id=1710940300287751983&wfr=spider&for=pc.

② 邢通，赵晶，贡满诚，管一琳.我国冰雪装备器材产业可持续发展研究［J］.河北体育学院学报，2022，36（3）:48-54.

③ 赵新江.冰雪装备乘风起［J］.理财，2022（3）:20-21.

我国冰雪装备器材品牌在海外获得了较好的销量。阿里巴巴旗下跨境电商平台速卖通数据显示，2021 年第四季度，我国滑雪用品海外销售额较去年同比增长超过 60%，其中滑雪头盔海外销售额同比上涨 15 倍。深圳 OutdoorMaster 推出的 Kelvin 滑雪头盔在亚马逊电商平台一度取得滑雪类商品销量第一的成绩[①]。

二、冰雪装备器材产业运行状况及空间分布

受到北京冬奥会、冬残奥会的利好因素和新冠肺炎疫情的负面因素影响，我国冰雪装备器材产业一方面发展热情高涨，很多地方和企业都加大了投入力度；另一方面很多冰雪装备制造企业订单不稳定，发展的不确定性增大。

（一）产业发展态势向好

近年来，冰雪装备器材产业发展总体态势向好。2021 年，新冠肺炎疫情进入常态化防控阶段后，一度下滑的产业逐步恢复增长的态势，装备器材品类逐渐丰富。除传统冰刀、冰鞋、滑雪板等产品更新迭代不断加快外，造雪机、浇冰车等过去相对薄弱的装备也取得了长足的进步，如牡丹江雪城机械制造有限责任公司 2021 年成功销售造雪机 20 台，徐工（辽宁）机械有限公司成功销售抛雪机 16 台。总体看，我国已具备研发和生产现有各类冰雪装备器材的能力，产品品类可以覆盖当今冰雪运动各个领域。

（二）企业积极性不断提升

国家重视、地方投入、消费支持，企业发展冰雪装备器材的热情被点燃。一是传统冰雪装备器材优势企业抓住机遇转型提升，引入自动化生产线，扩大主营产品产能，适当延伸产业链，瞄准细分市场推

① 万喆．北京冬奥会为新发展格局注入动力［EB/OL］．（2022–02–23）［2022–10–22］．https://baijiahao.baidu.com/s?id=1725503808249278137&wfr=spider&for=pc.

出适合不同人群的产品。比如齐齐哈尔黑龙国际冰雪装备有限公司2015年开始加大研发和生产力度，建设了年产量300万副的自动化冰刀生产线和年产20万副的滑雪板生产线，做强冰刀的同时将产业链延伸到滑雪板、冰雪辅具及服装等领域。部分企业探索跨界发展，延伸开发冬季旅游装备，如哈尔滨中业电子科技有限公司与哈尔滨冰雪大世界、长春冰雪新天地等冰雪景区合作，开发冰雪地小火车、冰上碰碰车、遥控浇冰车等冰雪旅游装备，现已获得“三百六十度电动旋转碰碰车”等6项专利。

二是非冰雪装备器材企业抓住机遇跨入冰雪领域谋求发展机会。一方面依托自身产业基础和科研优势，通过开发新产品新技术竞争冰雪装备市场，如中国重汽集团柳州运力专用汽车有限公司作为一家专业从事专用汽车及汽车零部件制造的高新技术企业，2016年引进高端除雪车技术，通过消化吸收再创新，成功研制出大中小系列智能化多功能除雪车，实现了进口产品替代。另一方面通过收购国外品牌进入国际冰雪市场，如安踏集团收购法国户外运动品牌SALOMON、奥地利滑雪品牌ATOMIC等，借助这些知名品牌，成功打入国际冰雪市场。

（三）产业布局逐步优化

冰雪经济发展受自然条件限制较大，我国开展冰雪运动、冰雪旅游主要集中在东北三省及内蒙古东部地区。近年来，黑龙江、吉林两省以及河北通过布局建设冰雪装备产业园区，促进产业集群发展，形成集聚效应。如河北张家口建成冰雪运动装备产业园，意大利天冰造雪机、法国MND索道项目、苏法格造雪机项目等一批优质项目已在园区投产；吉林省一方面加快推进永吉经济开发区冰雪装备产业园等现有园区的建设，另一方面还将推进吉林、长春、辽源等城市新建冰雪装备产业园。随着参与冰雪消费人群的持续扩大，人们对冰雪装备器材品类和数量的需求明显增加，购买力也不断提升，由此带动对市场更为敏感、发展轻工纺织产业成本更低的南方城市开始重视发展冰雪轻装备器材。政府与企业共同发力，发挥地方优势，实现差异化发展。如福建省推动安踏、特步、匹克等体育用品制造企业加快发展冰雪服饰，提高市场份额。

三、冰雪装备器材产业发展遇到的困难和问题

近年来，我国冰雪装备器材产业取得了长足进步，但整体看还处于起步阶段，国内市场对产业拉动作用弱，产业自身也面临着企业竞争力不强、产业体系不完善、专业性人才缺乏等问题，亟待解决。

（一）市场拉动力有限

与欧美传统冰雪运动强国相比，冰雪运动在我国起步较晚、发展时间较短，受制于技术、装备和场地等客观条件，消费群体基础较为薄弱，更多消费者属于初次体验甚至是一次性体验者，渗透率明显偏低。据统计，在滑雪新增人群中，初学者以及一次性体验者占比高达77.4%[①]。《2020年中国滑雪产业白皮书》数据显示，国内滑雪场中旅游体验型的滑雪场占比为75%，其中90%为一次性体验客户。相较于已经养成冰雪运动习惯并拥有自己专用服饰和装备的爱好者，初学者及一次性体验者参与冰雪运动的服饰和装备多以租赁方式为主，仍停留在“尝鲜”“好奇”的探索猎奇阶段，消费贡献率有限。

（二）企业竞争力不强

相较于国外冰雪装备器材企业几十年甚至上百年的发展历史，我国冰雪装备器材企业普遍起步较晚，大部分为20世纪90年代甚至21世纪成立的企业。这些企业主要以中小企业为主，科研人员少，研发投入体量小，缺少具有自主知识产权的核心产品，企业竞争力较弱。根据工业

① 王辉.冬奥会带动冰雪产业链发展[EB/OL].(2022-02-08)[2022-10-20].http://www.chinasportsdaily.cn/tyb/html/2022-02/08/content_116883_14463759.htm.

和信息化部摸底调查，黑龙江省十余家冰雪装备器材企业中，规模以上的企业仅有齐齐哈尔黑龙国际冰雪装备有限公司一家，其余均为产值只有几百万元甚至几十万元的小微企业。受标准、质量等问题的影响，我国的冰雪装备器材很难得到国际冰雪组织的认同，除个别产品外，大部分产品无法进入国际重大冰雪赛事。

（三）产业体系不完善

一方面，产业集聚效应不明显。我国冰雪装备器材产业尚未形成具有较大规模的产业集群，产业园区建设处于起步阶段，缺少龙头企业带动，产业链条不完善，集群作用未能充分发挥。另一方面，我国企业多数属于海外品牌的代工厂，在产业价值链上处于附加值低端的位置，研发、设计、服务等高附加值环节存在缺口，不利于高质量产品的供给和自主品牌的形成。中国贴牌代工支撑了全球超过 90% 的滑雪装备需求，其中滑雪手套占到全球市场的 80%，滑雪头盔几乎达到 99%[①]。

（四）专业性人才缺乏

冰雪装备器材产业具有专业性强、技术含量高等特征，对专业性人才依赖程度较高。由于我国冰雪装备器材产业起步较晚，人才培育方面相对薄弱，人才储备不足，尤其是缺乏冰雪装备器材研发、技术生产、营销、企业运营管理等方面的高级人才。特别是由于区域发展水平存在较大差异，相较于上海、江苏、广东等发达地区，西北、东北等地区引进专业技能和研发设计型人才难度更大。加之冰雪淡季企业订单减少，极易出现人员流失的问题，加剧企业的“用人荒”。

① 快刀财经. 垄断全球超过 90% 雪具的中国市场，为什么培育不出一个知名品牌？［EB/OL］.（2022-02-25）［2022-10-20］.https://www.jiemian.com/article/7142385.html.

第四节　后冬奥时期中国冰雪装备器材产业面临的机遇和挑战

习近平总书记在北京冬奥会、冬残奥会总结表彰大会上指出："北京冬奥会、冬残奥会的筹办举办推动了我国冰雪运动跨越式发展，冰雪运动跨过山海关，走进全国各地，开启了中国乃至全球冰雪运动新时代。"① 后冬奥时期，我国冰雪装备器材产业迎来冰雪经济提质增速、体育强国全面建设、装备制造业向中高端迈进、消费升级带来产业融合等新的机遇，产业发展也将迎来更为严峻的挑战。

一、中国冰雪装备器材产业面临的机遇

（一）冰雪经济进入提质增速的新阶段

在"带动三亿人参与冰雪运动"发展目标与冰天雪地也是金山银山发展理念的带动下，我国冰雪经济迎来了发展的黄金期。据统计，2021 年我国冰雪产业市场规模已达到 5 788 亿元，较 2020 年增长 51.88%，预计 2022 年超过 8 000 亿元、2025 年突破 1 万亿元②。冰雪经济在推动乡村振兴、地方经济转型，实现经济可持续和高质量发展中发挥着越来越重要的作用，正在成为我国经济高质量发展的重要支撑点之一。国家高度重视布局发展冰雪经济，将冰雪经济高质量发展纳入远景规划。《中华人民共和国国民经济和社会发展第十四个五年规划和 2035 年远景目标纲要》明确提出，大力发展寒地冰雪等特色产业，打造具有国际影响力的冰雪旅游带，持续推进冰雪运动发展。冰雪装备器材产业作为冰雪经济

---

① 习近平．在北京冬奥会、冬残奥会总结表彰大会上的讲话［EB/OL］．（2022-04-08）［2022-10-20］.http://www.qstheory.cn/yaowen/2022-04/08/c_1128544089.htm.

② 陈杭．报告预计中国冰雪产业今年规模将超 8 000 亿元［EB/OL］．（2022-09-02）［2022-10-20］.http://cnews.chinadaily.com.cn/a/202209/02/WS63118dc7a3101c3ee7ae6dcd.html?ivk_sa=1023197a.

的重要组成部分，冰雪经济提质增速无疑将进一步刺激地方加大对冰雪装备器材产业政策支持和投入力度，进而带动企业加大对产品研发的投入和品质的提升，从而推动全产业的迭代升级。

（二）体育强国迈进全面建设的新征程

建设体育强国是体育发展的最高战略目标，是全面建成社会主义现代化强国的重要组成部分，也是实现健康中国战略的必由之路。党的二十大报告明确提出，要促进群众体育和竞技体育全面发展，加快建设体育强国。2022年6月24日，十三届全国人大常委会第三十五次会议通过了修订的《中华人民共和国体育法》，从立法层面明确要建设体育强国和健康中国。新体育法首次规定了未来体育产业发展的基本方针，即“国家支持体育产业发展，完善体育产业体系，规范体育市场秩序，鼓励扩大体育市场供给，拓宽体育产业投融资渠道，促进体育消费”。冰雪运动是体育运动和体育产业的重要组成部分，冰雪旅游及娱乐消费对保持大众的身心健康具有积极意义。体育强国与健康中国建设步伐的加快将为发展冰雪装备器材产业提供新的战略机遇，进一步促进产业的增资扩产和提档升级。

（三）装备制造业跨上中高端的新台阶

制造业是立国之本、强国之基。近年来，我国制造业取得了历史性成就、发生了历史性变革，产业体系更加健全，产业链更加完整，我国制造业的综合实力、创新力和竞争力都走上了新台阶，正在向价值链中高端迈进。从2012年到2021年，我国工业增加值从20.9万亿元增长到37.3万亿元，年均增长6.3%；制造业增加值从16.98万亿元增加到31.4万亿元，占全球比重从20%左右提高到近30%；规模以上工业企业达到40万户，较2012年增长了23.5%[①]；产业体系完整优势进一步巩固，41

① 畅帅帅.中国制造迈向中国创造 这十年制造业转型升级成绩斐然［EB/OL］.（2022-07-27）［2022-10-20］.https://baijiahao.baidu.com/s?id=1739467504498513533&wfr=spider&for=pc.

个工业大类、207个工业中类、666个工业小类的工业体系将为冰雪装备器材研发生产提供最先进的材料、技术和生产装备支持。强大的制造能力成为我国冰雪装备器材高质量发展的坚实保障。

（四）消费升级带来产业融合的新契机

我国正在积极构建以国内大循环为主体、国内国际双循环相互促进的新发展格局。受北京冬奥会所产生的带动效应以及居民可支配收入持续增长的影响，冰雪消费已成为中国人的消费新常态，与冰雪产业关联度较高的体育、旅游、装备、文化、会展等产业正在进行广泛、深刻的融合发展，进而推动了冰雪产业的新经济、新业态、新模式的出现。随着“南展西进东扩”的全面推进以及“冰雪运动进校园”的蓬勃开展，冰雪装备器材消费的消费需求、消费层级与购买能力也在逐步提升，呈现出年龄结构多元化和地域分布扩大化的趋势，对于冰雪装备器材的需求也逐渐往细分化、专业化方向发展，这也为冰雪装备器材产业扩大市场空间带来新的契机，为企业丰富产品品类、加快新产品研发与更新迭代提出新的方向。

二、中国冰雪装备器材产业面临的挑战

（一）冰雪品牌将面临更加严酷的市场竞争

北京成功申办冬奥会，“带动三亿人参与冰雪运动”口号的提出，使挪威、芬兰、美国、加拿大、日本等冰雪装备制造强国企业充分认识到我国冰雪市场的潜力，纷纷加大对我国市场的开拓力度。根据CBN Data消费站统计，仅2021年下半年，就有近10个冰雪相关品牌进驻我国市场。比如ADIDAS TERREX、KJUS先后布局我国市场。时尚品牌BOGNER通过与波司登合作成立合资公司，在我国内地引进并经营博格纳相关品牌。与之相比，国内品牌整体实力偏弱，影响力和品牌厚度远不能与国际知名品牌相提并论，国内冰雪运动的高端消费者仍然仅认

可国外品牌。一旦国际品牌大量进军我国，将大幅挤压我国冰雪品牌的生存空间，一批新生的弱小品牌将因为无法承受国际品牌的冲击而快速消亡。

（二）冰雪器材将面对更为挑剔的消费者

北京冬奥会的成功举办，激发了大众参与冰雪运动的热情。特别是在中国冰雪竞技非强项夺金的谷爱凌、苏翊鸣，对青少年参与冰雪运动产生了明显的示范带动效应，参与人群基本实现各年龄段的全覆盖。与传统体验式参与冰雪运动不同，现代家长希望按照专业运动员的方式培养子女参与冰雪运动，并为之配置适合其年龄阶段的专业设备，以保障其运动时的安全和身体健康。更多新生的冰雪爱好者也重视配置专业设备。这些变化在带动冰雪器材消费的同时也使消费者对产品基础性能、舒适度、适应性、质量等的要求大幅提升，由此对装备器材的研发设计、生产制造和售后服务提出了新挑战。

（三）冰雪装备发展依然难以突破市场规模限制

虽然近年来我国参与冰雪运动的人群不断扩大，冰场、雪场建设的速度也明显加快，由此也带动了冰雪装备器材需求量的提升。但是，相较于羽毛球、乒乓球、足球、篮球等群众基础较好的体育运动装备器材消耗量，很多冰雪装备产品的市场空间有限，且很难通过政策或市场培育的方式突破，由此限制了部分冰雪装备的研发和产品迭代升级。例如，雪车、钢架雪橇等装备只适合于专项竞技运动，场地专业性过强，一般只有正式比赛才会使用，相关装备也仅是专业运动队才会采购。企业一般不会将这类产品作为主营产品。再如浇冰车，一般情况下，一个专业冰场有一台浇冰车就可以满足需求，全国现有 1 450 个滑冰场地，市场空间相对固定。对于这种缺少市场空间且专用性较强的产品，企业一般不会将之作为主营产品，由此阻碍了相关产品的研发设计和产业化发展。

第五节 后冬奥时期中国冰雪装备器材产业发展路径

后冬奥时期，我国冰雪装备器材产业逐步回归市场导向。那么，未来冰雪装备器材将赢在哪些方向？哪些领域值得重点培育？如何促进冰雪消费市场的有效释放？本节将结合产业现状以及产业发展面临的新机遇和挑战进行探讨。

一、新的机遇和挑战对冰雪装备器材产业提出的新要求

冰雪经济高质量发展、体育强国建设加速、消费升级等新机遇以及更加严酷的市场竞争格局、更加挑剔的消费人群等对我国发展冰雪装备器材产业提出了新的要求。

（一）建立健全产业体系

相较于国外从研发设计、生产制造到销售服务的完整产业体系，我国在冰雪装备器材创新设计方面专业机构缺乏，科研和设计供给能力不强。生产制造环节，在新材料及部分冰场、雪场设备供给方面还存在短板。从工业基础看，我国不缺少冰雪装备器材研发、设计和生产能力，但从企业意愿看，一些具备条件和能力的企业缺乏进入该领域的意愿。未来冰雪经济高质量发展，特别是在以冰雪体育和冰雪旅游为核心的“双引擎”驱动下，不仅冰雪运动装备器材需要提质增速，与之相关的冰雪旅游装备、文化娱乐装备都要提速，因此要全面推动冰雪装备产业体系建设，完善从研发到售后全产业链环节，锻长板补短板，推动产业链、创新链、供应链深度融合，构建具备高质量发展基础的冰雪装备器材产业体系。

（二）扩大拓宽受众群体

随着冰雪消费逐步成为中国人消费的新常态以及大众购买能力和消费水平不断提升，喜爱和参与冰雪运动、冰雪旅游和冰雪消费的人群不断扩大，越来越多的冰雪爱好者也开始体验曾经只有专业运动员才能参

加的运动。随着冰雪消费需求的与日俱增，冰雪体验人群将逐步转向冰雪爱好者。因此，未来冰雪装备器材不仅要高质量保障专业运动员所需的竞赛训练装备器材，同时要加快研发推出适合各类群体需求的大众化冰雪装备器材产品，特别要重视将人体工程学、生理学、心理学等学科领域相关理论和原理融入冰雪装备器材的设计和研发中，使冰雪装备器材更适应人体和生理、心理需求。此外，还要重视利用仿真冰、仿真雪以及 AR、VR、AI 等技术打破冰雪运动的时空限制，扩大拓宽冰雪运动、旅游受众群体范围，为冰雪运动可持续发展提供强力支撑。

（三）加速提升产业层级

总体看，我国冰雪装备器材产业已经具备一定的发展基础并拥有较大的发展潜力，但是在新产品的设计理念、产品更新迭代的速度、高科技产品的大众化程度及高端产品供给等方面，与欧美发达国家相比差距还很明显，产业整体还处于中低端，这也导致了国内很多消费者愿意购买欧美国家的产品。未来要实现体育强国、健康中国的建设目标，实现冰雪经济的跃升，冰雪装备器材方面首先要打破产业整体处于中低端的格局，通过强化新产品设计、新技术研发和重大项目建设，提升高端产品的供给能力和水平，促进高科技产品向大众普及，突破制约冰雪装备器材制造的核心技术和关键环节，加快信息技术与冰雪装备制造产业深度融合，进而推进产业向中高端迈进。

（四）加快培育自主品牌

纵观国际冰雪装备器材产业发展历史，拥有一批具有大众消费基础的自主品牌对于一个国家冰雪产业发展意义重大。近年来，我国企业虽然通过自已培育和收购等方式获得了一些国际知名品牌，但仍达不到一线品牌的水平。特别是在运动器材方面，中国品牌的产品很难进入冬奥会这种重要赛事。未来冰雪经济高质量发展，提升我国冰雪装备器材的国际影响力和竞争力，需要加快培育自主品牌。一方面，要做好产品定位，提高设计生产水平，提升产品档次，增加品牌附加值；另一方面，要加强生产企业与各地冰雪运动机构、教育机构的合作，推进冰雪装备器材展示与推进旅游、体育赛事活动的有机结合。

二、未来冰雪装备器材培育的重点方向

未来，立足冰雪消费升级的需求，冰雪装备器材培育重点应放在大众冰雪装备器材开发、智慧冰雪场馆建设以及完善“冰雪运动进校园”保障体系等方面。

（一）开发大众冰雪装备器材

充分利用“科技冬奥”技术成果，通过市场化加速技术迭代升级，加快冰雪装备器材国产化、竞赛训练技术市场化，重点发展物美质优的造雪造冰设备、高分子仿真冰板、人造雪草、模拟滑雪机等适宜“南展西扩东进”的冰雪场地设施设备，加紧研制基于人体学、生理学的安全性高、功能性强的冰刀、滑雪板、滑雪服等大众普及型个人运动器材，以满足我国冰雪运动普及化、四季化、南方化的发展需要，进一步促进大众冰雪消费市场的有效释放。

（二）建设智慧冰雪场馆

充分运用人工智能、大数据、可穿戴设备、数据挖掘等高科技手段，推动传统冰雪场馆的智慧化升级，加快建设一批智慧冰雪场馆，配合智慧场馆智能化、绿色化、数字化等建设要求，加紧研制开发绿色环保制冰主机、智能电动清冰车、智能浇冰修冰设备、智能造雪清雪除雪设备、智慧能源管理系统等高效节能且智能环保的冰场、雪场设备，以进一步带动提高场馆的运营服务水平和服务效率。

（三）完善“冰雪运动进校园”保障体系

《2021 中国青少年参与冰雪运动情况报告》数据显示，我国有 30%

以上的青少年参与过冰雪运动[①]，国家未来将加大“冰雪运动进校园”的推进力度，这对于冰雪产业的可持续发展具有重要意义。因此，要加快研制和发展适合青少年特点、安全系数高、训练效果好的普及型冰雪装备器材，以及方便在校园安装使用的智能模拟冰场雪场设备和仿真设备，提供“产品＋服务”的系统解决方案，不断降低“冰雪运动进校园”的成本，促进青少年冰雪运动普及发展。

第六节 后冬奥时期中国冰雪装备器材产业高质量发展建议

在北京冬奥会、冬残奥会影响下，中国冰雪装备器材产业发展取得了飞跃式的成就，但与欧美等国相比仍存在较大的差距。整体看，中国冰雪装备器材产业具有较大的发展空间与潜力，未来面对新形势新机遇，还要在总结国内实践、借鉴国际经验的基础上采取有效措施，加快推进产业高质量发展。

一、强化市场导向，加速成果转化

当前，以国内大循环为主体、国内国际双循环相互促进的新发展格局正加速形成，发展冰雪装备器材要统筹兼顾国内国际两个市场，精准挖掘消费者需求，基于消费者的功能需求进一步加快高端冰刀、数控冰刀磨床、滑雪头盔、冬季运动与训练高性能比赛服装等竞赛装备器材向大众消费品转化。充分释放“科技冬奥”的成果，加快“科技冬奥”成果在业内的广泛应用，推动二氧化碳跨临界直冷制冰技术、高效储雪技术、冰雪状赛道制作技术以及SG400压雪车、高性能造雪

① 郭佳．报告：中国三成以上青年参与过冰雪运动［EB/OL］．（2021-10-11）［2022-10-20］．https://www.tsinghua.edu.cn/info/1182/87775.htm.

机等技术成果的产业化，加大冰雪装备器材产业的科技创新力度，提升产品核心竞争力。

二、建立行业标准，完善检测认证

为发挥标准化工作在冰雪装备器材产业中的支撑与引领作用，根据产业结构特征、产业发展现状以及未来发展目标，结合相关国际技术标准，引导企业、科研机构、行业协会等联合制定冰雪装备器材团体标准、行业标准和国家标准，建立较为完善的冰雪装备器材综合标准化体系。围绕冰雪装备器材产业发展的需要，完善检验检测认证技术保障体系，面向冰雪装备器材设计开发、原料采购、生产制造、售后服务的全过程开展质量检验、分析测试、计量检测、标准信息、认证认可、标准化试验验证等工作，推动标准与科技创新、产业升级协同发展。

三、加强引领示范，提升品牌效应

针对我国冰雪装备器材产业缺乏龙头企业和领军品牌的问题，加快培育一批综合实力过硬、核心竞争力强的龙头企业，加快培育一批市场前景佳、成长性好、市场占有率高的专精特新中小企业，形成大中小企业融通发展的格局。同时，引导企业分工专业化、产品梯次化，专注于细分产品市场拓展、产品质量提升和名优品牌培育，建立健全品牌战略规划和品牌培育体系，塑造提升自主品牌的形象，提高品牌知名度、影响力和美誉度，不断提升国产冰雪装备器材的附加值和软实力。

四、优化产业布局，发挥集群效应

在转变发展方式、调整产业结构的战略引领下，关注各区域的资源禀赋与市场差异，结合各区域现实情况建立科学的发展体系，推动冰雪装备器材产业多样性和差异化发展，避免产业同构，充分发挥产业间集聚效应。同时，充分利用新一代互联网和大数据应用平台等新兴技术手段，依托冰雪装备器材制造产业基地，完善物流、设施、服务和配套体系，完善冰雪运动产品信息查询、政策及采购信息发布等服务，畅通产需信息渠道，达到冰雪装备器材产品商贸、技术交流、成果转化和制造业相互融合联动发展，进一步提升冰雪装备器材产业附加值。

五、助推产业融合，深化交流合作

后冬奥时期，发展冰雪经济关键要发挥冰雪文化、旅游、体育等相关产业融合的作用，相应地，冰雪装备器材产业也必须要重视与周边产业的融合发展。一方面，要加快推动冰雪装备器材制造企业同文化、旅游、餐饮娱乐等领域应用企业的对接合作，搭建促进装备制造企业与应用企业联系交流的平台以及促进人才交流的平台，如举办冰雪装备器材主题展览会、论坛，参与冰雪赛事及 IP 服务推广等活动，实现产业链、供应链、需求链深度对接合作，帮助装备制造企业系统了解应用企业对冰雪装备器材等的诉求，进而改进产品的研发设计，丰富产品品类。另一方面，要充分认知新一代信息技术、5G、人工智能、大数据等先进技术与冰雪装备器材的关联度，引导冰雪装备器材企业运用先进技术提高产品智能化水平。

第五章　中国冰雪旅游产业发展报告

2015 年北京冬奥会、冬残奥会的成功申办极大激发了大众参与冰雪运动的热情。经过多年发展，“带动三亿人参与冰雪运动”已经从宏伟蓝图变成了现实画卷，冰雪旅游成为冰天雪地也是金山银山的示范产业，冰雪旅游满足了游客对美好生活的向往，显著提升了人民群众的幸福感和获得感。在国家政策引领、地方供给创新和游客消费升级多重因素影响下，冰雪旅游进入高质量发展新阶段，更广泛游客参与、更多产品创新和更高的品质提升正在成为新时期冰雪旅游发展的新风向。进入后冬奥时期，我国冰雪旅游产业将继续以冰天雪地也是金山银山理念为指导，用最严格的生态保护制度守护住冰天雪地的宝贵生态环境，以冰天雪地服务好广大人民群众的美好生活，让冰雪旅游、冰雪文化、冰雪运动、冰雪装备等成为冰天雪地转化为金山银山的支撑产业。

第一节　中国冰雪旅游产业发展总体状况

2015—2022 年北京冬奥会、冬残奥会筹办过程见证了我国冰雪旅游全面升级。冰雪旅游实现了从 0 到 1、从北到南、从小到大、从冬季到四季、从规模到品质、从小众竞技运动到大众时尚生活方式、从“冷资源”到“热经济”的升级。冰雪旅游的快速发展，跃动着经济社会发展的脉搏，讲述着千家万户的美好生活故事，向世界描绘着美丽中国的好风景。

一、中国冰雪旅游产业总体概况

冰雪旅游的大众化时代来临。据中国旅游研究院冰雪旅游课题组测算，我国冰雪旅游人数从 2016—2017 冰雪季的 1.7 亿人次增加到 2021—2022 冰雪季的 3.44 亿人次（见图 5–1）。我国冰雪旅游收入从 2016—2017 冰雪季的 2 700 亿元增加到 2021—2022 冰雪季的 4 740 亿元，在新冠肺炎疫情防控常态化趋势下，我国冰雪旅游人数、冰雪旅游收入仍呈现快速增长势头。2020—2021 冰雪季我国冰雪旅游人均消费为 1 061 元，比 2018—2019 冰雪季我国冰雪旅游人均消费 1 734 元要低 673 元，这是由于新冠肺炎疫情让冰雪旅游从中远距离为主变为近程旅游为主的特征引起的，随着疫情防范常态化工作的开展，2021—2022 冰雪季我国冰雪旅游人均消费增至 1 378 元，为 2021 年全国人均旅游消费（899.28 元）的 1.53 倍，说明冰雪旅游的内需拉动能力依然突出。预计到“十四五”

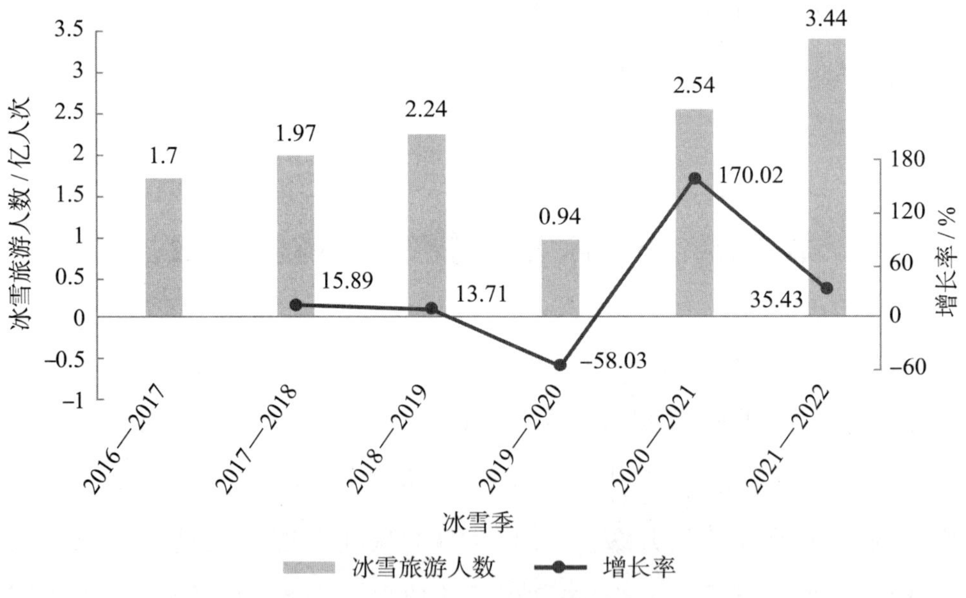

图 5–1　2016—2022 年中国冰雪旅游人次统计

数据来源：中国旅游研究院，《中国冰雪旅游发展报告（2017—2023）》，2023。

规划末期，我国冰雪旅游人数将超过 5.2 亿人次，我国冰雪休闲旅游收入将达到 7 200 亿元，冰雪旅游将成为我国冬季旅游和冰雪经济的核心引擎。疫情防控常态化下，我国冰雪旅游产业的目标开始战略性调整，从注重市场规模扩张向高质量发展方向转变，更广泛游客参与、更多产品创新和更高的品质提升成为新时期冰雪旅游发展的重点。未来，冰雪旅游将朝着大众化、现代化、品质化、产业链化、标准化、全域化、国际化等方向发展。

二、中国冰雪旅游产业发展特征

（一）以体制机制创新持续释放冰雪旅游发展红利

如果说 2015 年北京冬奥会成功申办让大众有了“带动三亿人参与冰雪运动”的奋斗目标，那么 2016 年习近平总书记提出冰天雪地也是金山银山理念则为全国冰雪旅游高质量发展吹响了冲锋号，在此背景下，冰雪旅游进入了市场高速扩容新阶段，冰雪旅游发展政策环境更加宽松，体制机制红利持续释放。2019 年 3 月，中共中央办公厅、国务院办公厅印发《关于以 2022 年北京冬奥会为契机大力发展冰雪运动的意见》，提出“加快发展冰雪健身休闲产业，推动冰雪旅游产业发展，促进冰雪产业和相关产业深度融合”，冰雪旅游正式上升为国家战略。2021 年 2 月，文化和旅游部、国家发展改革委、国家体育总局联合印发《冰雪旅游发展行动计划（2021—2023 年）》，提出扩大冰雪旅游优质产品供给，深挖冰雪旅游消费潜力，持续推动冰雪旅游与相关行业融合，提升冰雪旅游公共服务，夯实冰雪旅游发展基础。在国家相关部委引领下，地方创新发展思路，持续扩大冰雪旅游消费人群，方法主要有两种：第一，黑龙江、吉林、新疆、河北、内蒙古、西藏等冰雪资源富集大省（区），通过创新体制机制，发展独特的传统冰雪文化和现代冰雪文化产品，积极发放冰雪旅游消费券，在冰雪旅游客源地开展市场推动，不断加开冰雪旅游客源地航线、加大已有航班密度，加大冰雪景区门票优惠力度，努力提升本地冬季旅游热度，扩大冰雪旅游的消费人群；第二，在广州、深圳、武汉、长沙等南方传统客源地建立现代化的冰雪娱乐设施，让游客在日常生活的闲暇时间就可以便捷地享受冰雪休闲旅游的乐趣。

（二）北京冬奥会激发老百姓冰雪旅游的刚性生活需要

良好生态环境下的美丽风景是发展冰雪旅游的基础，美丽风景可以吸引游客来，而冰雪目的地的美好生活则是高质量发展的决定因素，决定了游客来了后能否留下来，决定了目的地的生命力，如果只是吸引来了，但是留不下来，则冰雪旅游就是不可持续的。在冰雪旅游带动下，冰雪旅游富集区持续加大环境整治力度，根据 2021 年 12 月财政部发布《关于提前下达 2022 年大气污染防治资金预算的通知》（财资环〔2021〕114 号）的安排，大气污染防治资金预算排名第六到第十位的省份，分别为甘肃、新疆、辽宁、内蒙古、黑龙江，预算为 5 亿～8 亿元，这五个省份是北方地区的冰雪旅游资源大省，在地方努力下，老百姓正看到越来越多冬天的美丽风景。只有美丽风景是远远不够的，还需要哈尔滨的中央大街、长春的“这有山”、乌鲁木齐的“大巴扎”、北京的簋街等美好生活体验地，才能让游客开心留下来。创造一种生活方式，就是产业变革突出的创新方式，冰雪旅游就是通过扩展旅游产业边界，为中国创造幸福的产业。冰雪旅游让寒冷可以成为一种产业资源，让千里冰封、万里雪飘的天寒地冻可以成为一种旅游场景，让美丽风景可以转换成为美好生活，让昔日“冷资源”变成了“热经济”。中国旅游研究院 2021—2022 冰雪季冰雪旅游专项调查显示：被调查者中，有 90.1% 的人曾经以不同形式体验过冰雪旅游，每年有 63.3% 的人体验过 1 ～ 2 次冰雪旅游，每年有 24.8% 的人体验过 3 ～ 4 次冰雪旅游，这说明我国正在从冰雪旅游体验阶段进入冰雪旅游刚性生活需求阶段，常态化重复消费正在成为越来越多人的选项。根据出游意愿专项调查显示，2022 年第一季度居民旅游意愿为 85.32%，同比增长 3.15%，旅游需求基本面良好，并且逐步恢复到疫情前水平。中国旅游研究院 2022—2023 冰雪季冰雪旅游专项调查显示，在疫情防控新形势下，64% 参与调查的消费者有计划进行冰雪休闲旅游活动，60.3% 的被调查者会增加 2022 年参与冰雪休闲旅游的次数，其中，40.7% 的消费者有意愿进行长距离的冰雪旅游，55.6% 的游客有意愿进行短距离的冰雪休闲旅游活动，这说明承载着冬季冰雪梦想的诗和远方要回来了。

（三）冰雪旅游助推“带动三亿人参与冰雪运动”从蓝图成为现实

在疫情防控常态化和散发疫情的影响下，部分冰雪资源丰富地区遭遇了较为严重的疫情影响，但得益于冰雪运动“南展西扩东进”战略，冰雪设施“翻山越岭”，走出山海关，跨过秦岭，实现全国覆盖。截至 2021 年 12 月，我国共建有 2 261 个冰雪运动场地，场地面积 0.77 亿平方米。其中，滑冰场地 1 450 个，占 64.13%；滑雪场地 811 个，占 35.87%[①]，冰雪运动软硬件设施全面提升为全国冰雪旅游发展提供了坚实的物质基础，让冰雪设施、冰雪文化在全国有力推进，国内近程冰雪旅游消费潜力不断释放，再加上大量出境冰雪旅游游客回流国内,2021—2022 冰雪季我国冰雪旅游人数高于预期，冰雪旅游短程化、惠民化、便利化等疫情防控常态化消费新特征让冰雪旅游人数增长的同时，冰雪旅游收入保持相对缓慢的增长，更多的游客参与、更实惠的价格、更便利的设施、更高品质的服务成为疫情防控常态化下我国冰雪旅游产业发展的新特征、新趋势。

① 林剑，卢苇 . 数说“带动三亿人参与冰雪运动”［EB/OL］.［2022-02-05］.http://www.chinasportsdaily.cn/tyb/html/2022-02/05/content_116886_14458964.htm.

（四）冰雪旅游重构“三足鼎立、两带崛起、全面开花”的空间新格局

冰雪旅游空间新格局是在疫情防控常态化趋势下形成的，既有冰雪设施和产品供给方面的因素，也有市场驱动需求方面的因素。总体来看，传统的冰雪经济大区东北地区依然强势，京津冀因为北京冬奥会筹办而迅速崛起，新疆因为冰雪资源富集和地区冰雪品牌推广逐渐被全国游客接受。《中国冰雪旅游发展报告（2023）》显示，在新的空间格局中，“三足鼎立”就是东北地区、京津冀、新疆三个区域，预计到2025年底，东北地区蕴含着3亿冰雪旅游人次、5 000亿元收入的超大规模消费的冰雪旅游市场潜力，京津冀地区蕴含着1亿冰雪旅游人次、2 500亿元收入的超强消费的冰雪旅游市场潜力，新疆地区蕴含着1亿冰雪旅游人次、2 000亿元收入的超快发展的冰雪旅游市场潜力。“两带崛起”是指西藏、青海为代表的青藏高原冰雪观光旅游带和以川贵鄂为代表的中西部冰雪休闲旅游带，这两带均蕴含着“十四五”末期实现5 000万冰雪旅游人次、1 000亿元收入的巨大市场潜力。西藏推出的“冬游西藏”优惠政策让游客可以花最少的费用体验最美的雪域高原，体验羊八井温泉、日光城拉萨、羊湖、冰川探险等。四川积极打造“温暖的南国冰雪世界”，全省已形成了冰雪观光旅游景区、滑雪场、温泉度假区、温泉旅游点等多业态共同发展的态势。“全面开花”是指全国各省份均形成了冰雪旅游亮点、增长点和依托产品，不论是四季分明的北方、温暖的南方还是遥远的西部，都不同程度通过科学、艺术、运动、旅游等相结合手段实现了冰雪休闲旅游产品的供给。

（五）冰雪目的地建设的品牌引领示范效应突出

如果从竞争层面来看，价格竞争是较低的层面，差异化品牌竞争则是较高的层面。我国冰雪旅游目的地将本地文化与冰雪资源禀赋相结合，坚持从冰雪旅游向冰雪城市转型，正在形成自身特色的冰雪旅游品牌，2022年一批冰雪旅游城市坚持将产业竞争力、游客满意度、品牌认知度、

目的地全域化等作为优先发展方向，成为全国竞争力领先的冰雪旅游城市，它们是哈尔滨市、张家口市、长春市、沈阳市、乌鲁木齐市、阿勒泰地区、吉林市、牡丹江市、伊春市、呼伦贝尔市、延庆区、长白山保护开发区。哈尔滨坚持传统冰雪文化产品化、品牌化，推进冰雪与艺术融合发展；长春持续推进冰雪全域化、产业链化；吉林市以大型滑雪场为核心加快冰雪企业集群化发展；呼伦贝尔市将民族风情与冰雪产业融合发展，积极发展冰雪那达慕、冰雪专列、驯鹿部落、冷极村等；阿勒泰地区积极融合传统冰雪文化和现代冰雪文化，实现冰雪观光度假协同发展；乌鲁木齐市加快民族风情与滑雪融合，打造全国滑雪度假地；沈阳市积极打造“冰雪＋温泉”的“冰火”双品牌；伊春市持续推进“森林＋冰雪”观光产品精品化；张家口市抓住2022年北京冬奥会机遇，打造奥运文化体验地和滑雪产业集群；牡丹江市打造“乡村冰雪＋冰雪景区”的观光旅游模式。在目的地发展中，一批高质量的冰雪旅游景区（度假区）通过产品创新、硬件完善、品牌营销等方式持续成为游客喜爱的冬季景区。

（六）消费升级和疫情倒逼冰雪旅游市场结构性调整

“小区域、弱消费、高频次、旅游本地生活化、服务自助化、冰雪观光和滑雪休闲度假并重”成为市场结构调整的重要特征和趋势。在疫情偶发态势影响下，近距离冰雪休闲旅游爆发，远距离冰雪旅游受到较明显抑制，目的地类的冰雪城市受影响较大，目的地和客源地双类型的冰雪城市均衡发展，传统客源地因为疫情出行需求受到一定程度抑制，但是近距离冰雪设施建设在一定城市满足了冰雪休闲的需要。中国旅游研究院2022—2023冰雪季冰雪旅游专项调查显示，在疫情防控新形势下，64%参与调查的消费者有计划进行冰雪休闲旅游活动，60.3%的被调查者会增加2022年参与冰雪休闲旅游的次数，其中，40.7%的消费者有意愿进行长距离的冰雪旅游，55.6%的游客有意愿进行短距离的冰雪休闲旅游活动[①]。中国旅游研究院2021—2022冰雪季冰雪旅游专项调查显示，每年有63.3%的人体验过1～2次冰雪旅游，有24.8%的人体验过3～4次冰雪旅游，高频次冰雪旅游消费正在成为新特征；服务自助化成为游客在冰雪旅游中的重要倾向，65.2%的游客希望全自助办理、非接触式服务完成冰雪旅游项目；冰雪旅游观光和休闲度假并重成为冰雪旅游市场发展的新特征，42.5%的游客倾向于冰雪观光游览，45.1%的游客倾向于滑雪休闲度假，这也是未来冰雪旅游产品调整的重点方向[②]。

（七）冰雪旅游投资向提质扩容的内涵式发展转变

疫情下，冰雪旅游企业面临困难增多，投资更注重回报率和回报周期，在已有项目基础上注重酒店、康养娱乐、度假公寓等配套设施的建设，政府在基础设施投资方面，更注重投资综合带动作用大的基础项目。根据中国旅游研究院课题组不完全统计，2018年以来建成的较大投资规模的重资产类冰雪建设项目有157个；2018—2022年，我国冰雪旅游重资产项目的总投资规模超过11 100亿元，2022年新增重资产项目投资总额约1 100亿元；2018—2021年，三北（东北、西北、华北）地区吸纳的投资金额占比为47.9%，而其余四区（西南、华南、华中、华东）的投资金额占比达到52.1%（见图5-2）；2018—2021年，从各省投资额度排名来看，吉林、湖北、广东分列资本吸金前三名，均为千亿元左右规模，奥运省份河北位列第四，江苏、西南的川渝滇、黑龙江，吸金额度也都达到了500亿元以上；2018—2021年四年间，随着冰雪市场的爆发，在政策和政府投资的引导下，大量社会资本涌入冰雪领域，社会投资额度占比约86%，政府投资或主导投资的额度占比约14%。

---

① 伍策，一丁.中国冰雪旅游市场已进入扩容提质并重新阶段［EB/OL］.（2023-01-05）［2023-01-06］.http://travel.china.com.cn/txt/2023-01/06/content_85043736.html.

② 刘佳.2021—2022冰雪季我国冰雪休闲旅游人数将达3.05亿人次［EB/OL］.（2022-01-07）［2022-10-20］.http://ent.people.com.cn/n1/2022/0107/c1012-32326391.html.

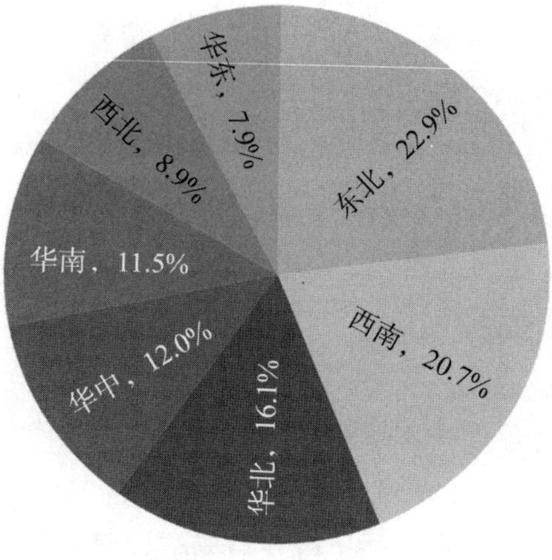

图 5–2　2018—2021 年各大区冰雪旅游总资产项目投资额占比

数据来源：中国旅游研究院，《中国冰雪旅游发展报告（2022）》，2022。

冰雪旅游重资产项目尤其是大型的、综合类项目的持续增加，对其旅游目的地周边的基础设施尤其是交通基础设施提出了更高要求。根据中国旅游研究院不完全统计，2016—2021 年，我国以发展冰雪经济为契机，向冰雪旅游交通基建项目进行倾斜性投入，兴建完成了一批对当地交通状况影响重大的交通基础设施，极大提升了当地冰雪旅游项目的可进入性。我国 2016 年以来建成的（含少量 2016 年前立项的和当前在建的项目）冰雪旅游交通项目共计 128 个，投资总额达到 2.47 万亿元；我国这一阶段冰雪旅游交通基建的重心在铁路类项目上，其投资额度最高，6 年来我国共投资兴建 41 个铁路类项目（包括专线高铁、旅游高铁、城际铁路），投资总额约为 18 726.2 亿元；其次是公路类项目，6 年来兴建的公路类项目（包括旅游目的地周边普通公路和高速公路）共 49 个，投资总额约 2 770.1 亿元；同时兴建有交通枢纽类项目（包括机场、客运站等各类转运换乘中心）30 个，投资总额约为 2 843.9 亿元；其他项目（桥梁、通道、管廊等项目及保障工程）8 个，投资总额约 326.3 亿元。详见图 5–3。

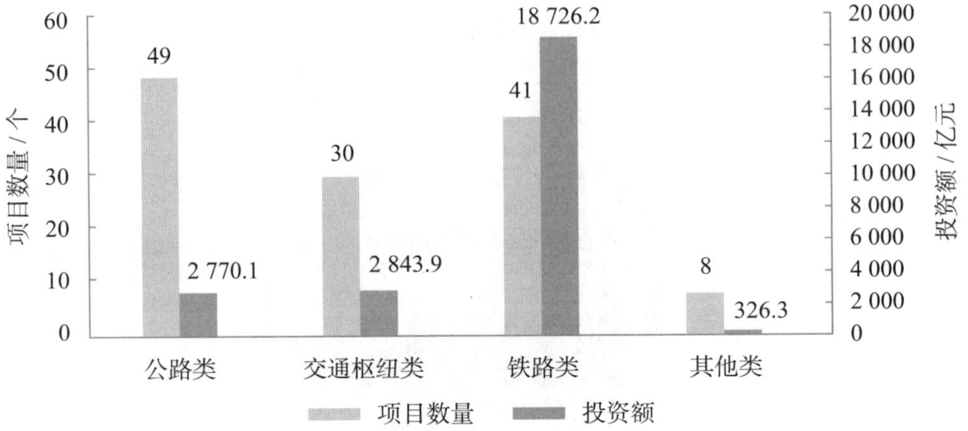

图 5-3　2016—2021 年中国冰雪旅游交通基建项目数量和投资额

数据来源：中国旅游研究院，《中国冰雪旅游发展报告（2022）》，2022。

（八）冰雪文化和冰雪旅游融合发展成效显著

随着冰雪文化和冰雪旅游融合深度和广度不断加强，以传承中国经典的传统冰雪文化和面向未来的现代冰雪文化为代表的冰雪旅游产品形成全国影响力。实践证明，一个地区冰雪文化内涵深厚了，冰雪城市就有了灵魂，冰雪文化有特色了，冰雪城市就有了旅游品牌。哈尔滨因为冰的文化，如冰灯艺术、采冰节、元宵滚冰，城市冰雪旅游品牌驰名中外，不仅国内的冰工艺要找哈尔滨的师傅，世界其他国家建造冰雕乐园也要找哈尔滨的师傅；查干湖因为冬季冰雪渔猎文化，不仅让鱼有“身价”了、有文化了，而且旅游业也发展起来了；张家口因为冬奥文化，让城市成了品质生活和美好生活的聚集地；阿勒泰因为毛皮板滑雪传统文化，让世界知道了原来滑雪起源地在中国，阿勒泰的雪那么美、那么厚；牡丹江因为雪乡的乡村民俗文化，让中国知道雪还能那么神奇，呈现各种不同的形状；吉林因为现代滑雪文化，每年冬天都会成为滑雪爱好者的天堂。为了更好传承经典的传统冰雪文化、发展面向未来的现代冰雪文化，中国旅游研究院课题组根据专家评议和游客市场调查，评选出 2022 年冰雪经典创新项目 10 个，分别为大雪时节采头冰（黑龙江哈尔滨）、什刹海溜冰（北京）、松江赏雾凇（吉林省吉林）、元宵围火滚冰（黑龙江木兰）、断桥赏雪（浙江杭州）、冰灯游园会（黑龙江哈尔滨）、毛皮板滑雪（新疆阿勒泰）、冰雪那达慕（内蒙古）、雪域高原泡藏药温泉（西藏羊八井）、雪山下泡温泉（四川海螺沟）；2022 年冰雪时尚创新项目 10 个，分别为漠河找北（黑龙江漠河）、雪乡跳雪（黑龙江牡丹江）、雪地摇滚（河北崇礼）、米堆冰川探险（西藏林芝）、冬季英雄会（内蒙古呼伦贝尔）、禾木冰雪摄影（新疆喀纳斯）、冰雪光影秀（新疆阿勒泰）、首钢冰雪汇（北京石景山）、雪地火锅（重庆）、松花江冰雪嘉年华（黑龙江哈尔滨）。

（九）传统元素和新型元素持续为冰雪旅游赋能

冰雪旅游与相关产业、元素、载体等正在从四个层面进行融合创新：一是产业之间融合，冰雪旅游产业与文化产业、农业、工业、金融业、林业、高技术产业等融合发展，实现了业态创新，一大批以吉林、黑龙江、新疆的国家级滑雪旅游度假地为代表的世界级冰雪旅游景区、度假区为冰雪旅游高质量供给提供了支持，虚拟现实、元宇宙技术让冰雪体验无处不在、不分季节；二是冰雪旅游与红色旅游、工业旅游、体育旅游、自驾旅游等业态融合，这是目的地提升吸引力、实现可持续发展的必由之路；三是冰雪旅游与其他冰雪经济融合，如冰雪旅游与寒地测试、冰雪制造、冰雪装备、冰雪运动、冰雪房地产等融合，对于发展寒地冰雪经济起到了重要推动作用，呼伦贝尔、黑河等地区成为寒地冰雪经济融合发展的典范；四是冰雪旅游与乡村振兴、新型城镇化、城市更新等融合发展，为乡村、城镇和城市经济社会转型升级提供了动力支持，牡丹江雪乡、哈尔滨亚布力、阿勒泰禾木、伊犁河谷、阿尔山白狼镇等成为乡村振兴和地区发展的亮点。调查显示，游客对冰雕制作、冰雪运动、冰雪民俗、冰屋体验等最为喜爱（见图 5–4），说明“冰雪 + 文化”“冰雪 + 体育”“冰雪 + 康养”等是冰雪旅游融合发展需要重点关注的方面，用文化创意、动漫、市场、乡村、游戏、新媒体、康养、体育等为冰雪旅游可持续发展提供新动能。

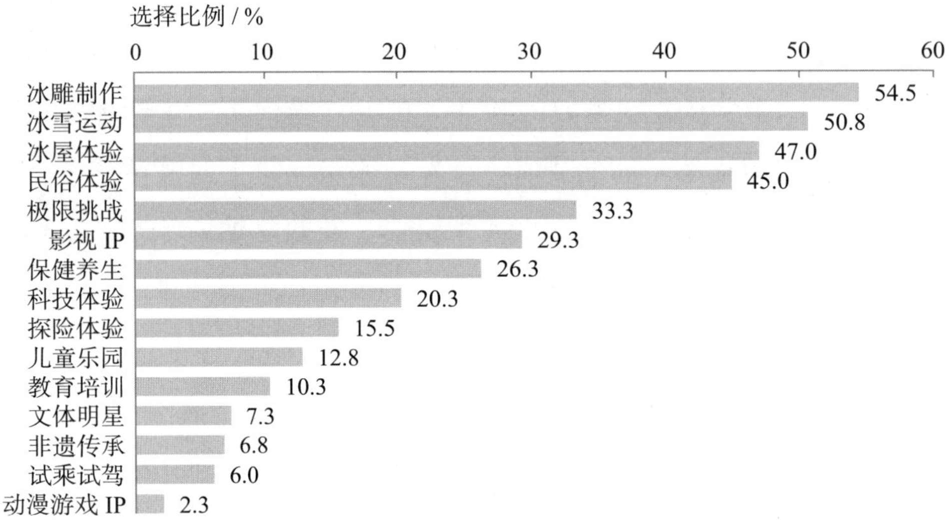

图 5-4　游客认为有吸引力的“冰雪 +”活动

数据来源：中国旅游研究院，《中国冰雪旅游发展报告（2022）》，2022。

第二节　国家级滑雪旅游度假地典型案例分析

2022 年 1 月 26 日，文化和旅游部、国家体育总局根据《滑雪旅游度假地等级划分》标准，联合公布了首批国家级滑雪旅游度假地名单，北京延庆海陀滑雪旅游度假地、河北涞源滑雪旅游度假地、河北崇礼滑雪旅游度假地、辽宁宽甸天桥沟滑雪旅游度假地、内蒙古扎兰屯滑雪旅游度假地、吉林丰满松花湖滑雪旅游度假地、吉林抚松长白山滑雪旅游度假地、黑龙江亚布力滑雪旅游度假地、四川大邑西岭雪山滑雪旅游度假地、陕西太白鳌山滑雪旅游度假地、新疆乌鲁木齐南山滑雪旅游度假地、新疆阿勒泰滑雪旅游度假地 12 家入选。根据旅游类型不同，国家级滑雪旅游度假地大致可以分为三类：冬奥赛事驱动型、滑雪度假目的地型、滑雪观光休闲型。在疫情防控常态化下，越来越多的民众接触到冰雪运动和冰雪活动，我国正在从冰雪旅游体验阶段进入冰雪旅游刚性生活需求阶段，滑雪旅游度假潜力巨大。

一、冬奥赛事驱动型滑雪旅游度假地

冬奥赛事驱动型主要包括北京延庆海陀滑雪旅游度假地、河北涞源滑雪旅游度假地、河北崇礼滑雪旅游度假地。冬奥赛事驱动型国家级滑雪旅游度假地借助举办2022年北京冬奥会带来的发展机遇，打造奥运文化体验地和滑雪产业集群，大力推广冰雪运动，升级冰雪项目设施，多措并举助推冰雪产业做大做强，吸引更多居民参与到滑冰、滑雪、冰球等冰雪运动之中，感受冰雪运动的魅力。在奥运赛事举办期间，北京延庆海陀滑雪旅游度假地承办了高山滑雪、雪车、雪橇等比赛项目，河北崇礼滑雪旅游度假地承办越野滑雪、跳台滑雪、北欧冬季两项、冬季两项、自由式滑雪等项目。赛后能够吸引全球游客的关注度，世界游客纷至沓来，显著提升冰雪旅游产业的成长能力，进而带动当地的经济社会发展。随着奥运效应的持续释放，奥运遗产将转化成为奥运资产。近年来，北京延庆区积极施行“十百千万”工程，以冬奥进校园、冰雪进课堂、亲子家庭培训等形式推动冰雪旅游、冰雪运动发展，带动市民上冰雪近20万人次，2022年1月31日—2月6日春节假期，延庆区共迎来46.7万人次游客过大年、住民宿、近距离感受冬奥氛围，体验冰雪旅游[①]。

北京和河北政府充分考虑冬奥设施的赛后利用，紧抓国家、地区旅游发展政策和机遇，最大化消除旅游淡季，目前正积极发挥场馆优势，加强冬奥赛后场馆的运营和利用，积极引入市级、省级、国家级赛事，突出冰雪运动特色，打造品牌赛事，发展赛事经济，拓展全季、全时、全民旅游，将四季的冬奥景区特色发挥得淋漓尽致，实现奥运场馆四季

① 李瑶.“冰雪旅游热”，延庆春节迎客46.7万人次[EB/OL].(2022-02-09)[2022-10-25]. https://news.bjd.com.cn/2022/02/09/10039956.shtml.

运营。其中河北涞源国家跳台滑雪训练科研基地作为河北省与国家体育总局联合打造的三大国家级冰雪运动训练基地之一，在保障国家运动员全力备战冬奥会的同时，被选为河北省第三届冰雪运动会开幕式的会址。北京冬奥会极大带动了河北省崇礼区冰雪产业发展，2020—2021冰雪季崇礼区接待游客246.2万人次，同比增长83%，实现旅游综合收入20.2亿元，同比增长87%[①]。

北京、河北的三个滑雪旅游度假地建设了智慧旅游系统，将冰雪旅游与大数据、物联网、云计算、5G等新技术结合，为政府管理提供更高效、智能化的信息平台，为旅游企业提供更广阔的营销平台和客源市场，为旅客提供便捷、高效的旅游体验。冬奥赛事驱动型国家级滑雪度假区内已实现全域可视化管理，便捷移动电子支付系统，智能服务设施。例如，河北涞源滑雪旅游度假区内实现了智慧停车，停车场设置电子监控系统、电动汽车充电桩，大幅提升服务品质，让更多游客感受到旅游新体验，为提升河北整体旅游服务水平打下了良好的基础，为构建世界级冰雪旅游大国产业体系作出贡献。在赛事驱动和科技引领下，河北省涞源县跑出了冰雪发展“加速度”，实现了从0到1再到“N+”的跨越，2021—2022冰雪季，涞源县参与冰雪运动人数达10万余人，参与人次近20万[②]。

二、滑雪度假目的地型滑雪旅游度假地

滑雪度假目的地型主要包括辽宁宽甸天桥沟滑雪旅游度假地、吉林丰满松花湖滑雪旅游度假地、吉林抚松长白山滑雪旅游度假地、黑龙江亚布力滑雪旅游度假地。滑雪度假目的地型旅游度假地集中在我国东北

① 王雪威，刘冉，王晓倩．崇礼的雪——冬奥前夕探访生态崇礼③［EB/OL］．（2022-01-28）［2022-10-25］．http://hebei.hebnews.cn/2022-01/28/content_8718455.htm.

② 张继航，温勇立．保定涞源县加快推广各类冰雪运动的步伐［EB/OL］．（2021-11-18）［2022-10-25］．http://he.people.com.cn/n2/2021/1118/c192235-35011183.html.

三省，高纬度的雪线使其具有雪质优良、硬度适中、结冻期长、积雪厚等特点。滑雪度假目的地型旅游度假地凭借其优质的冰雪资源、良好的生态环境以及比较适宜的气候，适宜开展体育训练、发展冰雪产业。在此基础上注重酒店、康养娱乐、度假公寓等配套设施的建设，加强与周边景区联动，打造丰富的旅游产品、旅游线路和网红打卡地，全力构建“食、住、行、游、购、娱”要素完备的旅游产业链，形成集疗养度假、健身养老、消遣娱乐、愉悦身心于一体的功能完善的区域性度假旅游产业集群，形成极具自身特色和知名度的冰雪旅游品牌，促进冰雪经济增长。辽宁充分发挥临近北京冰雪核心消费市场的优势，大力发展滑雪旅游，自2009年辽宁宽甸天桥沟度假地建成开放以来，已累计接待游客200万人次以上，其中雪季游客量达30万人次，“十四五”期间，天桥沟度假区将持续深入打造冰雪旅游项目，雪道建设将增至16条，雪道总长度将达到30公里[①]。在品牌引领和产业集聚背景下，截至2022年2月22日，吉林市北大湖2021—2022冰雪季旅游接待规模达到54万人次，同比增长12.1%；实现旅游收入2.2亿元，同比增长28.4%，接待人次和收入均已经超过疫情前的2018—2019冰雪季，白雪换来了“白银”[②]。在长春市、吉林市、长白山开发区、延边州等多极带动下，吉林省冰雪旅游迎来跨越式发展，根据吉林省文化和旅游厅测算，2021—2022冰雪季吉林省旅游接待规模达8 500万人次，实现总收入1 700亿元[③]。

滑雪度假目的地型旅游度假地在一年四季中为游客推出了主题鲜明、丰富多彩、参与性高的各类主题活动与度假项目，在各滑雪场、冰场、

① 刘珺.宽甸天桥沟入选首批国家级滑雪旅游度假地[EB/OL].(2022-01-04)[2022-10-25].http://ln.people.com.cn/n2/2022/0104/c378489-35081192.html.

② 李思玥.后冬奥时代，吉林热“雪”持续沸腾[EB/OL].(2022-02-23)[2022-10-25].http://jl.people.com.cn/n2/2022/0223/c349771-35146999.html.

③ 朱思雄，孟海鹰，祝大伟，等.沿着总书记的足迹·吉林篇 加快推动全面振兴全方位振兴[EB/OL].(2022-05-31)[2022-10-25].http://paper.people.com.cn/rmrb/html/2022-05/31/nbs.D110000renmrb_01.htm.

公园、旅游景区遍地开花，将本地文化与冰雪资源相结合，注重游客体验，开发出多款度假产品，丰富了游客的出行选择。雪道按主题分区设计，不同等级不同玩法滑雪者互不干扰，极具包容性与趣味性，营造了独属于当地的休闲度假氛围。例如，哈尔滨市向全国游客推出七大主题文化旅游产品的全新玩法，亚布力滑雪旅游度假地新建了一批如“三山联网”滑雪、雪山水世界、青少年滑雪培训学校等一系列旅游产品，开展中国第一个国际滑雪节——亚布力滑雪节等特色活动，吸引来自世界各地的冰雪爱好者参观游览，使得城市冰雪品牌驰名中外。正因为冰雪产业具有强大的产业辐射能力和融合能力，滑雪度假目的地型国家级滑雪旅游度假地不断加强品牌构建，丰富特色旅游产品体系，打造精品旅游线路，强化旅游要素支撑，促进产业融合发展，努力打造成为综合性的冰雪旅游度假区。

三、滑雪观光休闲型滑雪旅游度假地

滑雪观光休闲型主要包括内蒙古扎兰屯滑雪旅游度假地、四川大邑西岭雪山滑雪旅游度假地、陕西太白鳌山滑雪旅游度假地、新疆乌鲁木齐南山滑雪旅游度假地、新疆阿勒泰滑雪旅游度假地。自 2016 年以来，这些滑雪旅游度假地以发展冰雪经济为契机，向冰雪旅游交通基建项目进行倾斜性投入，兴建完成了一批对当地交通状况影响重大的交通基础设施，极大提升了当地冰雪旅游项目的可进入性。前往滑雪旅游度假区的交通便捷，舒适度高，路况等级高，旅游直通车、客运大巴车、火车等多种交通出行方式可供选择。滑雪旅游度假区内积极进行旅游景观道路系统建设，为游客营造了处处是风景、舒适宜人的旅游环境。度假区内旅游资源丰富独特，旅游饭店、特色民宿等住宿设施类型多样，配备了滑雪学校，不同级别的滑雪指导员，配套设施齐全，服务功能健全，服务热情周到、细致贴心。新疆阿勒泰地区通过国家级滑雪旅游度假地以及人类滑雪起源地品牌培育，冰雪旅游产业实现跨越式发展，2021—2022冰雪季，阿勒泰地区接待游客1 182.86万人次，同比增长17.73%；实现旅游收入88.71亿元，同比增长20.39%；其中疆外滑雪游客占比超过84%[①]。近年来，乌鲁木齐市树立全域旅游理念，把冬季旅游作为突出城市形象、促进第三产业发展的重要途径，2003年乌鲁木齐市冰雪旅游人数为14.6万人次，2020—2021冰雪旅游季游客接待人数近3 000万人次[②]，实现了跨越式发展。

滑雪观光休闲型旅游度假地注重当地文化和旅游的融合。这些滑雪旅游度假地尤其注重“传统冰雪文化”与“现代冰雪文化”相结合，注重冰雪观光休闲协同发展，在拉动度假地及周边产业消费方面发力，进一步推动文化、体育及周边产业的融合发展。四川大邑县积极打造南方最温暖的滑雪场品牌，2022年春节假期，西岭雪山景区接待游客7.65万人次，同比增长41.31%[③]。位于太白县的鳌山滑雪场，春节期间接待游客达5.7万人次，其中初学区和冰雪乐园共接待儿童青少年近1万人次，比上一雪季增长12倍[④]。位于内蒙古东北部的“极寒之城”呼伦贝尔，每年参与冰雪运动的人数达80万人，且呈逐年递增趋势，2022年春节假期，呼伦贝尔扎兰屯金龙山滑雪场日均接待量达到1 500人次[⑤]，冰雪旅游市场持续火热。

---

① 董世菊.青河县青格里狼山国际滑雪场即将开启雪季“首秀”[EB/OL].(2022-10-24)[2022-10-25].http://www.altxw.com/news/system/2022/10/24/030130979.shtml.

② 张尚坤.乌鲁木齐“助力冬奥 喜迎新年”主题活动启动[EB/OL].(2022-01-01)[2022-10-25].http://www.xj.chinanews.com.cn/lvyou/2022-01-01/detail-ihauhawv2993319.shtml.

③ 大邑县政协助力西岭雪山打造国际冰雪旅游目的地：把冰天雪地变成“金山银山”[EB/OL].(2022-02-18)[2022-10-25].http://www.day.gov.cn/day/c117461/2022-02/18/content_7efe3bd87550465a9210f93374fb3f99.shtml.

④ 毛毛.来吧！在雪中飞 雪中舞[EB/OL].(2022-02-11)[2022-10-25].https://esb.sxdaily.com.cn/pc/content/202202/11/content_776325.html.

⑤ 邹俭朴.呼伦贝尔每年80万人参与冰雪运动[EB/OL].(2022-01-21)[2022-10-25].http://www.ordosnews.com/rbpaper/pad/content/202201/21/content_56754.html.

第三节 后冬奥时期中国冰雪旅游产业面临的机遇与挑战

伴随着2022年北京冬奥会、冬残奥会的成功举办，我国向世界宣传了中国冰雪旅游的美丽风景，展示了重要冰雪旅游城市、乡村、景区完善的商业设施、特色美食、风土人情、传统冰雪文化和时尚冰雪文化，展现了“冰天雪地也是金山银山”和“带动三亿人参与冰雪运动”的旅游故事，描绘了因冰雪而实现乡村脱贫的故事，讲述了中国冰雪与世界广泛交流合作的故事。后冬奥时期中国冰雪旅游将借助市场、产业、文化等形成的强大推动力和市场积累，将机遇化为市场势力，将挑战化为发展动力，创造中国冰雪旅游的新未来。

一、中国冰雪旅游产业面临的机遇

（一）冰雪文化氛围为大众冰雪旅游提供基础支撑

在北京冬奥会重大事件和人民群众冰雪消费需求的双重驱动下，政府、企业、社会和个人多方力量参与的国家冰雪文化战略已经成形，以冰雪旅游为重要产业依托的冰雪文化氛围日渐浓厚。虽然我国新疆阿勒泰是公认的人类滑雪起源地，但是古人滑雪的目的主要是狩猎和生存的需要，相比之下，现代滑雪运动起源于欧洲，更多是休闲娱乐的功能，我国现代冰雪文化落后于西方社会。近年来，我国出台了一系列宏观政策推动冰雪文化和冰雪产业发展，国家相关部委出台了《全国冰雪场地设施建设规划（2016—2022年）》《冰雪运动发展规划（2016—2025年）》《群众冬季运动推广普及计划（2016—2020年）》《“带动三亿人参与冰雪运动”实施纲要（2018—2022年）》《冰雪旅游发展行动计划（2021—2023年）》等系列相关政策文件，北京、河北、吉林、黑龙江等省份以省级党委和政府名义出台了促进冰雪旅游发展的相关意见，哈尔滨、长春、张家口、牡丹江、长白山管委会、承德、顺义、呼伦贝尔、乌鲁木齐等30余个城市出台了冰雪旅游专项规划或者涉及冰雪旅游的意见、专项规划。黑龙江省、吉林市、牙克石市等相继设立了全民冰雪日，推动冰雪休闲旅游的全民参与。北京市、张家口市、吉林市、沈阳市等启动了青少年普及冰雪系列活动，以青少年群体带动成年人参与冰雪休闲旅游体验。冰雪体验成为研学旅行重要选项，大众参与冰雪的文化氛围日渐浓厚。

（二）新产业空间为大众冰雪旅游提供规模支撑

新产业空间为冰雪旅游大众化从初级阶段向中高级阶段发展提供了支撑，未来区域层面的大空间与以城市为中心的小空间将实现协同发展，带动冰雪旅游实现规模化发展。《“带动三亿人参与冰雪运动”统计调查报告》显示，截至2021年10月，全国冰雪运动参与人数为3.46亿人，居民参与率达到24.56%，这为后冬奥时期我国冰雪旅游市场规模不断扩大提供了坚实的基础。在冰雪运动“南展西扩东进”战略持续引领下，冰雪旅游发展空间越来越大，冰雪旅游与其他产业融合发展成为新常态，大众冰雪旅游发展潜力巨大，根据中国旅游研究院冰雪旅游课题组测算，预计到“十四五”规划末期的2024—2025冰雪季，我国冰雪休闲旅游人数有望达到5.2亿人次，我国冰雪休闲旅游收入将达到7 200亿元[①]。

（三）新全球冰雪价值链重构为中国冰雪企业融入世界提供切口

中国以冰雪休闲旅游为核心的冰雪经济规模持续扩大，寒地冰雪产业链不断延伸，冰雪旅游与一二三产业融合发展势头显著，逐渐形成了“1+5+X”冰雪经济发展格局，其中，“1”代表冰雪休闲旅游，“5”是指以冰雪运动为基础、冰雪文创为引领、冰雪制造为支撑、冰雪康养为特色、冰雪度假型房地产为补充的冰雪经济五大支柱产业，“X”代表着冰雪研学、冰雪农业、冰雪演艺、冰雪会展、冰雪林业等特色产业。在我

① 韩元军.《中国冰雪旅游发展报告（2023）》核心观点［EB/OL］.（2023-01-05）［2023-01-06］.https://mp.weixin.qq.com/s/jzFSBg0qpsDsuSozQHRwDQ.

国超大国内旅游市场驱动下，为了满足国内游客的高品质冰雪休闲旅游需求，我国企业积极参与全球冰雪价值链重构，通过兼并、重组国外知名冰雪相关企业，满足游客冰雪旅游出行需要。复星旅文通过收购法国地中海俱乐部率先布局国内冰雪旅游高端度假市场，携程集团提出了国际化优先战略，以“友好中国”品牌大力推进入境旅游，参与国际冰雪旅游目的地竞争，安踏通过收购加拿大始祖鸟品牌进军冰雪旅游服装装备高端市场，2018 年 6 月，匹克全面收购瑞士奥索卡，全面进军冰雪市场，早在 2016 年安踏就取得日本高端品牌 DESCENTE 商标的所有类别产品的设计、销售及分销业务的资格，361° 更是早在 2013 年就与专注于越野和冬季运动的芬兰品牌 One Way Sport 合作，开发滑雪板、滑雪靴、滑雪杆、雪地轮滑等各类高端运动产品。

二、中国冰雪旅游产业面临的挑战

（一）冰雪政策的集成创新不足，内生增长的市场机制不健全

冰雪旅游正从体制完善走向机制构建。国家层面出台的涉及冰雪旅游的政策超过 14 项，内容涉及冰雪消费、国民健康、冰雪运动、冰雪器材装备、群众体育、场地设施、青少年冰雪参与、旅游等，河北、黑龙江、吉林、北京等重点省市出台了 22 项涉及冰雪旅游的产业政策。虽然冰雪旅游促进政策数量已经很多，但是由于冰雪旅游的综合性，还面临着冰雪文化氛围营造、市场培育、四季经营、产品创新、冬奥可持续利用等挑战，存在冰雪政策兼容性不足等问题，需要多个部门的政策衔接来解决。未来，要加快冰雪政策的集成创新，推动行业从政策红利向市场红利转变。

（二）冰雪旅游市场主体竞争力不强，冰雪产业链全球影响力不足

当前我国冰雪旅游产业基础还比较薄弱，冰雪企业存在着竞争力弱、连锁性品牌企业几乎空白、具有国际水平的冰雪运营企业缺乏、有国内外竞争力的冰雪旅游集团缺失等问题，从业人员流动性大，经营规模

和盈利水平相差悬殊。冰雪旅游企业不强与现有产业结构和产业绩效有关，以大型滑雪度假区为例，国内依靠冰雪旅游运营能够盈利的企业较少，大多数依靠商业地产等投资类产业盈利，从现有市场规模和潜力来看，中小型的冰雪项目反而具有吸引力和盈利能力。从投资来看，当前冰雪旅游投资主要投向了冰雪综合体等投资回报高的项目，运营类企业成长缓慢，未来需要加强专业化、品牌化企业的培育。冰雪旅游强的地区，要整合好产业资源，打造一批在冰雪景区开发、装备制造、冰雪文化创意、冰雪赛事、冰雪运动等冰雪旅游密切相关的产业链关键企业集团，占据世界冰雪旅游产业链高端。

（三）旅游目的地公共服务落后于产业发展需求，留住游客成为难题

随着游客消费需求多元化和品质化倾向显著，对于冰雪旅游目的地要求越来越高。很多地区通过重金打造冰雪吸引物，吸引了大批游客前往，但是，游客来了后，不再是单纯地观赏、体验冰雪项目，游客更倾向于体验冰雪旅游目的地独特的生活方式，但是因为目的地公共服务缺乏或者基础设施不足，却很难留住游客。

第四节　后冬奥时期中国冰雪旅游产业的发展方向

以冰天雪地也是金山银山理念为指导，用最严格的生态保护制度守护住冰天雪地的宝贵生态环境，以冰天雪地服务好广大人民群众的美好生活，让冰雪旅游、冰雪文化、冰雪运动、冰雪装备等成为冰天雪地转化为金山银山的支撑产业。

一、构建冰雪旅游大众化的冰雪普及机制

人民冰雪为人民，冰雪旅游、冰雪运动、冰雪文化等产业发展的初心是为了满足广大人民群众对于美好生活的向往，正如联合国世界旅游

组织在1980年《马尼拉宣言》中提到的，旅游是人的基本权利和长存的生活方式。未来，不能仅仅发展大型滑雪场、商业综合体等高端冰雪经济项目，更要利用城市公园、景区、乡村等开发冰雪娱乐园等大众项目，打造大众观光冰雪产品，同时，提升冰雪项目的交通便利性和价格惠民性。要降低冰雪运动的门票、器械、穿戴设备等经济成本以及交通不便产生的时间成本，让冰雪以更亲民的方式为大众所接受。

二、构建冰雪旅游品质化的产品创新机制

要不断完善冰雪经济的顶层设计方案，加快冰雪产业政策创新，用标准化和品牌化提升冰雪产品品牌质量。用好我国作为世界超大需求国家的市场优势，在冰雪旅游、冰雪装备、冰雪服装等关键领域占据全球价值链核心位置。在冰雪旅游方面，要构建主客共享的全域旅游目的地公共服务体系，提升冰雪旅游目的地的可进入性和舒适度，让游客在体验冰天雪地产品的同时，体验到温暖有品质的公共服务。在冰雪运动方面，要打造具有世界影响力的知名赛事品牌和民间冰雪运动品牌。要加强冰雪旅游、冰雪文化、冰雪运动、冰雪装备等融合发展，形成中国特色的冰雪融合发展道路。

三、构建冰雪旅游现代化的产业素质提升机制

要充分尊重现代冰雪产业发展规律，发挥科技、时尚、文化等元素对于冰雪经济的推动作用，开发一批让青年人爱玩、可玩、好玩的冰雪产品。要发挥冰雪旅游、冰雪运动、冰雪文化的示范带动作用，推进冰雪旅游与体育、科技、房地产、康养等协同发展。要以大数据、云计算、人工智能、现代仿生技术、纳米材料装备等科技为支撑，大力培育冰雪经济产业链，提升冰雪经济的全球价值链影响力，争取在冰雪旅游、冰雪机械制造、冰雪穿戴设备、冰雪文化等领域形成全球话语权。

四、构建冰雪旅游可持续化的长期发展机制

冰雪经济的发展是建立在良好生态环境之上的，正如习近平总书记强调，“要正确处理好经济发展同生态环境保护的关系，牢固树立保护生态环境就是保护生产力、改善生态环境就是发展生产力的理念”。未来要在保护好冰天雪地生态环境基础上，开发利用好冰雪资源，在保护中开发，在开发中保护，通过开发冰雪旅游筹措租金等方式，更好促进人与生态环境和谐相处。

第五节 后冬奥时期中国冰雪旅游产业高质量发展建议

尽管我国冰雪旅游实现了规模和效益的协同发展，但是，冰雪旅游发展依然面临着不少问题，制约冰雪旅游发展的政策瓶颈依然较多，亟须加快从政策红利向市场红利转变。很多冰雪场馆设施处于封闭管理状态，冰雪设施的公共服务效能依然不足，冰雪旅游便捷性、惠民性存在地区不平衡，大众冰雪旅游市场潜能需要进一步释放，现代冰雪旅游产业体系还未建立，冰雪产业链关键环节的国际竞争力不强。未来要以新发展理念为指导，立足新发展阶段，积极构建新发展格局，通过冰雪文化和冰雪旅游融合发展，进而引领全球冰雪旅游产业发展新趋势。

一、完善冰雪旅游发展顶层设计，加快产业政策创新

国家有关部门和地方政府要主动作为，在推动全民上冰雪、传承和创新冰雪文化、创新冰雪旅游产品上下功夫。积极设立“冰雪日”，每年以冰雪日为契机拉开全年冰雪活动序幕，将冰雪日作为撬动冬季旅游、冰雪经济的杠杆。抓紧制定冰雪旅游发展规划、出台促进冰雪旅游发展的意见。抓住东北振兴、西部大开发的机遇，落实国务院推动体育产业

高质量发展的意见，设立一批国家级滑雪旅游度假地、国家冰雪经济示范区、以冰雪为核心的国家体育旅游示范区，推动地方冰雪品牌建设。

加强冰雪旅游产业政策创新，在土地、税收、消防等领域给予冰雪企业有力度的优惠政策，激发冰雪创业热情和积极性，培育一批有实力的冬季旅游企业品牌，在消费领域，通过冬季免票、冬夏门票互惠等政策撬动大众旅游市场。积极推进冰雪旅游标准化、规范化，尽快制定冰雪旅游装备制造、滑雪旅游度假区安全管理和服务、冰场建设和管理、冰雪旅游信息化、冰雪旅游人才培训等标准化方案，以标准化、规范化提升冰雪旅游发展质量。

二、以高质量发展为引领，构建冰雪旅游品牌体系

设计国家统一冰雪旅游品牌标志标识和口号，构建一批东北寒地冰雪、内蒙古民族冰雪、新疆丝路冰雪、京津冀奥运冰雪等区域冰雪旅游品牌。形成冰雪旅游面、线、点有机结合工程，打造一批冰雪旅游目的地、冰雪旅游精品线路和冰雪旅游经典景区。以省（区、市）为单位，打造一批国家冰雪旅游示范区；形成若干地方特色突出的精品线路，包括京津冀奥运冰雪旅游线路、东北冰雪旅游精品线路、新疆丝绸之路冰雪旅游线路、内蒙古民族风情冰雪旅游线路等；打造一批依托传统村落、森林、湖泊、山地等形成的冰雪旅游经典景区。冰雪旅游统一标志标识，对于国内外客源市场开展冬季旅游推广，特别是对韩国、日本、东南亚等入境市场进行宣传。

三、加强冰雪旅游场景营造，进行冰雪目的地综合开发

改变现有冰雪景区单打独斗的模式，从注重景区打造和单个产品的开发向目的地综合开发转变，在冰雪小镇、冰雪村落、冰雪城市等空间单元中，通过有形的城市冰雪符号，比如冰雪酒店、冰雪商场、冰雪民

宿、冰雪照明设施等，打造冬季特色鲜明的城市符号，让游客能够体验冰雪旅游的童话、时尚、浪漫、速度、激情等元素。整合冰雪旅游目的地的旅游元素和生活元素，既要美丽风景，更要美好生活，在美食、购物、交通等方面率先实现品质、品牌和当地文化的深度融合，在图书馆、文化馆、博物馆、医疗康养机构等方面实现当地居民和游客平等分享，形成主客共享的利益分配机制。利用好现有的夏季景区资源，通过时尚、科技、音乐等元素赋能，通过门票免除、业态整合、亲子加入等方式引流，形成冬季新的热点。

四、发挥旅游企业在大众冰雪旅游市场开发中的主体作用

既要培育一批进入中国旅游行业前列的冬季冰雪旅游企业，更要发挥中小企业冰雪旅游创业热情，还要引进一批有实力的战略投资者进入本地冰雪旅游市场，让企业成为大众冰雪旅游市场的主角。发挥途牛、携程、美团等 OTA（Online Travel Agency，在线旅行社）企业在冰雪旅游大众化、普及化中的作用。既要发挥融创、万达、恒大等战略投资巨头在冰雪旅游综合体的龙头作用，更要发挥中小民营企业在城市周边或者城市中心商业区娱雪场所建造中的地位。携程集团启动“3 亿用户滑雪计划”，撬起冬季滑雪市场。马蜂窝旅游网启动热雪计划，推动滑雪旅游发展。冰雪资源富集地区要花大力气培育一批达到国际标准且与地方文化融合的、符合冬季旅游特色的酒店、民宿、景区、主题公园、餐厅等品牌。不能仅是引进、收购法国地中海俱乐部这类国外高端品牌，而是要形成一系列涉及“吃、住、行、游、购、娱”的具有中国特色的冰雪旅游市场主体和市场品牌。

五、构建完善的商业服务设施和规范的旅游市场秩序

在旅游中，行程中的美丽风景和周到的旅游服务同等重要。游客体

验影响着游客的满意度，调查问卷显示交通便利程度、安全状况、信息获取渠道、服务质量等成为影响游客体验质量的重要因素，安全和舒适是游客最关心的问题。天然的滑雪场多分布在山区，道路设施不便利，从客源地到目的地花费的时间较长，使得游客的可进入性差，影响游客的满意度。冰雪运动存在一定的风险性，我国的冰雪装备、安全措施与国外存在一定的差距，安全保障还处于薄弱阶段，需要更多的资金投入以提升安全服务。冰雪活动如赛事、民俗活动等通常持续时间较短，部分旅游目的地的宣传力度不足，使得游客获得信息的机会减少，也成为影响游客体验的因素。冰雪旅游目的地服务水平一直是游客关注的重点，服务设施的完善程度、服务人员的素质水平是评价目的地服务水平的重要因素，发展冰雪旅游要注重提升旅游目的地服务水平。要提升冰雪旅游景区的交通进入性、进入品质化、产品多元化、体验亲子化，让本地常态消费成为核心，让外来游客体验成为主要盈利点。要打造旅游目的地特色商业街区、网红孵化园区、美食广场，将食品、酒类产品和农林产品与冰雪旅游品牌捆绑营销。要积极构建现代化旅游市场治理体制，通过行政治理、企业治理、社会治理等方式显著提升冬季旅游市场治理能力。

六、以产业融合为依托提升冰雪旅游可持续发展能力

冰雪产业与其他产业相融合成为新趋势。要通过产业融合，特别是旅游与文化融合，形成差异化、品牌化竞争优势，改变产品同质化、价格战等竞争局面。冰雪旅游资源丰富的地区，要以冰雪资源为杠杆，撬动其他旅游资源协同发展，积极推进“冰雪+”旅游项目的整合，促进冰雪与非冰雪旅游资源协同发展，丰富冰雪旅游内涵，使冰雪旅游资源全方位展现出来。通过中国旅游研究院冰雪旅游专项调查显示，冰雪资源与运动项目（滑雪、滑冰、攀冰岩、雪地马拉松等）相结合，成为人们

最感兴趣的旅游产品。影视 IP（著名影视拍摄地、电影取景、综艺节目拍摄地、文学作品描述的场景地等）、民俗民风（冬捕、冬猎、民俗节庆活动等）、保健养生（温泉、SPA、瑜伽等）等项目也深受人们喜爱。因此，在发展冰雪旅游时要创新冰雪旅游产品，注重本地 IP 冰雪产品形象的塑造，开发出“冰雪+运动”“冰雪+美食+温泉”等特色的冰雪套餐。

七、以现代科技、文创助推数字冰雪品牌建设

紧扣文化遗产活化、城市复兴、乡村振兴、文旅融合、科技创新等主题，大力培育科技、教育、文创等，使其在冰雪旅游中迸发新动能。加强虚拟现实技术、人工智能、物联网技术、大数据等在冰雪旅游景区、管理系统中的应用，提升冰雪旅游行政管理效率，提高游客需求服务效率和满意度，提升企业智慧化水平。引导旅游业应用 5G、北斗导航、无人驾驶、语言识别、区块链、人工智能、增强现实等信息科学和工程技术，用增量投资激活存量资源。

第六章　中国冰雪文化发展报告

以服务人类生产活动为导向的传统冰雪文化在我国有着悠久的历史，伴随以健身、休闲、竞技为底色的现代冰雪文化进入我国，并在与传统冰雪文化的交融互动中，我国冰雪文化呈现出传统、现代、自然、人文等多元素交相辉映的立体化发展格局。北京冬奥会、冬残奥会的成功举办，开启了中国乃至全球冰雪运动的新时代，赋予了我国冰雪文化新的发展契机，系统梳理我国冰雪文化建设的实践成果，全面审视我国冰雪文化发展面临的机遇和挑战，并提出后冬奥时期冰雪文化高质量发展的建议，有利于为新时期我国冰雪文化建设提供理论支撑和智力支持。

第一节　中国冰雪文化建设的实践探索

我国在发展冰雪文化的实践中，呈现出了最初冰雪文化的创设性色彩和被动式发展的外在表征。以服务生产活动为导向的冰雪运动文化曾经为我国老百姓安居乐业作出了积极贡献，随着历史发展和社会环境的变化，具有浓郁休闲娱乐韵味的国外冰雪运动开始进入老百姓的生活，我国的冰雪文化迸发出本土与外来冰雪文化相融合的发展态势。

一、第一阶段：冰雪文化伴有创设性色彩

传统冰雪文化在我国由来已久。根据岩画记载，早在 1.2 万年前的旧

石器时代，我国新疆阿勒泰地区就出现过滑雪活动的印记，经多方考证，最终将新疆阿勒泰划为人类滑雪文化活动的起源地。进入唐代初期，也有相关文献记载当时滑雪的场景。《隋书》记曰："地多积雪，惧陷坑阱，室韦人，骑木而行。"深入刻画了生活在嫩江流域的室韦人为克服自然环境构成的威胁而创设性发明"骑木"作为工具的这样一种画面[①]。"骑木"实则为滑雪板发展的雏形，即双脚骑在绑有皮毛的木条上滑行。北方游牧民族之间的部落战争，掌握"骑木"这一技能的民族往往在行进的速度上占上风。闲暇时节，"骑木"转而为人们娱乐嬉戏而服务。我国的滑雪活动产生于原始社会末期，由于社会的落后，滑雪运动很难摆脱作为一种劳动工具来满足人们生产生活服务诉求的属性。由于部落间的频繁战事，加上自然气候的影响，该阶段，滑雪活动的内在价值被表浅形式所覆盖，未能获得长足发展[②]。

清朝时冰雪文化极为盛行。在清代，"冰嬉"从达官贵人到普通百姓都广为流传，随着时代变迁，"冰嬉"逐渐发展为"滑冰"这一专业用语。据考证，我国滑冰运动产生于今黑龙江以及吉林一带的满族。受环境气候的影响，寒冬时节，人们在茫茫雪原中的生产生活无比受限，人们使用兽骨打磨并敷于脚上的方式来抗拒大自然带来的行走不便，也就是俗称的"乌拉滑子"[③]。这实则是冰鞋早期的模型。文献记载，早在满族未入关之前，努尔哈赤曾在一次远征过程中被困，其部下使用"乌拉滑子"将其成功解救。入关之后，特别是在乾隆皇帝的大力倡导下，"冰嬉"活动的发展达到鼎盛。该阶段，"冰嬉"活动在继承原有军事价值的基础上进一步派生出娱乐和观赏功能，并朝着多元化的方向发展。

① 范靖国．我国古代的滑雪［J］．冰雪运动，1984（4）:63.

② 刘花香，贾志强，刘仁辉．中国冰雪运动文化的流变与当代建构［J］．体育文化导刊，2017（12）:13–17.

③ 黄世耀．我国古代的滑冰运动［J］．冰雪运动，1984（3）:68–69.

二、第二阶段：冰雪文化呈现被动式发展的外在表征

随着经济社会发展，从生产实践中孕育出来的冰雪文化在中国近代时期逐渐萎靡，甚至走向消亡。以清朝前期盛极一时的“冰嬉”为例，到了清朝中后期，特别是道光皇帝时期，滑冰活动不再为统治者所重视，已有的功能价值随着西方列强陆续坚船利炮的攻打愈显微乎其微。在这一时代背景下，曾达空前盛况的“冰嬉”活动逐步没落。其后的近百年中，中国冰雪运动发展近乎空白，尽管历史记载的诸如 1935 年在北京举办的华北冰上运动会、1943 年举办的延安冰上运动会，以及 1947 年在天津举办的冰上运动会依然清晰可见①，但是因为当时的社会动荡不安，培育文化的社会土壤遭到破坏，该时期的冰上活动犹如营养不足的婴幼儿，干瘪无生机。

相比冰上运动，滑雪活动的基础更加坚实，尽管生长方式不具古代时期由内而外的破壳力量，由外向里的打破方式却也使其获得成长的催生动力。清代后期，受鸦片战争的影响，国内时局动荡不安，经济基础遭到列强破坏，科技文化等关键领域失去发展的根基。同时期的西方国家在工业革命的影响下，滑雪运动蓬勃发展。1931 年九一八事变后，日本在黑龙江修建玉泉滑雪场。尽管明文规定，中国人不得使用滑雪场，然而，滑雪运动所带来的自由、新奇，改变了中国人的传统观念，为新潮的以娱乐休闲为底色的现代冰雪运动文化的形成奠定了基础。为此，该阶段，在外力的推动下我国滑雪运动文化呈现出被动式的发展态势。

三、第三阶段：冰雪文化朝着内生性方向演化

1949 年新中国成立，政府倡导恢复经济的同时，体育事业的发展逐

① 天津市体育将趋活跃［N］. 天津大公报，1946-12-27（5）.

步提上日程。1952 年 6 月，毛泽东同志在中华全国体育总会第二届代表大会上作了“发展体育运动，增强人民体质”的指示，这为新中国成立后体育事业的发展指明了方向。在这一纲领的指导下，1953 年我国举办了首届全国冰上运动会，这次比赛有三个项目：速度滑冰、冰球和（单人）花样滑冰，共有 219 名运动员参加竞争，场面蔚为壮观[①]。新中国成立后，滑冰不仅作为增进健康的运动方式受到大众关注，而且以“冰”为题材的艺术展演相继涌入群众生活。1963 年 2 月，哈尔滨人民开创了新中国第一届以冰雪艺术为内容的冰灯游园会。1978 年，党的十一届三中全会召开，会议提出了改革开放政策，旨在鼓励我国社会发展的各个领域采取“引进来”和“走出去”相结合的方针。在这一政策的引导下，我国的冰上运动开始踏出国门，走向世界的舞台。改革开放以后，我国奥委会正式恢复了在国际奥委会的合法席位，1980 年我国自行组织运动员赶赴美国普莱西德湖参加第 13 届冬奥会，这是我国冬季项目首次在国际舞台上亮相。尽管并未取得奖牌，却为后续我国参加国际性比赛积累了经验。1986 年，我国参加了在日本举行的第一届亚洲冬季运动会，我国运动员在男女单人滑项目上摘得数枚奖牌。十年之后，中国哈尔滨成功举办了第三届亚洲冬季运动会。洲际性比赛的热身为我国踏入国际性的比赛奠定了基础，1992 年在法国举行的第 16 届冬奥会上，我国实现奖牌零的突破，共摘得 3 枚银牌，且均来自冰上项目的速度滑冰和短道速滑。随着竞技比赛冰上项目的优势凸显，我国大众冰上运动的参与人数也逐步增加。该阶段，冰上运动展现了多样化特征，其文化内涵和外延涌现新的生机和活力。

雪上项目在新中国成立后开始逐步崛起并在世界竞技舞台上崭露头角。1951 年 1 月 24 日，吉林省举办了第一次全国性滑雪盛会。在特定的

① 韩丹. 冰上运动文化史述略：人在冰面上争得自由活动权史述［J］. 哈尔滨体育学院学报，1996，14（1）:1-4.

政治历史条件下，我国全面引进苏联编写的滑雪技术教材等，采取这种“引进来”的方式不仅推动了中国滑雪运动的发展，也为日后中国滑雪队伍的“走出去”奠定了基础。1998 年在日本举行的长野冬奥会上，我国自由式滑雪空中技巧项目的女运动员徐囡囡成功摘得银牌，实现了我国冬奥会雪上项目奖牌零的突破。该阶段，我国大众滑雪运动也开始兴起。

四、第四阶段：冰雪文化兼具内生与外生的发展力量

从 20 世纪末期开始，我国冰上竞技项目成绩越发突出。为实现竞技冰上运动和群众冰上运动的协同发展，推动我国冰上项目实现更大区域的开展和普及，国家体育总局提出“北冰南展”战略。在落实这一战略的过程中，南方一些城市建立了满足群众娱乐需求的商业冰上运动中心，数据显示，2003 年，广州市滑冰场馆的暑假接待量达 1 000 人次以上，截至 2014 年 4 月 30 日，国内营业的冰场总量达 101 座，分布在 24 个省（区、市）内，且主要集中在东部沿海发达城市，而北京的冰场数量在全国城市中独占鳌头[①]。2015 年，北京联合张家口共同举办 2022 年冬奥会、冬残奥会的消息落地之后，滑冰场馆建设步入高速发展阶段。北京冬奥会、冬残奥会带来了冰雪运动发展新的热潮，位于长三角地区的上海、杭州、宁波、南京、苏州、常州等地纷纷建设商业性滑冰场馆，通过引进高质量设施设备和高水平教练员，全面丰富滑冰产品和服务的供给。在 2022 年北京冬奥会以及消费转型升级的双重驱动作用下，以健身、娱乐、休闲为主导的滑冰市场正迎来新的生机。

从 21 世纪开始，我国竞技滑雪综合实力不断提升，带动了我国大众滑雪运动的发展。这一时期，滑雪的休闲、娱乐、健身等多重属性逐

---

① 观研天下.现阶段我国冰上运动市场发展格局情况[EB/OL].(2018-05-09)[2022-10-25]. https://market.chinabaogao.com/wenti/059335F62018.html.

渐被挖掘并转化为经济价值和社会价值。2001 年，北京郊区投资过亿元的滑雪场达到 13 家。在市场驱动下，“北雪南移”的速度逐渐加快，四川、湖北、云南等南方地区的滑雪场馆建设全面开花，上海、深圳等地利用沿海地缘优势，依托科技支撑，建设了不少室内滑雪场馆。2015 年 7 月 31 日，国际奥委会在吉隆坡正式宣布北京获得 2022 年冬奥会举办权，这一重大历史性事件全面改写了我国冰雪运动的发展历史，而中国奥运健儿在赛场上取得的 9 块金牌、15 块奖牌开创了我国冰雪运动发展的新纪元。为了迎接 2022 年北京冬奥会，我国先后实施了“南展西扩东进”空间扩展战略以及“三亿人参与冰雪运动”战略，各地通过冰雪规划、冰雪政策、冰雪赛事、冰雪旅游、青少年上冰雪、冰雪基础设施完善等举措大力发展大众冰雪经济，特别是，2022 年北京冬奥会的成功举办，展现了胸怀大局、自信开放、迎难而上、追求卓越、共创未来的北京冬奥精神，这为世界冰雪文化的发展作出了卓越贡献，从此开启了全球冰雪运动新时代，中国将为世界冰雪文化的传承和创新作出新的贡献。

第二节　中国冰雪文化建设的丰硕成果

近年来，我国冰雪文化建设取得了丰硕成果。具有中国特色的冰雪文化枝繁叶茂，新时代冰雪精神深入人心，冰雪精神浸润着祖国的大地，滋养着大众的精神文化生活。中国冰雪文化产业蓬勃发展，冰雪文化市场焕发生机与活力。以生产冰雪物质文化产品为主的制造商积极投入冰雪物质产品的研发生产，国产索道、国产雪蜡车、自主研发压雪机等基本实现了中国出品和中国制造。我国冰雪运动文化在全球的影响力也逐渐扩大，全球冬季运动新时代正式拉开了序幕，这将深刻改变世界冰雪文化生态圈的发展图景。

一、具有中国特色的冰雪文化枝繁叶茂，新时代冰雪精神深入人心

作为冰雪运动大国的新晋者，在北京冬奥会的驱动下，我国冰雪文化发展枝繁叶茂，硕果累累。北京冬奥会作为全球性的赛事活动，充分发挥了以传播弘扬冰雪文化为历史使命的重要作用，现代冰雪文化与中华优秀传统文化交汇融合，谱写出了具有中国特色的冰雪文化盛宴，冰雪自然景观与冰雪人文历史的交相辉映、冰雪传统经典与现代冰雪时尚的相得益彰，构筑了一幅美丽的冰雪画卷。以北京冬奥会为载体，赛场上运动员的矫健身姿和坚毅品质是在向大众呈现健康与果敢的冰雪精神，赛场外志愿者的热心服务和无私奉献是在向全球传递中国人民的热情与友好。事实上，北京冬奥舞台上传递出来的冰雪精神是这一盛大赛事留给我们的最宝贵的精神遗产，并将激励一代又一代的后来人。北京冬奥会、冬残奥会的筹办和举办，使奥林匹克理念和当代冰雪精神在中华大地上进一步落地生根，以冰雪为主题、文化为内容的多样化冰雪文化活动，营造了浓厚的冰雪文化氛围，北京冬奥会、冬残奥会传递出的冰雪体育文化深入人心，将潜移默化地改变着大众的生活。除此之外，冰雪文化和冰雪精神的普及遍及社区角落，近年来我国不同地区通过开展冰雪知识小课堂、搭建冰雪健身场地、冰雪明星进社区等方式，向社区群众普及和传播冰雪文化，旨在让新时代冰雪文化融入万千老百姓的生活，让冰雪精神化为引导广大人民群众行动的正能量。

二、中国冰雪文化产业蓬勃发展，冰雪文化市场焕发生机与活力

近年来，在北京冬奥会与“三亿人参与冰雪运动”目标的双轮驱动下，我国进入了由冰雪运动到冰雪全产业链升级的历史机遇期。以资本撬动冰雪文化繁荣已成为我国冰雪市场走向高质量发展的重要途径，以2021年融资为例，继滑雪硬件装备提供商奥雪文化在1月获得2 000万元

Pre-A 轮投资后，10 月再获数千万元 A 轮投资；而滑雪社交平台 GOSKI（去滑雪）继 2 月获得 2 000 万元 A+ 轮融资后，11 月再获 3 300 万元 A 轮投资；同样城市滑雪一站式空间 SNOW51（上海世诺企业发展有限公司）完成亿元级 A 轮系列融资；冰上运动培训和美育教育机构万域芳菲获得千万元级 A 轮投资；滑雪运动社交平台滑呗完成 4 000 万元 A 轮融资；滑雪服务平台去哪玩滑雪获得 1 500 万元天使轮投资；雪乐山滑雪完成 1 亿元融资[①]。以上投融资案例表明我国冰雪市场规模在不断扩大、市场主体焕发出新的生机与活力。除此之外，据国家税务总局统计，2022 年春节假期，冰雪运动带动全国冰雪体育用品、冰雪文化服务销售收入同比分别增长 32.4% 和 1.4 倍[②]。在北京冬奥会大背景下，中国冰雪会展业蓬勃发展，形成多个国内外知名冰雪会展品牌，如国际冬季运动（北京）博览会、中国吉林国际冰雪产业博览会、中国冰雪旅游发展论坛、哈尔滨冰雪节等，多种形式的冰雪博览会、交易会、展览会、论坛、峰会等不断涌现，全面带动冰雪文化、教育、科技、旅游等相关产业深度融合发展。

三、冰雪文化的影响力逐渐扩大，全球冬季运动新时代拉开序幕

作为史上项目和金牌数最多的一届冬奥会，北京冬奥会为最大化传播和弘扬冰雪文化影响力提供了绝佳契机。在冬奥会举办的百年历史长河中，北京冬奥会是史上收视率最高的一届冬奥会，在国际奥委会的官方社交平台上，全世界有超过 27 亿人次参与到北京冬奥会的相关话题讨

---

① 马莲红．高端滑雪品牌 SNOW51 融资亿元，全球增长最快冰雪市场呼之欲出［EB/OL］.（2021-04-24）［2022-10-25］.http://www.sportsmoney.cn/article/100871.html.

② 李童.【财经翻译官】冰雪流量翻倍 这个春节，你“嗖——”了吗？［EB/OL］.（2022-02-08）［2022-10-25］. http://www.xinhuanet.com/finance/2022-02/08/c_1128342916.htm.

论[①]，这是一场超越国界、超越种族等问题的全球共享的冰雪盛宴。主转播商奥林匹克转播服务公司（OBS）制作视频时长超过 6 000 小时，这一时长也创造了冬奥会的历史新纪录。多渠道、多平台的传播进一步提升了冰雪文化在全球的影响力，冰雪运动自带的“高冷”属性在人民的满腔热情中逐渐消融，“冰墩墩”“雪容融”的可爱形象走进大众视野，全球“一墩难求”商业现象正是冰雪文化融入大众日常、走入人们生活的具体表征。我国作为全球最大的冰雪运动发展初级市场，在全球冰雪产业增长乏力的大背景下，我国冰雪市场凭借冬奥契机，逆势崛起成为全球为数不多的增量市场，三亿多人参与冰雪运动的大事件创造了世界冬奥历史上普及冬奥文化知识、弘扬冬奥精神、推广冰雪文化规模最大、人数最多、效果最好、史无前例的奥林匹克文化教育活动，这也将深刻改变世界冰雪文化生态圈的发展图景和世界格局。国际奥委会主席巴赫对北京冬奥会给予了极高的赞誉：北京冬奥会将开启全球冰雪运动新时代。事实上，这是对我国发展冰雪运动和传播冰雪文化的高度赞赏与肯定。

四、冰雪文化繁荣发展，人民精神文化生活日益丰富

为筑牢冰雪经济发展基石，我国从冰雪文化演艺层面着手，先后拍摄并推出了一批以冰雪元素为主题的冬奥题材影视作品，其中涵盖纪录片、动画片、情景喜剧、偶像连续剧、综艺真人秀等不同形式，如《冰上时刻》《破冰少年》《超越》《冬奥一家人》《冰球少年》《中国冰雪大扩列》等。这些作品中有的以冰雪运动员拼搏奋进的个体形象来展示冰雪精神，有的以影像和文字交叠的方式唤起大众对我国传统冰雪文化的回忆与现代冰雪精神的认知，有的则通过场景叙述的方式向大众推介冰雪运动场馆和冰雪旅游景区，这种将人与物、幻想与现实、线上与线下相

① 陈姝. 云端冬奥会超 27 亿人参与冬奥互动［EB/OL］.（2022-02-22）［2022-10-25］. http://szsb.sznews.com/PC/layout/202202/22/node_A03.html#content_1167982.

结合的方式，不仅活化了冰雪文化，也为大众精神文化消遣娱乐创造了冰雪休闲产品。国家体育总局与电视台、广播电台、新媒体平台等合作，开设冰雪专栏，如在北京交通广播《一路畅通》栏目中通过冰雪知识问答的形式与听众互动，日均覆盖56万人次；与中国教育电视台4频道合作，推出冰雪专题节目；“中国冰雪”App于2020年底正式上线，提升了冰雪文化的社会影响力。除此之外，在北京冬奥会筹备过程中，我国积极推进城乡公共冰雪文化服务体系一体建设，深入实施冰雪文化惠民工程，推动中华冰雪优秀传统文化创造性转化、创新性发展，如建设中国崇礼冰雪文化博物馆等，为当代及子孙后代提供了丰富的“冰雪精神食粮”。在北京冬奥会之后，我国积极兑现冬奥场馆面向公众开放的承诺，陆续向公众开放五棵松冰上运动中心、首钢大跳台、北京“冰丝带”、崇礼“雪如意”等冰雪场馆，张家口也相继推出了20条文化旅游精品线路，其中的冬奥冰雪游以冬奥场馆、滑雪场等为节点，推出冬奥文化体验之旅、激情冰雪运动之旅、畅享冰雪欢乐之旅等线路。国家体育总局体育文化发展中心联合相关市场主体，在“双奥”开闭幕式场所——国家体育场（鸟巢）举办“辉煌·逐梦——双奥之路中华体育文化展”，以展示北京冬奥会、冬残奥会相关藏品、突显“双奥”历程与荣光，展现中华体育文化的源远流长、绵延不断、生生不息。文化展同期还举办一系列面向公众的配套活动，在提升冬奥遗产利用效益的同时，不断满足群众多元化的体育文化需求，传播凝心聚气的体育力量。

五、创造了多样化的冬奥文化遗产，带动了奥林匹克文化的传播

北京申奥成功以来，我国在冬奥文化设施建设、文化活动开展、文化产品制作、冰雪文化传播等方面积极作为，这些活动带动了全社会奥林匹克文化、冰雪文化的普及推广，形成了重要的北京冬奥文化遗产。为营造喜迎冬奥的浓厚氛围，展示城市文化特色，一方面，我国在19个省（区、

市）建设了43个冬奥文化广场以及一批冬奥示范社区，这成为后北京冬奥时期我国持续宣传奥林匹克精神和推广冰雪运动的载体平台；另一方面，北京冬奥组委以“健康·欢乐·活力”为口号，精心策划火种展示和火炬接力计划，通过火种展示、传统火炬传递和网络传递形式，传播奥林匹克理念，传递信心和希望。另外，北京冬奥会筹办以来，以冰雪运动和冬奥题材为内容的文艺作品通过短视频、影视剧、纪录片等形式不断涌现，2015年，冰雪运动和冬奥题材的短视频不足百部，2021年在抖音、优酷、今日头条等媒体客户端呈现的奥运主题和冰雪运动生活的短视频已经超过10万部。截至2021年，共有26部冬奥和冰雪运动题材的影视作品参加米兰国际体育电影电视节，有9部获奖，其中《北京冬奥会会徽宣传片》《冰雪之约》《冬奥伴童年》等5部影片获得了象征最高荣誉的“金花环”大奖。除此之外，我国还将特许商品赋予弘扬奥林匹克精神、提升北京冬奥会品牌价值的重要使命，将中国优秀传统文化融入特许商品设计研发，依托珐琅、花丝镶嵌、玉雕、剪纸等非物质文化遗产和传统工艺，开发出冬奥五环珐琅尊、冬奥金镶玉瓶、盘扣挂饰等特色商品[①]。其中，最为引人注目的北京冬奥会开幕式和闭幕式上呈现的“折柳寄情”“放飞和平鸽”“双线五环”“微火火炬”等多样化场景，以融会中国传统文化、现代文化、奥林匹克文化为一体的创意和新意，生动诠释了人类命运共同体建设与奥林匹克文化的一脉相承，为世界文化发展带来新的生机和活力。

第三节　后冬奥时期中国冰雪文化发展面临的机遇和挑战

立足于全球冰雪大市场与现实大环境，我国冰雪文化建设处于机遇和风险并存的阶段。人工智能、5G、区块链等数字技术已成为推动冰雪

① 北京冬奥组委总体策划部，北京体育大学．北京2022年冬奥会和冬残奥会文化遗产报告（2022）［R］．北京：北京冬奥组委，2022.

文化产业网络化、数字化、智能化转型升级的重要引擎，北京冬奥会开启的全球冬季运动新时代预示着我国以冰雪运动为主导的冰雪文化建设有了一个不断向上发展的局面。受国际局势影响，全球冰雪产业链发展面临着新的挑战。以电子竞技为代表的替代性产品对冰雪消费人群的分流，将对传统意义上的冰雪文化消费产生一定程度的挤压与冲击。

一、中国冰雪文化发展面临的机遇

（一）数字技术的崛起为冰雪文化产业转型提供新引擎

互联网、大数据、人工智能、5G、区块链等数字技术已然成为推动冰雪文化产业网络化、数字化、智能化转型升级的重要引擎，以数字技术为主导的冰雪游戏、冰雪视频直播、冰雪数字观展、冰雪数字教学等冰雪文化新兴产业逐渐成长为推动冰雪经济发展的新动能和增长点。第一，数字技术为扩大冰雪文化消费空间范畴提供有力支撑。当前智能终端和移动支付已经嵌入大众生活，为塑造便利的手机终端多场景冰雪文化消费方式奠定了基础，人们可以通过自助服务观赏云冰雪展览、云冰雪节目录制、云冰雪赛事，通过云冰雪购物来实现自我与外部世界的链接。这种数字技术搭建的智能化平台，让冰雪文化消费方式一改过去的单一线下渠道，转向线上线下并行的形式，不仅革新了冰雪文化的消费方式，也将深刻影响冰雪文化产业的转型升级。第二，数字技术为冰雪文化创业提供新手段。数字技术点燃了大众创新创业的热情，市场上集成了个体式、多人合作式、成规模式的多样化冰雪文化创造团体和组织，通过运用数字技术对冰雪资源进行全面挖掘和深度开发，“双奥之路”系列数字藏品的开发，以区块链技术赋能中国传统体育文化，拓展了传统体育文化的传播形式与传承深度。此外，将冰雪毛皮文化、冰雪建筑文化、冰雪制造文化与动漫游戏、创意设计、网络直播等不同产业形态深度融合，推动冰雪文化 IP 的转化，有利于最终形成集传统与现代、自然与人文等多元素于一体的冰雪大 IP，以数字化技术助力冰雪文化产品的内涵式发展和转型，为我国倾力打造具有国际影响力的数字冰雪文化品牌提供技术支持。

（二）双循环新发展格局为冰雪文化高质量发展增强内生性动力

双循环新发展格局要求将国内大循环作为主体，将激发国内消费和满足国内需求作为发展的出发点和落脚点。这在某种程度上对我国充分利用并发挥超大规模优势及内需潜力提出了一定的要求，也将倒逼我国包括冰雪产业在内的各个产业部门加快核心技术攻关，以期不断改变我国冰雪价值链很多环节长期处于世界低端的地位，重建现代化产业发展体系。当前我国基本具备发展冰雪产业内循环的基础性条件。一方面，从生产供给来看，我国具有最完整的产业发展体系，其中包括 41 个工业大类，207 个中类，666 个小类，作为联合国分类体系中工业门类最为齐全的国家，我国能够为构建现代化冰雪文化产业体系提供多要素支撑，如基础扎实的先进制造业能够为我国独立自主生产研发冰雪装备制造提供有效支持，通过减少对外部技术和发展环境的依赖，有利于为我国冰雪装备制造业走向自主创新的内涵式发展道路奠定基础。另一方面，从市场需求来看，我国经济快速发展和人口红利所形成的超大规模市场优势能够为我国冰雪文化消费输入大量人群。作为全球中等收入群体规模最大的国家，超大规模消费市场意味着超大规模的市场内需，这种强劲的内需极有可能转化为冰雪文化消费的主力军。事实上，我国以国内大循环为主，并不意味冰雪文化产业发展要完全脱离国际市场，而是通过冰雪文化产业的供给端改革，提高国内冰雪文化产业的供给质量，全力挖掘我国对冰雪运动、冰雪旅游、冰雪度假等的消费潜力，进一步畅通国内冰雪经济循环，在提高国内自我循环的过程中，形成更高水平的对外开放，为国内国际双循环奠定基础。

（三）社会主要矛盾的变化将推动冰雪文化产业强化供给侧改革

现阶段，我国社会主要矛盾已经转化为人民日益增长的美好生活需要和不平衡不充分的发展之间的矛盾。美好生活的内涵丰富且立体，不仅包含基础性的物质资本，也包括更高层次的精神文化需求，这既是社会文明进步的一种表现，也是人类需求方向性转移的一种表达，同时从侧面映射出当下人们对物质消费和精神生活有了更高级的期盼。这种来自市场消费端的变化将推动市场供给端作出系列调整，通过优化产品结构形成与消费端需求相适配的供给体系，满足大众多样化需求。事实上，我国社会主要矛盾的变化及产业结构的调整和完善，在间接性地引领我国大众消费意识和消费习性的转变，以旅游、休闲、体育比赛为媒介的文化（服务）产业消费日渐增强，人们的消费行为驱动集中在心理体验层面，消费体验过后能否在心理层面留下深刻痕迹，即能否让人产生获得感、幸福感、成就感将成为大众消费选择的重要决定因素。为此，进入新时代，冰雪文化建设要顺应广大人民群众对美好生活的向往，适应大众消费趋势的转型，在具体实践中要树立"以人民为中心"的理念，紧跟市场消费端的走势，强化供给侧改革，以丰富冰雪文化产品的有效供给为基础，以冰雪文化业态融合化、冰雪文化产品服务高端化和冰雪运营主体集团化为方向，以促进冰雪文化消费为根本，以完善冰雪文化产业体系为关键，提升冰雪文化产业的能级，最终目的是满足人民对冰雪文化的高品质需求，从而促进社会全面进步和人的全面发展。

二、中国冰雪文化发展面临的挑战

（一）国际形势的复杂性给我国冰雪文化高质量发展带来挑战

自 2008 年金融危机席卷世界之后，全球化发展出现了新的阻隔和变量，复杂的发展形势将严重威胁着世界贸易等多领域的要素流动，人类命运共同体建设迎来了新一轮的发展危机，事态的不确定性和不稳定性将成为影响我国冰雪文化发展的变量，冰雪文化的国际交流受阻、冰雪贸易出口的路径被切断、关键技术研发面临"失助"，作为全球最大的冰雪运动发展初级市场和新晋的冰雪文化发展大国，我国冰雪文化的高质量发展面临巨大挑战和不利影响，外部环境的不确定性将导致我国提升全球冰雪资源配置能力的速度放缓，国际冰雪体育赛事的举办与转播、国际冰雪合作项目的投资、我国冰雪资源市场的国际化等方面将进入发展的低谷期。进入后冬奥时期，为推动我国冰雪文化建设迈上新的台阶，不仅需要大力发展内循环，也需要来自国际企业、资本、经验、技术、人力等力量的注入和加持影响。

（二）现代冰雪运动文化基因在我国的土壤上扎根尚浅

文化作为产业发展的内核，为产业生生不息的活力提供了力量来源，是保证产品高质量供给的源泉。相较欧美国家持续恒久的冰雪文化发展历史，我国冰雪文化由于社会变迁导致出现了不同程度的断裂。作为农业文明古国，我国受自然气候环境以及生产作业方式的影响，具有冒险属性的滑雪活动在农耕文明社会中很难获得十分广阔的成长空间，滑雪的多样化功能终究湮没在历史发展的浪潮中。一直到近现代时期，冰雪运动作为欧洲等西方国家休闲体育文化的重要组成部分，逐渐从域外输入至中国，这种以娱乐为根本属性，以健身、休闲、竞技为底色的现代冰雪运动打破了我国对以服务生产生活的传统冰雪运动的认识，传统的以服务生产生活为主的冰雪运动被赋予现代的表现形式，焕发出勃勃生机。由于历史、政治、自然等多重要素的交互影响，我国冰雪运动的发展在历史长河中出现了不同程度的断层，这在一定程度上破坏了冰雪文化的发育基础，滑雪产业、竞技滑雪的生长土壤需要进一步深耕。

（三）可替代性产品对冰雪文化市场发展活力构成潜在“威胁”

结合服务经济理论的内涵，时间维度是制约服务业消费增长和高质量发展的刚性因子，如体育消费、旅游消费、冰雪消费等不同领域的消费均存在一定的等值替代性。当个体在某一时空范围内参与冰雪运动、体验冰雪文化等享受性消费时，受时间的硬性约束，该时空范围内个体无法参与到电子竞技、马拉松等其他体育运动中。为此，在有限的时空情景下，个体消费行为的选择将对产品和服务供给产生广泛而深刻的影响。在数字技术的大背景下，越来越多的满足不同年龄阶段需求的线上休闲产品和电子竞技游戏等进入大众视野，特别是在智能终端和移动支付的双重加持下，越来越多的人选择沉浸式的线上休闲产品和服务来寻找心理和精神上的慰藉。随着当前产业数字化水平的加速提升，冰雪体育产业所生产的产品和提供的服务也将发生巨大变化，线上竞赛、智能教学、虚拟冰雪等新产品、新模式和新业态将会对传统意义上的冰雪文化产业产生冲击。特别是“Z 世代”[①] 的崛起，这一消费群体成长的大环境中有着充裕的物质供给且赋予了他们繁多的选择，加速迭代的可替代性产品将给冰雪文化市场的发展活力带来一定的威胁。以当前火爆的电子竞技为例，中国作为全球最大的直播市场，从 2020 年开始，电竞市场以 7.6% 的复合年增长率持续增长，且预计到 2025 年中国游戏直播观众数将达到 2.675 亿人。随着参与电竞及其他网络游戏活动人数的增多，将意味着参与冰雪体育培训、冰雪赛事活动、冰雪健身运动、冰雪文化体验等时间受到一定程度的挤压和替代。如何妥善处理好新旧产品、服务的共生迭代关系，引导市场有序发展将成为后冬奥时期冰雪文化产业实现高质量发展的重要课题。

第四节　后冬奥时期中国冰雪文化发展路径

冰雪文化作为项目的基因、产业的源泉，对后冬奥时期我国冰雪经济体系构建具有重要影响。在全球冬季运动新时代的历史节点上，要积极赓续我国传统和现代冰雪文化血脉，萃取精华、赋予新意，推动中华

① Z世代，通常是指1995年至2009年出生的一代人，他们一出生就与网络信息时代无缝对接，受数字信息技术、即时通信设备、智能手机产品等影响比较大。

传统冰雪文化创造性转化和创新性发展。通过挖掘冰雪文化消费潜力、创新冰雪文化产业融合、加强冰雪文化交流互鉴、树立冰雪文化品牌发展战略，最终形成集传统与现代、本土与域外、自然与人文为一体的冰雪文化繁荣发展的美丽画卷。

一、传承优秀冰雪文化基因，为冰雪经济可持续发展注入持久动力

冰雪文化在我国自古有之，传承冰雪文化基因，推动中华传统冰雪文化创新发展，是后冬奥时期我国冰雪经济高质量发展的必然选择。第一，传承弘扬中华优秀传统冰雪文化。挖掘冰雪非物质文化遗产内涵，支持在冰雪非遗项目保护、非遗大数据平台建设、非遗传承人等方面提供财税金融支持政策，重点做好马拉雪橇、狗拉爬犁、冬季渔猎、抽冰猴、滑冰车、玩冰灯等传统冰雪体育大众普及和市场推广。重点挖掘古代毛皮冰雪文化、现代滑雪文化、渔猎文化、民族文化、农耕文化、温泉养生文化等元素，鼓励开发镶嵌冰雪元素的少数民族服饰、手工艺品、树皮画、石头制品等，对优秀传统冰雪艺术作品进行市场化开发。第二，创新性地运用新技术、新理念、新表达，传递冰雪文化精神。坚持高质量发展导向，扩大优质冰雪文化产品供给，强调科技赋能、数字驱动，支持5G、大数据、云计算、人工智能、物联网、区块链等在冰雪文化产业领域的集成应用和创新，建设一批冰雪文化产业数字化应用场景，加快冰雪文化产业数字化布局，重塑冰雪文化发展新模式。支持冰雪文化博物馆、冰雪场馆、冰雪景区景点、冰雪产业园区等开发数字化产品和服务，培育数字冰雪文化产业新型业态。大力培育冬季特色鲜明的滑雪文化，强化目的地建筑、游客中心、路灯、广告牌、商店等现代有形冰雪文化符号的打造，还可联合其他国家举办冰雪形象大使、冰雪演艺、冰雪服饰、冰雪探险、寒地新能源车竞速等国际比赛，提高现代冰雪文化吸引力。

二、挖掘冰雪文化消费潜力，稳固冰雪文化市场繁荣基础

以促冰雪消费稳住冰雪经济基本盘，推动冰雪文化消费持续恢复和升级，增强冰雪文化消费对经济发展的推动作用。第一，抓好政策落实，稳住更多冰雪文化消费服务市场主体，促进冰雪文化消费市场有序恢复。围绕保冰雪文化市场主体加大助企纾困力度，支持各地结合实际依法出台针对冰雪场馆及相关文化企业的税费减免等措施，落实促进冰雪文化行业恢复发展和帮扶中小微企业、个体工商户纾困发展有关政策，发挥行业协会、商会作用，为中小微冰雪文化企业提供个性化、定制化帮扶服务，切实纾难解困，不断壮大冰雪文化行业市场主体。第二，积极探索冰雪文化消费试点工作，推动冰雪文化消费试点地区通过打造定制、体验、智能、时尚冰雪消费新模式新业态，开拓体验式、互动式、沉浸式冰雪文化消费场景，通过发放冰雪文化消费券、推出冰雪文化消费节，组织冰雪装备用品、冰雪体育场馆、冰雪教学培训、金融保险等企业，每届冰雪消费季期间集中推出优惠让利、免费体验、消费补贴、赛事引领等内容，更好满足人们日益增长的对冰雪文化消费的需求。第三，加强冰雪消费权益保护。加快冰雪文化消费领域标准化体系建设，持续开展冰雪器材装备、冰雪设施设备、冰雪场所开放、冰雪营地建设、管理和服务等标准的制修订工作。加强冰雪市场监管，加大对冰雪市场违法违规经营行为的打击力度，规范冰雪市场秩序。完善冰雪消费维权方式，联动多方主体，充分发挥消费者协会等相关组织的功能作用，帮助消费者提升维权意识，依法保障消费者的正当合法权益。

三、加快冰雪文化产业融合，推动冰雪文化产业走集约化内涵式发展道路

推动冰雪文化产业与相关产业的深度融合，创新冰雪文化发展新产

业新业态新模式，形成多模式推进、多主体参与、多机制联结、多要素发力的新格局，引领冰雪文化产业走集约化内涵式发展道路。第一，推动冰雪产业融合发展必须发挥好各类冰雪文化市场主体的独特优势，支持冰雪文化企业以市场为导向，通过合资、联合、并购等方式增强资本实力，扩大经营规模，形成一批创新能力和品牌影响力突出的冰雪行业领军以及多元化经营的大型冰雪文化企业集团；同时在冰雪细分领域打造一批专精特新冰雪文化“小巨人”和冰雪“单项冠军”文化企业。第二，依托现有冰雪产业园区，以全产业链思维投入知识技术密集型的生产性服务，构建开放、协同、高效的平台载体，使冰雪研发技术产业化、研发服务全球化，聚集研发、制造、销售各产业环节，最终形成集冰雪制造与服务功能的产业链集合的冰雪文化产业集群。第三，积极探索推动冰雪文化产业融合发展示范区建设。全面整合各类资源要素，以创新为着力点，立足区位条件、资源禀赋和产业特征，探索符合当地实际的冰雪产业融合模式，最终形成具有示范、支撑、带动作用的冰雪产业融合发展示范区。第四，推动冰雪文化产业与城市更新相融合。将冰雪文化产业发展纳入地方发展规划及旅游兴疆、东北振兴、京津冀协同发展等发展战略中，全面推动冰雪文化产业与城市更新、发展的互融共生，真正实现“以产促城、以城兴产”。

四、加强冰雪文化国际交流，翻开世界文明交流互鉴新篇章

新时期我国应以更开放的态度、更优惠的福利、更灵活的举措，吸引欧美日韩等冰雪文化发展强国的冰雪投资人到中国投资办冰雪文化实体，要突出与“一带一路”沿线国家和地区、周边邻近国家开展合作交流，通力构建民心相通的“冰雪之路”，开展“一带一路”跨地区、跨国境冰雪运动竞赛与交流活动，进一步推动“一带一路”在域外地区的再挖掘、再实践。积极提炼传统冰雪文化、现代冰雪文化的共同价值，向

国际展示中国冰雪文化的独特魅力。发挥好境外自媒体平台的信息传播功能，推介好高品质的国际冰雪文化产品，讲好新时代中国冰雪故事。发挥海外侨胞、华人及相关组织的纽带作用，促进各国冰雪文化互鉴、共建。积极建设国际冰雪文化体验点，通过场景设计和开发，将代表性的冰雪特色学校、冰雪博物馆、冰雪场馆等常态化冰雪场所打造成国际消费者喜爱的景点。

第五节　后冬奥时期中国冰雪文化高质量发展建议

要按照体育强国和文化强国建设的要求，积极贯彻新发展理念，深度融入新发展格局，树立以人民为中心的价值取向，以高质量发展统揽冰雪文化发展全局，统筹推进群众冰雪运动、竞技冰雪运动、青少年冰雪运动、冰雪产业、冰雪文化、冰雪旅游休闲、冰雪体育制造等协调发展，构建更高水平的冰雪文化公共服务体系，健全现代冰雪文化经济体系，推动各类冰雪文化市场主体发展壮大，培育新型冰雪文化业态和冰雪文化消费模式，以高质量文化供给增强人民的获得感、幸福感，提升冰雪文化产业治理体系与治理能力的现代化水平，为我国建设体育强国、文化强国贡献冰雪力量。

一、以新发展理念为指导推进冰雪文化高质量发展

推动我国冰雪文化高质量发展需要坚持创新、协调、绿色、开放、共享五大发展理念，实现创新发展。第一，创新冰雪文化的内容呈现、传播渠道、服务方式等，积极推动冰雪文化建设与信息技术深度融合，以科技手段塑造冰雪文化新样态，形成集传统与现代、自然与人文等多要素于一体的丰富的冰雪文化产品体系；创新传播形式，丰富阵地载体，构建以报纸、杂志、广播、电视、小视频为手段的联合自媒体、新媒体、

传统媒体等多渠道为主导的立体化传播体系；以现代化技术为冰雪公共服务赋能，创新冰雪文化公共服务的方式方法，便捷大众对冰雪文化的感知与获得。第二，积极解决我国冰雪文化供给区域不充分、不平衡等问题。针对当前我国冰雪文化供给在南北区域和城乡之间存在的差距，需加大对失衡地区的人才、技术、资金等资源要素的投入，通过强化“南北交流”“城乡对话”等措施推动我国冰雪文化协同发展。第三，以绿色、健康理念引领冰雪文化可持续发展。一方面要以绿色、低碳、环保为基本遵循，尽量减少冰雪建筑、冰雪制造的高耗能、高排放、高污染等造成的环境问题；另一方面要利用冰雪影视、冰雪人物、冰雪艺术向大众讲述冰雪精神，弘扬社会正能量，引导人们形成健康向上的价值取向。第四，以更高层次的开放力促中国冰雪文化走出国门，用好国内国际两种市场、两种资源，推动冰雪文化交流互鉴。第五，以全民共享冰雪文化盛宴为基本宗旨，多措并举推动冰雪运动、冰雪文化、冰雪展演等走进千家万户。

二、以供给侧结构性改革为主线推动冰雪文化高质量发展

冰雪文化产业供给侧结构性改革的目标就是要从生产端强化冰雪文化产品和服务的优质供给。第一，要强化冰雪文化产品和服务的多元供给，培育多元化冰雪文化产品生产主体，在鼓励社会力量参与生产和制造冰雪文化产品及服务的过程中，政府、企业、社会组织建立行之有效的合作机制，共同推出满足市场需求个性化、多样化的冰雪文化项目和产品。第二，创新冰雪文化产品和服务的供给方式，以市场消费需求为导向，在生产冰雪文化产品的过程中，充分融入 VR、5G 等科技含量较高的元素，改变传统的冰雪文化供给方式，充分突出冰雪文化产品的体验感和时尚潮流感，从供给端给予冰雪文化消费者有效引导。第三，扩大冰雪文化产品和服务的有效供给，在 2022 年北京冬奥会和消费转型升

级的双轮驱动作用下，我国冰雪文化消费市场需求规模正不断壮大，需进一步扩大冰雪文化产品和服务的供给，支持不同地区因地制宜建设室内和室外的冰雪运动体验场馆，引进冰雪文化专项人才，在扩大有效供给的同时，提高冰雪文化产品和服务的供给质量，力求提升冰雪文化市场供给端和需求端的适配性，以不断满足人民日益增长的冰雪文化的多样化需求。

三、以构建现代化冰雪文化体系为导向推动冰雪运动高质量发展

要积极推动冰雪文化的实体产业与5G、区块链、互联网、大数据、智能技术的深度融合，构建以低碳、环保、智能化、互联网化为基本属性的现代化冰雪文化产业体系。以推动冰雪文化产业高质量发展为主题，以深化供给侧结构性改革为主线，以文化创意、科技创新、产业融合催生冰雪文化产业发展新动能，提升冰雪文化产业链的现代化水平和创新链效能，不断健全现代冰雪文化产业体系和市场体系。发展冰雪文化产业要植根于我国优秀的传统冰雪文化资源禀赋，打造集冰雪节庆文化、冰雪赛事文化、冰雪运动文化、冰雪旅游文化于一体的优势组合，形成上下延伸、产业互渗的规模效应，推动冰雪文化产业与现代服务业的融合共生。同时，要加强冰雪文化产品和要素市场建设，发挥我国超大规模市场优势和内需潜力，实施冰雪文化产业数字化战略，壮大冰雪数字创意、冰雪网络视听、冰雪数字出版等产业。开发冰雪文化创意产品，扩大冰雪文化的中高端文化供给，推动冰雪运动的现代服务业发展，不断扩大优质冰雪文化产品供给，更好满足人民多样化、多层次、多方面冰雪文化需求。

四、以完善体制机制为保障推动冰雪文化高质量发展

推动冰雪文化的高质量发展要充分发挥市场对资源的调配作用，根

据冰雪文化市场结构变化，调整冰雪产业市场行为，提升整体的市场绩效，有效发挥市场机制在提升冰雪文化产业的社会效益、经济效益方面的作用。创新政府的宏观调控方式，补齐市场失灵的短板，针对市场无力调节的方面，实施有效干预，以防止冰雪市场失灵导致社会秩序混乱，扰乱经济运行的正常节奏，起到维护冰雪经济健康运行的保障作用。协调各相关部门对冰雪运动产业进行政策、资金、税费、用地、人才等方面扶持，继续完善冰雪文化公共服务体系。加强冰雪文化行业组织建设，发展文化中介服务，构建以信用为基础的冰雪文化市场新型监管机制，完善以高质量发展为导向的冰雪运动、冰雪文化经济政策，深化市场综合执法，进一步整合冰雪文化产业发展的市场综合执法队伍，让冰雪文化市场环境更加健康有序，努力打造冰雪文化产业良性发展生态圈。

Ⅲ 行业分析篇

第七章 中国滑雪产业分析

2022 年 2 月 7 日，北京冬奥会高山滑雪项目在北京市延庆区国家高山滑雪中心顺利开赛。回想 1996 年，中国第一家大众滑雪场——黑龙江亚布力风车山庄对外营业，但滑雪者却寥寥无几。经过 20 余年的发展，我国已经成为全球增长最为迅速的滑雪市场，拥有超过 700 座室内外滑雪场，并且成功举办了世界上规模最大的冬季体育赛事——冬季奥林匹克运动会。2015 年北京成功申办冬奥会、冬残奥会以来，我国滑雪运动快速发展，“三亿人参与冰雪运动”的愿景已经初步实现，市场主体与消费规模不断壮大，产业分工逐渐完善，产业链条初步形成。本章聚焦中国滑雪产业的发展，通过典型案例分析，结合发展所面临的机遇与挑战，勾勒出中国滑雪产业链条的发展图景，为后冬奥时期我国滑雪产业高质量发展提供理论支撑和实践指导。

第一节 滑雪产业发展现状

欧洲是现代滑雪产业的发源地。二战后伴随着西欧经济快速恢复，山区城镇化水平不断提升，加之索道运输技术的革新，使得滑雪度假旅游成为冬季阿尔卑斯山地区的一种重要经济模式。滑雪产业是融合了体育产业、旅游产业、度假产业的综合性业态，产业链条涵盖范围较广。尽管现代滑雪产业在中国起步较晚，但在国家政策的大力扶持下，经过多年的发展，我国滑雪产业已经形成了独具特色的发展模式。

一、国际滑雪产业发展现状

18世纪中后期，工业革命以及城市化的发展催生了城市富裕人群到山区度假的需求，曾经一度被视为贫瘠的阿尔卑斯山区成为贵族休闲康养的天堂。首届冬奥会举办地——法国夏慕尼小镇曾经就是一个夏季的康养胜地，直到19世纪末，滑冰滑雪等冬季运动才出现在度假村内[①]。滑雪成为一项运动，需要经历从“生产性”到“娱乐性”的演变，早期的高山滑雪运动起源于军事性以及交通属性的越野滑雪，而后者则主要是北欧地区居民一种古老的生产生活方式。真正促使滑雪成为一项普及化的运动，是因为滑雪缆车技术的革命。正如欧洲学者研究表明，“使用机械上坡运输设备是滑雪发展为大众运动的先决条件”[②]。1935年法国波马索道集团创始人发明了更加便捷的固定式拖牵索道，使得运输效力直接翻倍[③]，新式拖牵设备逐渐在各个雪场普及，极大提升了运输效率，提高了雪场的承载力。随后，能够自动“脱落”的现代滑雪板也开始普及，使得滑雪运动的安全性以及趣味性进一步提升，伴随着中产阶级以及消费群体的壮大，在冬奥会电视转播的宣传下，滑雪运动迅速走进千家万户。滑雪缆车、滑雪服装、滑雪用具、滑雪器材等行业迅速崛起，同时专业的滑雪教育培训也逐渐兴起，最著名的当属成立于1945年的法国滑雪学校ESF，其目前在全世界250多个雪场设有办公室，并拥有17 000名滑雪教练。

同时，强大的市场需求推动滑雪场设备制造的专业化分工，包括造

---

① 叶茂盛，刘波，王福秋，等.阿尔卑斯地区滑雪场的发展历程与启示［J］.沈阳体育学院学报，2020，39（5）:74-82.

② König，W.Bahnen und Berge.Verkehrstechnik，Tourismus und Naturschutz in den Schweizer Alpen 1870-1939［M］.Germany：Campus Verlag，Frankfurt，2000.

③ 叶茂盛，周丹，张伟，等.法国滑雪场发展历程与启示研究［J］.沈阳体育学院学报，2018，37（5）:35-41.

雪设备、供水供电系统、压雪设备、安全救援设备等制造企业快速发展。从20世纪70年代开始，欧美国家迎来了滑雪场建设的热潮，除了滑雪制造业外，滑雪场规划设计、滑雪旅游服务、滑雪票务、滑雪地产、滑雪酒店、滑雪交通运输等业态也随之兴起。进入21世纪后，随着互联网以及信息技术的发展，滑雪产业也经历了一场数字化变革。今天的全球滑雪产业已经将数字技术、物联网与互联网技术广泛应用。

二、中国滑雪产业发展现状

中国滑雪产业起源于20世纪90年代中后期，历经市场萌芽期（1995—1999年）、初步发展期（2000—2010年）、快速扩张期（2011—2015年）、高质量发展期（2015年至今）。从2010年开始，外资公司以及房地产企业进军滑雪市场，开启了我国滑雪产业的增量发展时代，中小型滑雪场也迎来建设热潮。2015年成功申办冬奥会后，我国滑雪产业发展被纳入国家以及地方的战略规划中，具备了良好的政策发展环境。随着居民消费水平提高，以及生活方式发生变化，滑雪运动走进了千家万户。根据《2021—2022中国滑雪产业白皮书》①，全国共有处于实际营业状态的滑雪场692座，全年滑雪人次达到2 154万次（见图7-1）。在新冠肺炎疫情影响下，一些中小型滑雪场经营困难停止营业，同时一些处在气温临界值的户外滑雪场也因面临不稳定的市场条件，从而选择策略性停业。截至2022年4月30日，全国处于营业状态中的室内滑雪场有42座，占全部雪场692座的6.07%，贡献了全国2021—2022雪季滑雪人次的15.92%。

① 伍斌.2021—2022中国滑雪产业白皮书［R/OL］.（2022-07-29）［2022-09-16］. http://vanat.ch/publications.shtml.

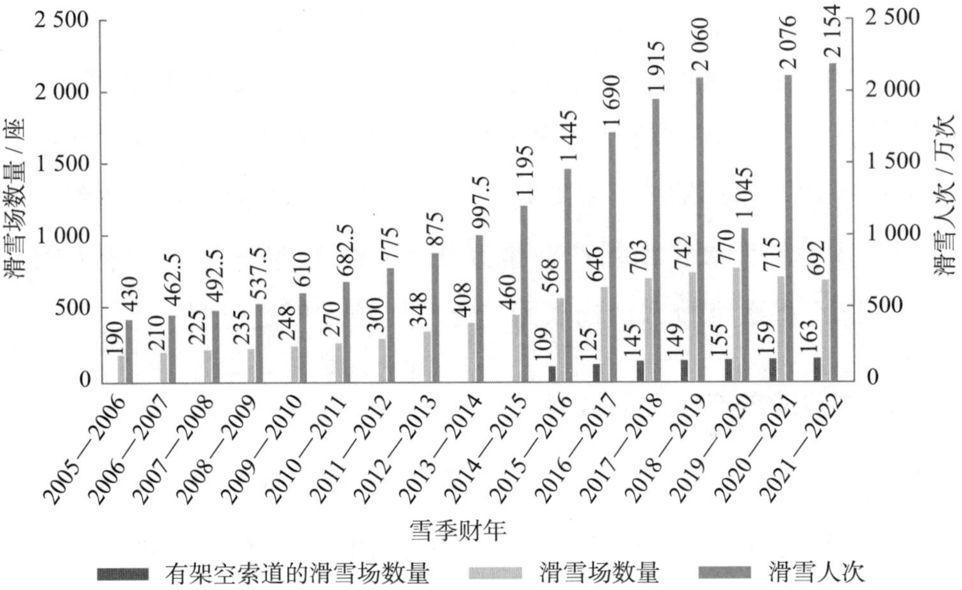

图 7-1　我国处于营业状态的滑雪场数量及滑雪人次统计

数据来源：伍斌，《2021—2022 中国滑雪产业白皮书》，2022。

第二节　中国滑雪产业链分析

以筹办北京冬奥会为契机，一大批改造或新建的冬奥训练和比赛场馆落成，不仅有力保障了冬奥会的成功举办，也为后冬奥时期推动滑雪产业发展提供了坚实的物质基础。随着冬奥会红利持续释放，各地紧抓时代机遇，一大批滑雪场（馆）如雨后春笋般涌现，吸引众多滑雪体验者转化为滑雪产业消费主力，助推产业链条不断完善，市场消费潜力持续释放。本节通过介绍我国滑雪产业图谱，将滑雪产业链中各种主体进行分类，并结合滑雪产业链整合结构图，对我国目前滑雪产业各市场主体进行分析。

一、中国滑雪产业图谱及链条解读

产业链是我国本土化的一种概念，最早起源于 20 世纪 80 年代初期对农业产业化的研究，后来逐渐延伸到工业与服务业领域。从产业关系的角度来看，产业链是具有内在联系的产业集合或产业联系的结构状态；从组织的角度看，产业链是基于分工经济的一种产业组织形式，表现为一种以供需关系为基础的分工合作关系。

滑雪者与滑雪场馆是滑雪产业的双轮驱动因素，其中滑雪场馆是核心供给方，滑雪者是主要需求方，整个滑雪产业可以理解为“帮助滑雪者到达滑雪场馆进行滑雪活动的全部经济行为”。滑雪者的需求促使行业供给提质，优质供给又反过来促进需求，从而实现产业链的协同发展（见图 7–2）。

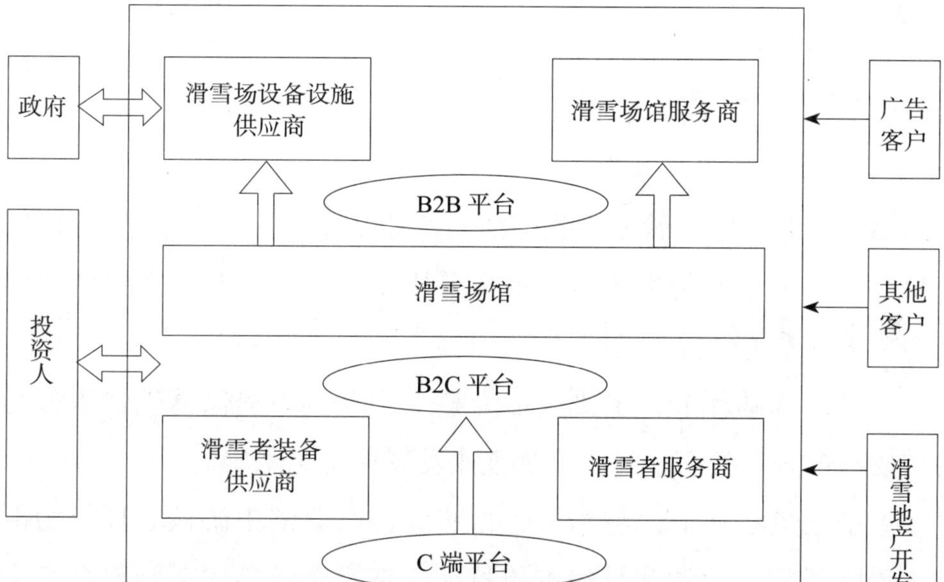

图 7–2　我国滑雪产业图谱[①]

① 杨千河，伍斌.从滑雪产业图谱看中国滑雪产业发展路径［J］.河北大学学报（哲学社会科学版），2020，45（5）:116–124.

（一）滑雪场（馆）是整个滑雪产业的龙头，带动滑雪制造业以及服务业发展

滑雪场（馆）是滑雪产业发展的引擎，是大众滑雪运动消费的核心场所，在整个产业链中具有先导性和决定性作用。滑雪场（馆）为滑雪场设施设备供应商、滑雪场馆服务商、滑雪者装备供应商、滑雪者服务商的发展提供动力，并为滑雪赛事、广告传媒、教育培训等衍生行业提供要素基础。

（二）滑雪者是支撑整个滑雪产业发展的力量源泉

滑雪产业最终的服务目标是满足滑雪者的需求。滑雪者在参与滑雪运动的过程中，会产生诸如个人装备、教学、社交、娱乐、交通等多种多样的个性化需求，互联网以及数字经济的发展又催生了新的滑雪服务需求，倒逼供给端提升滑雪服务产品的多样性，不断进行技术革新，从而推动整个滑雪产业高质量发展。

（三）滑雪产业链条分析

如果从产业上中下游分析我国滑雪产业链条，应包括上游基础环节、中游核心环节、下游衍生环节，本文采用车雯构建的我国滑雪产业链整合结构图进行系统分析（见图 7–3）①。

（1）上游基础环节，主要包括为整个产业链条提供基础性服务与供应的雪场与个人装备商，为中下游企业发展奠定了基础。

（2）中游核心环节，与图 7–2 相照应，产业链中游核心环节为滑雪场馆，反映了滑雪运动项目的本质特征，在整个链条中起到整合与主导的作用。

（3）下游衍生环节，是由核心环节衍生出的价值增值环节，主要以满足消费者需求的服务商为主，教育培训、旅游、装备服装、社交媒体、住宿、餐饮增值服务推动了产业链的价值延展。

① 车雯．滑雪产业链整合的驱动因素与作用机理研究［D］．济南：山东大学，2021.

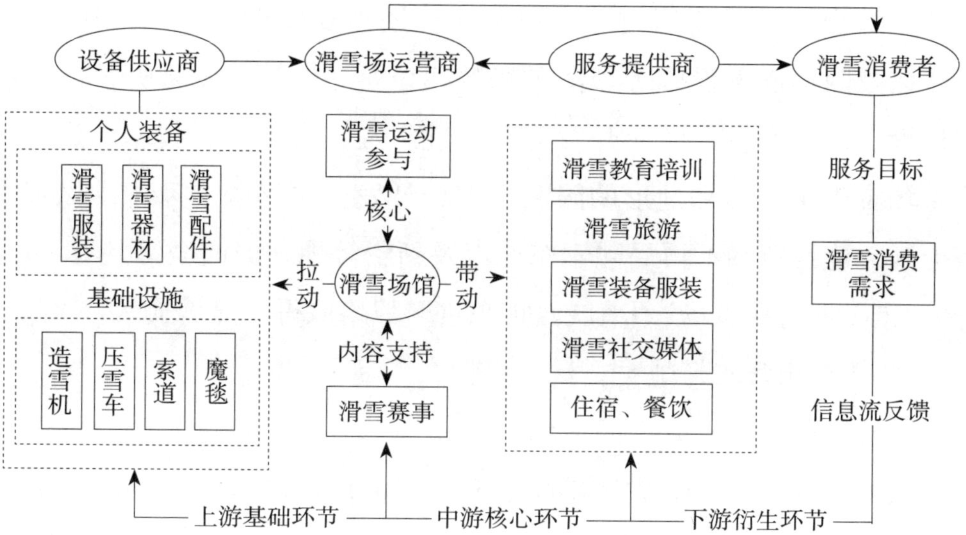

图 7–3　我国滑雪产业链整合结构图

二、滑雪场地建设及运营

（一）滑雪场地分布影响因素

目前我国室外滑雪场主要分布在黑龙江、山东、新疆、河北等北方地区，滑雪场分布主要受地形、气温、经济、城市、交通因素影响[①]。滑雪场是滑雪产业的核心，而滑雪场的建设是一个较为复杂的工程。通常来说，建设滑雪场需要考虑自然资源与市场资源两大因素。

自然资源因素包括山体落差、坡度坡向、水文因素、日照因素和气温因素。

市场资源因素包括临近主要城市距离，公路、铁路、航空通达性，辐射区域人口可支配收入水平，地区滑雪运动普及率，以及辐射区域人口年龄结构。

由于雪场通常远离城市，基础设施的建设是雪场开发中最大的成本

① 王金伟，郭嘉欣，刘乙，等．中国滑雪场空间分布特征及其影响因素［J］．地理研究，2022，41（2）:390–405.

之一。综合性滑雪度假村（小镇）往往还需要建设配套的酒店、公寓、餐厅以及附属服务设施等。滑雪场的建设是一个涉及土地开发、基础设施建设、地产开发、商业开发等综合性工程。人工造雪技术的进步使得滑雪场突破了资源和地形的限制，雪场开发不再局限于寒冷地区或高海拔地区，建设范围不再局限于东北以及新疆等地，当前全国共有29个省（区、市）拥有滑雪场，“南展西扩东进”战略取得了显著成效。

（二）我国滑雪场地类型及分类标准

1. 按行业标准分类

黑龙江省是最早建设滑雪场的省份。2001年黑龙江省质量技术监督局发布的《旅游滑雪场质量等级标准》（DB23/T 125—2001），成为我国第一部专门针对滑雪场的质量标准。该标准首次根据设施与服务水平将滑雪场划分为S、SS、SSS三个等级。2005年国家体育总局发布《体育场所开放条件与技术要求 第6部分：滑雪场所》（GB 19079.6—2005），该标准率先对我国滑雪场所开放应具备的基本条件和基本技术进行了规定，对雪道、索道、从业人员资格、卫生环境等方面作出了强制性要求。滑雪场在体育部门的分类主要以其能承办的滑雪赛事级别为标准，在旅游部门主要以服务规模和质量为标准。2021年文化和旅游部发布《滑雪旅游度假地等级划分》（LB/T 083—2021）行业标准，首次对旅游度假地进行定义，将滑雪旅游度假地划分为国家级滑雪旅游度假地和省级滑雪旅游度假地，并对滑雪旅游度假地的空间组成、滑雪旅游资源、规划建设、滑雪旅游设施及配套系统、旅游综合服务、区位交通、其他旅游配套基础设施、管理与安全保障等方面作出具体规范，目前该等级评定工作已经在全国有序开展。

2. 按架空索道分类

通常滑雪场以是否有架空索道作为衡量雪场规模以及效率的指标[①]。

① 杨千河，伍斌．从滑雪产业图谱看中国滑雪产业发展路径［J］．河北大学学报（哲学社会科学版），2020，45（5）:116-124.

如表 7–1 所示，近年来我国滑雪场的质量以及规模显著提升。截至 2022 年 4 月 30 日，我国共有 163 座有架空索道的滑雪场，集中分布于河北、吉林、黑龙江三省[①]。相比于普通架空索道，脱挂式索道有着更高的运行速度以及更大的载客量，是滑雪场承载力的重要指标。截至 2022 年 4 月 30 日，我国拥有脱挂式索道的雪场数量已经达到 30 座，但占全部滑雪场的比重仍然较小，存在较大提升空间。

表 7–1 我国滑雪场索道建设情况

核心指标	2015—2016 年	2016—2017 年	2017—2018 年	2018—2019 年	2019—2020 年	2020—2021 年	2021—2022 年
滑雪场数量（座）	568	646	703	742	770	715	692
有架空索道的滑雪场数量（座）	109	125	145	149	155	159	163
滑雪场架空索道总数量（条）	179	199	236	250	261	275	299
有脱挂式索道的滑雪场数量（座）	10	12	18	19	22	23	30
脱挂式索道总数量（条）	26	35	48	54	60	68	83

数据来源：伍斌，《2021—2022 中国滑雪产业白皮书》，2022。

3. 按核心目标客群分类

根据核心目标客群特征不同，我国滑雪场可以分为三大类（见表 7–2）：旅游体验型滑雪场、城郊学习型滑雪场、目的地度假型滑雪场。由于我国滑雪产业起步较晚，目的地度假型滑雪场数量仅占总量的 3.61%，77.6% 的滑雪场仍为旅游体验型滑雪场，雪场硬件设施较为简陋，服务水平和质量较低。

表 7–2 我国滑雪场按核心客群分类

滑雪场类型	数量占比（%）	客群定位	雪场特征	客群特征	代表性雪场
旅游体验型	77.6	旅游观光客	设施简单，只有初级道，位置一般在旅游景区或城郊	90% 以上为一次性体验客户，客人平均停留时间 2 小时	西岭雪山滑雪场

① 伍斌 .2021—2022 中国滑雪产业白皮书［R/OL］.（2022–07–29）［2022–09–16］.http://vanat.ch/publications.shtml.

续表 7-2

滑雪场类型	数量占比（%）	客群定位	雪场特征	客群特征	代表性雪场
城郊学习型	18.79	本地居民	山体落差不大，位于城市郊区，有初、中、高级雪道	本地自驾客人占比很大，平均停留时间为 3 ~ 4 小时	南山滑雪场
目的地度假型	3.61	度假人群	山体有一定规模，除有齐全的雪道产品外，还有住宿等配套设施	过夜消费占比大，客人平均停留时间在 1 天以上	富龙滑雪场

数据来源：伍斌，《2021—2022 中国滑雪产业白皮书》，2022。

4. 按雪道面积以及垂直落差分类

雪道面积和山地垂直落差是衡量滑雪场规模最直观的两项指标。目前我国全部运营滑雪场雪道面积累计为 6 000 公顷，但超过 70% 的滑雪场雪道面积小于 5 公顷，大型雪场数量较低，占比仅为全部雪场的 1.45%（见图 7–4）。

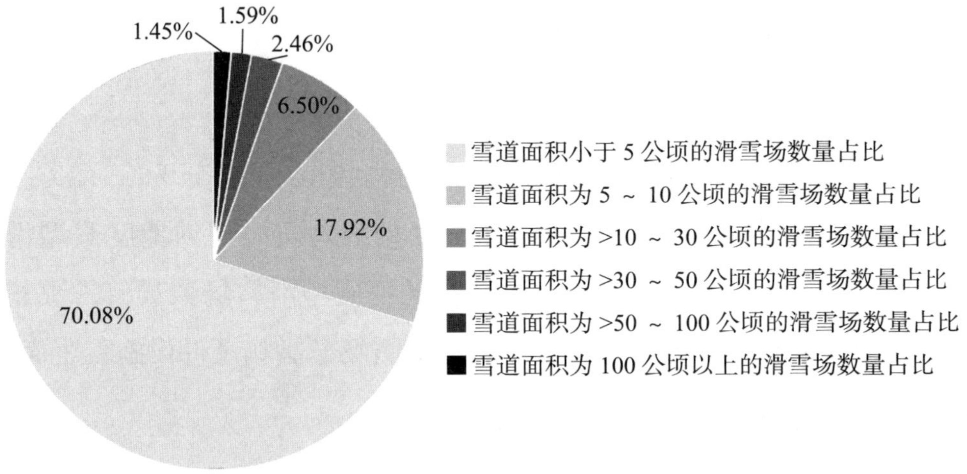

图 7–4　我国滑雪场按雪道面积分类

数据来源：伍斌，《2021—2022 中国滑雪产业白皮书》，2022。

按滑雪场实际开发雪道的垂直落差，通常将国内滑雪场按以下三类统计：垂直落差超过 300 米的雪场数量为 29 座，占比 4.19%；垂直落差在 100 ~ 300 米的雪场数量为 110 座，占比为 15.90%；垂直落差小于 100

米的雪场数量为553座，占比为79.91%（见图7–5）。

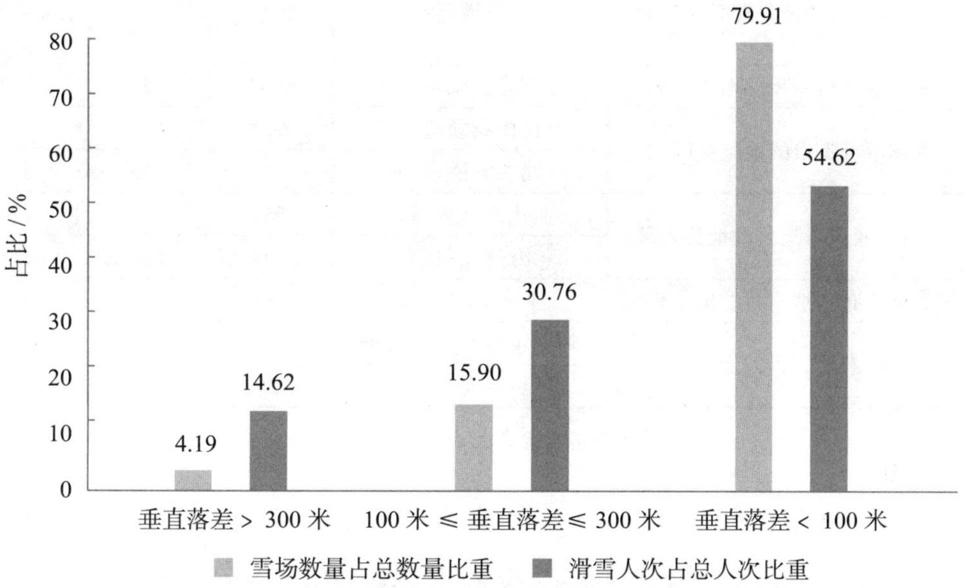

图7–5 我国不同垂直落差雪场及其滑雪人次占比

数据来源：伍斌，《2021—2022中国滑雪产业白皮书》，2022。

5. 按滑雪目的地集聚区分类

国际上滑雪场分布通常具有集聚性特征，例如法国的三峡谷滑雪目的地集聚区、天堂滑雪目的地集聚区、奥地利的蒂罗尔滑雪目的地集聚区等。目前我国也已经初步形成北京–崇礼、吉林市、长白山–通化、哈尔滨–亚布力、新疆阿勒泰五大滑雪目的地集聚区[①]，其各自代表性的雪场及主要数据指标如表7–3所示。

表7–3 我国五大滑雪目的地集聚区及代表性雪场

滑雪目的地集聚区	代表性雪场	山体垂直落差（米）	雪道面积（公顷）	脱挂式索道数量（条）
北京–崇礼滑雪目的地集聚区	万龙滑雪场	580	130	6

① 伍斌，刘津成．后冬奥时代中国滑雪产业发展趋势研究[J]．中国生态旅游，2021，11（6）：938–952.

续表 7-3

滑雪目的地集聚区	代表性雪场	山体垂直落差（米）	雪道面积（公顷）	脱挂式索道数量（条）
北京－崇礼滑雪目的地集聚区	密苑云顶乐园	420	100	4
吉林市滑雪目的地集聚区	万科松花湖滑雪场	600	175	6
	北大湖滑雪场	870	230	8
长白山－通化滑雪目的地集聚区	通化万峰滑雪场	560	117	4
	万达长白山	400	100	5
哈尔滨－亚布力滑雪目的地集聚区	亚布力滑雪场	912	123	6
新疆阿勒泰滑雪目的地集聚区	阿勒泰将军山滑雪场	460	160	3
	可可托海滑雪场	1 200	195	3

数据来源：伍斌，《2021—2022 中国滑雪产业白皮书》，2022。

（三）我国滑雪场运营模式

我国滑雪场运营模式主要受投资主体影响。在滑雪场馆运营方面，目前我国滑雪产业已经形成“集团化建设＋运营”、委托第三方运营、独立建设运营的三大模式。我国滑雪场代表企业主要是：以万科集团、热雪奇迹（融创文旅集团）、新疆泰旅集团为代表的集团化运营企业；以卡宾滑雪集团、雪帮雪业企业管理有限公司为代表的委托运营企业；以万龙滑雪度假天堂、北京市南山滑雪场为代表的独立运营企业。

从雪场投资主体来看，目前我国主要大型滑雪场投资主体包括房地产企业（万科集团）、外资企业（马来西亚云顶集团投资云顶滑雪场）、地方政府（黑龙江省体育局投资亚布力新体委滑雪场）、国有旅游景区（成都西岭雪山滑雪场）等。总体来说，我国滑雪产业投资主体以民营经济为主、国有经济为辅，且近年来大型滑雪场的集团化运营趋势明显。

三、滑雪制造业

（一）产业环境持续优化

自北京申办冬奥会成功后，国家以及各地方政府发布了一系列支持滑雪装备制造业发展的政策文件。2019 年 3 月，国务院办公厅印发《关于以 2022 年北京冬奥会为契机大力发展冰雪运动的意见》，明确提出促进冰雪器材装备等相关产业的发展。同年 6 月工信部等九部门发布《冰雪装备器材产业发展行动计划（2019—2022 年）》，明确提出培育冰雪装备产业体系，开发大众冰雪装备器材，实施精品示范应用工程，创建特色产业园区等政策措施。目前我国已建成的代表性冰雪装备产业园区见表 7–4。

表 7–4 我国代表性冰雪装备产业园

省份	代表性产业园
黑龙江	哈尔滨香坊区冰雪装备产业园
吉林	永吉经济开发区冰雪装备产业园
	长春市冰雪装备制造产业园
河北	张家口冰雪运动装备产业园
	京张奥冰雪产业园
内蒙古	呼伦贝尔经济技术开发区冰雪装备产业园
辽宁	中奥冰雪装备产业园
山东	泰山高科技（冰雪）体育产业园

（二）国产装备市场占有率提升明显

近年来，在市场需求的刺激下，无论是服务于 B 端为主的滑雪场供应商，还是服务于 C 端为主的滑雪者供应商，其企业数量与市场占有率都有明显提升。根据《中国滑雪产业白皮书》年度最新统计，受北京冬奥会、冬残奥会影响，我国滑雪场对硬件设备的需求保持稳定增长的趋势（见表 7–5），市场增量明显。截至 2022 年 4 月 30 日，我国滑雪场建成并投入使用的架空索道总数为 299 条，压雪车保有量为 735 台，造雪机数量超过 1 万台，滑雪魔毯保有量达到 1 581 条，总长度约 235 公里。与进口产品相比，国产设施设备的数量和市场占有率都有所提升。如果将脱挂式索道、新增压雪车、新增造雪机数量加总来看，2015 年国产设施设备为 62 台（条），市场占有率仅为 8%，而到 2020 年，国产设施设备为 200 台（条），市场占有率达到了 26%。

表 7–5 我国滑雪场场地设施统计

年份	脱挂式索道数量		新增压雪车数量		新增造雪机数量	
	进口（条）	国产（条）	进口（台）	国产（台）	进口（台）	国产（台）
2015	24	2	61	10	650	50
2016	29	6	56	20	1 080	100
2017	33	15	48	22	1 220	200
2018	36	18	36	20	510	300
2019	40	20	61	27	682	467
2020	42	26	41	14	472	160
2021	50	33	47	4	878	290

数据来源：伍斌，《中国滑雪产业白皮书 2021—2022》，2022。

国产化趋势在滑雪者装备供应商中体现得更为明显。根据 2022 年天猫滑雪运动品类趋势报告，2020—2022 年，天猫商城共进驻 48 个国内品牌，40 个国外品牌，扭转了以往国外品牌数量远超国内的局面。在产品的分布上，主要分为两大类，一类是滑雪服饰（软件），包含滑雪服、滑雪裤、压缩衣、滑雪袜等；另一类为滑雪装备（硬件），包含滑雪板、固定器、滑雪鞋等。几乎在所有滑雪用品品类方面都出现了国产品牌的身影，目前我国滑雪装备市场相关代表性企业如表 7–6 所示。从消费趋势来看，滑雪装备的供给数量逐步超越滑雪服饰，并且消费者进阶类装备产品购买偏好显著提升，滑雪运动消费黏性已经初步显现。

表 7–6 我国滑雪装备市场相关代表性企业

分类	品牌名称	产品类别	主流产品	价格区间（元）	品牌定位	目标客户
国产品牌	NOBADAY	服饰 + 装备	全系列	50 ~ 5 000	中高端市场	重复性滑雪者
	STEPSNOW	装备	滑雪板、固定器	800 ~ 1 500	中低端市场	初级滑雪者
	LDSKI	服饰 + 装备	滑雪服、滑雪配件、滑雪包	50 ~ 1 500	中低端市场	重复性滑雪者
	POMT	服饰	滑雪服	30 ~ 700	中低端市场	重复性滑雪者
	奔流极限	服饰	滑雪服	50 ~ 1 500	中低端市场	初级滑雪者

续表 7–6

分类	品牌名称	产品类别	主流产品	价格区间（元）	品牌定位	目标客户
国际品牌	BURTON	服饰 + 装备	全系列	70 ～ 8 500	高端市场	重复性滑雪者
	HEAD	装备	滑雪板、固定器	200 ～ 8 000	中高端市场	重复性滑雪者
	PHOENIX	服饰	滑雪服	100 ～ 12 000	高端市场	重复性滑雪者
	ROSSIGNOL	服饰 + 装备	全系列	150 ～ 7 500	中低端市场	重复性滑雪者
	迪卡侬	服饰 + 装备	全系列	50 ～ 1 700	中低端市场	初级滑雪者

（三）滑雪装备制造业供需矛盾依旧突出

我国滑雪装备制造业企业数量近年来增长明显，其生产的产品基本能够满足滑雪场和滑雪者的基本需求。但目前滑雪制造业中的核心零部件以及高端产品仍然存在技术瓶颈，广泛依赖进口。一个标准的现代滑雪场需要拥有一定数量的造雪设备、索道缆车设备（提升设备）、压雪车辆、滑雪装备用具、供水与排水设备等。但客观上国产设备在一些关键技术领域仍然与国外品牌产品存在差距，例如，造雪机中的核子器喷嘴、空气压缩机，压雪车中的液压系统以及悬挂系统等，因此大型滑雪度假村普遍会选用进口设备。目前我国滑雪场馆设备设施相关生产与销售企业见表 7–7。

表 7–7 我国滑雪场馆设备设施相关生产与销售企业

设备设施	国产品牌 / 企业	进口品牌 / 企业
造雪机	诺泰克	天冰、SMI、迪马克、苏法格
压雪车	河北宣工机械发展有限责任公司、广西玉林悍牛工程机器有限公司	凯斯鲍尔、普瑞诺特
滑雪索道	北京起重运输机械设计研究院、北京中索国游索道工程有限公司	多贝玛亚、波马
滑雪魔毯	道沃、诺泰克	SUNKIDS

在个人滑雪装备方面，消费者更加青睐国外品牌产品，这主要是由于消费者往往更关注滑雪装备的质量和性能，国外品牌产品在国际上已

经积累了一定口碑和信誉度，使得消费者选择的信息成本较低。个人滑雪装备制造业的进入门槛更高，需要较强的技术积累。相关研究表明，生产企业数量少、工程类专业人才短缺、产品的科技含量低、信息共享不充分、企业创新动力不足是目前我国滑雪装备市场供需矛盾的主要原因[①]。

（四）线下消费引领滑雪装备销售

中国的消费者更倾向于在线下购买滑雪装备，据国内代表性滑雪装备销售企业统计信息，美国滑雪产品线上线下销售额比例约为3∶7，而中国线上线下销售额比例约为2∶8。此外，我国滑雪装备销售具有“低消费频次、高客单价”的特点。目前我国滑雪装备的线下销售渠道主要包括滑雪场内部商铺、城市商场、户外用品店等，专业性的滑雪装备销售商通常将店铺设在大型滑雪度假村当中。

四、滑雪服务业

（一）专业化运营需求加速场馆服务业分工

随着现代滑雪产业的发展，滑雪场从一个单纯的索道缆车公司演变为综合性度假集团，经营业态逐渐多元。这也催生出了一系列服务于雪场端的管理需求，主要包含滑雪场建设市场调研 / 选址 / 前期策划、规划设计 / 建造顾问 / 运营顾问、专业滑雪学校等（见图7–6）。在滑雪产业发展的周期中，各个环节都产生了具有比较优势的企业，服务于滑雪场馆运营的整个流程。目前我国滑雪场馆服务业的代表企业主要包括北京雪帮雪业企业管理有限公司、卡宾滑雪体育发展集团股份有限公司、中雪众源（北京）投资咨询有限责任公司、北京雪族科技有限公司等。

① 廖莉，刘煜，陈强，等．供给侧改革视角下我国滑雪装备的供给困境及对策研究［J］．河北体育学院学报，2021，35（4）:1–6.

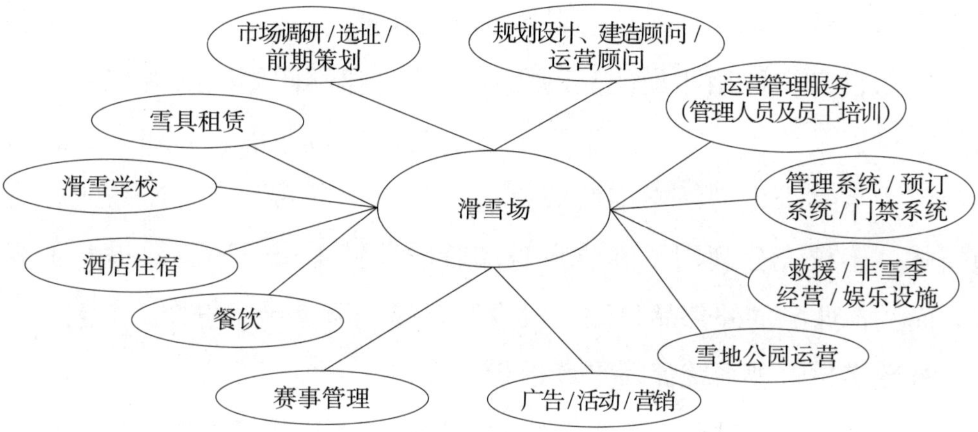

图 7–6　滑雪场馆运营与服务内容

1. 专业运营需求催生滑雪场规划与咨询业

滑雪场的建设属于重资产项目，需考虑自然和市场资源多种因素。新建雪场或者对雪场进行改建扩建时，需要对山地以及市场环境进行系统的规划与分析，通常会选择专业化的管理咨询类公司进行设计。国际上最具代表性的雪场规划设计类企业包括 Ecosign 规划公司（其参与设计了多家冬奥会滑雪场），以及国际高山设计公司（IDA）、布伦特哈雷事务所（BHA）①；国内代表性企业有雪帮雪业企业管理有限公司、卡宾滑雪体育发展集团股份有限公司、中雪众源（北京）投资咨询有限责任公司等。滑雪场咨询公司不仅要对项目建设的可行性进行评估，还要针对委托方的经济实力、当地的市场潜力以及未来的发展战略进行综合长远的规划。

2. 酒店成为滑雪场经营重要收入来源

在滑雪场运营过程中，雪票 / 索道票、装备、器材租赁、滑雪学校培训、酒店住宿、餐饮、娱乐构成了固定收入来源。目前，多数滑雪场选择自营这部分业务。在大型滑雪度假区，通常销售雪票（索道票）构成

① 廖莉，刘煜，陈强，等．供给侧改革视角下我国滑雪装备的供给困境及对策研究［J］．河北体育学院学报，2021，35（4）：1–6.

收入主体（约 40% ~ 50%），其次为酒店收入（约 25%）。度假区会选择引进与自身定位相匹配的品牌酒店，或自建不同等级的滑雪酒店。酒店的数量以及质量一定程度上决定了滑雪度假村的承载力和对度假用户的吸引力。多个大型滑雪度假区打造“酒店 + 滑雪”组合产品的一价全包模式，不仅充分利用了酒店自身品牌的营销渠道，还有效提升了客单价。而其他业务的外部品牌注入较少能够提升滑雪场竞争力。

3. 数字化管理系统保障雪场运行

在滑雪场运营过程中，一个好的管理系统可以提高经营效率，优化管理流程，甚至直接关乎财务安全，因此大型滑雪度假村通常会高价引进国际大型公司的票务系统，提升消费者体验。目前全球滑雪产业已经迈入智慧化时代，奥地利滑雪场门票系统开发商 Skidata 公司通过对滑雪度假区整体的智能数字化改造，形成了一个互联互通的数字化网络，将入园系统、模块化雪票功能系统、数字营销系统、运营监控系统、雪场管理等多系统融合，为雪场和游客带来全新体验。目前国内在这一领域的代表企业为雪族科技有限公司，其通过“线上 + 线下 + 硬件”组合，构建快速入园体系，减少排队时间，提高游客体验。数字化管理系统目前已经成为滑雪场的标配。

（二）市场需求促进滑雪者服务业创新

滑雪者参与滑雪运动时，主要有运动体验和休闲度假两大基本需求并向外延伸。基于此，为滑雪者提供产品与服务的业态也不断衍生（见图 7–7），包括票务预订、滑雪教学、交通服务、导游服务、滑雪比赛、摄影 / 摄像、社交、购物、娱乐、餐饮、住宿等不同形态。

1.“政府补贴 + 票务服务”平台合力刺激滑雪消费

在消费者票务预定需求和政府持续的冰雪消费补贴作用下，诞生了诸如“乐冰雪”这类冰雪领域垂直 OTA（在线旅行社）平台。为促进冰雪运动参与，各地政府设置了冰雪票务补贴专项资金，发放冰雪运动消费券。乐冰雪平台整合了行业各方需求，与全国大部分雪场达成销售合

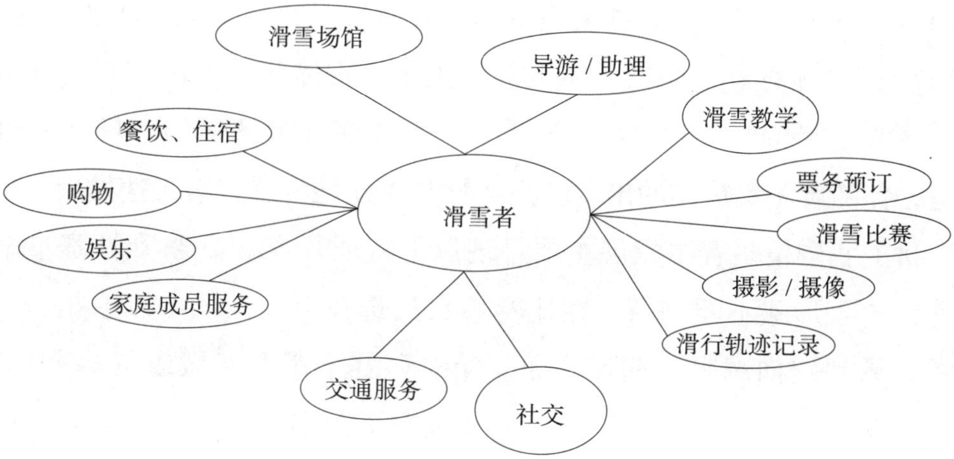

图 7-7 滑雪者运营与服务内容

作，并利用补贴资金获得定价优势，成为滑雪爱好者的购票首选渠道[①]。

2.“互联网 + 滑雪”业态融合趋势明显

随着北京冬奥会的成功申办，我国也迎来了冰雪领域互联网行业发展与投资的热潮。2015 年后，滑雪领域陆续诞生了滑呗、GOSKI 等为滑雪者提供交流、获取信息、记录滑行轨迹等的功能性服务平台。滑呗是一个为滑雪爱好者提供垂直服务的平台，主要通过滑行轨迹记录、广告、照片下载、电商、教学等方式实现营收。GOSKI 则是以滑雪垂直社区为基础，主打社交的滑雪工具平台，核心业务包括广告、商城、装备租赁、训练营等。通过吸引各大俱乐部、明星滑手的入驻以提升内容质量，通过设置“圈子”功能让用户找到属于自己的滑雪细分社群，实现找滑雪朋友、学滑雪知识、分享滑雪快乐的用户行为闭环。

（三）滑雪运动大众化助推竞赛表演业发展

随着“全项目参赛”目标的提出和滑雪参与人数的快速增长，我国高水平竞技型滑雪赛事和群众参与型赛事都取得了长足进步。在 2015 年

① 李艳红，谷城．“乐冰雪”APP 助力冰雪运动推广［EB/OL］．（2021-01-26）［2022-10-25］.https://hbrb.hebnews.cn/pc/paper/layout/202101/28/node_06.html.

成功申办冬奥会之前，我国滑雪赛事市场规模较小，未能形成赛事体系。2014年国家体育总局印发《体育总局关于推进体育赛事审批制度改革的若干意见》（体政字〔2014〕124号），标志着体育赛事的市场准入政策放宽，伴随着冬奥热潮的出现，商业性与大众性滑雪赛事飞速发展。

目前我国滑雪赛事发展主要呈现以下特征。第一，群众性赛事增长迅速，赛事形式不断创新。在比赛项目的选择上加入了单板平花、登山滑雪、雪地定向越野等非奥项目。第二，赛事举办区域以京津冀地区、东北地区为主。一方面因为这两个地区雪资源丰富，另一方面因为这两个地区冰雪文化氛围浓厚，并且都有国内外大型滑雪赛事的筹办或举办经验，更被当地政府重视，形成了良性发展。第三，滑雪赛事参与群体以青少年为主，且上升速度明显。这与"冰雪运动进校园"等相关政策的落实息息相关，截至2021年底，仅北京市中小学生上冰上雪的人数就达到了210万人次[①]。

（四）滑雪教育培训业蓬勃发展

我国滑雪教育培训机构主要分为三种类型，分别为滑雪场自营滑雪学校、营地教育机构以及独立滑雪教练。滑雪场自营滑雪学校的目标用户主要为初学者散客和青少年冬令营地客户，其优势在于便捷性和服务的保障。目前我国仍然主要为初级滑雪市场，存在大量教学需求，初学者的教学需求持续火爆，滑雪教学的供需矛盾凸显，部分滑雪场在旺季出现教练供不应求的情况。同时，营地教育概念近年在我国越来越热，滑雪营地既能够让孩子收获滑雪技能，还能提升自理能力，锻炼综合素质。除营地教育机构外，近几年市场中还涌现出大量的滑雪俱乐部以及独立的私人滑雪教练，其创始人和团队成员主要为职业滑雪教练，自身打造的课程教学体系是其核心竞争力。

① 黄玉玲.北京市教委：北京中小学生上冰上雪人数已近210万人次[EB/OL].(2021-12-27)［2022-10-25］.http://news.cnr.cn/dj/20211227/t20211227_525699934.shtml.

第三节　中国滑雪产业链发展面临的困难

在北京冬奥会、冬残奥会的带动下，中国滑雪产业发展取得了瞩目的成就，产业链条也基本形成，但仍然面临一系列发展不平衡、不充分的问题，存有滑雪产业发展地区间差异较大，发展质量与水平不高，滑雪产业与其他产业融合程度不深等结构性问题。本节重点关注中国滑雪产业链发展所面临的困境以及薄弱环节。

一、大型滑雪度假村融资、盈利能力较差

大型滑雪度假村主要以重资产投入为主，一旦投入，将要面临每年较高的折旧摊销费用与运营成本。以我国主要大型滑雪度假村为例，根据实地调研数据，万龙滑雪场投资总额超过 20 亿元，万达长白山度假区投资总额超过 100 亿元。季节性的收入具有不稳定性，巨额的投资使得我国大部分滑雪度假的市场主体初期仍主要依靠“滑雪 + 地产”的发展模式，通过开发、出售房地产来收回初期资金投入。

尽管从 2016 年开始，国家出台了一系列政策扶持冰雪产业发展，但由于滑雪行业的资产特点与盈利能力，融资渠道受到限制。在滑雪度假区中，冰雪自然资源是其核心“资产”，雪道的数量和质量是其最核心的竞争力。但雪道通常难以在贷款中被确认为固定资产，银行贷款意愿较低。虽然国有银行贷款利率较低，但目前我国滑雪场取得国有银行贷款的难度较大，滑雪场的融资仍主要以地方银行贷款为主。与国有银行相比，地方银行的贷款利率相对较高。以河北崇礼地区为例，崇礼地区的七大滑雪场平均融资利率达到 10%，一些大型滑雪度假村每年银行利息甚至达到几亿元[①]。总体来说，我国滑雪度假区仍然面临一定的资本性融

① 从佳琦 . 崇礼滑雪产业发展困境与破解［J］. 经济论坛，2019（8）:23-27，153.

资缺口与债务性融资缺口。

二、滑雪人口渗透率以及转化率较低

目前，我国仍是全球最大的初级滑雪市场，虽然滑雪人次逐年稳步增长，但一次性体验滑雪者的比例仍然较高，且滑雪人口转化率较低。同时，我国滑雪者的人均滑雪次数也偏低，与冰雪强国差距较大。例如，美国的年滑雪人次为 6 000 万人次左右，其中滑雪人口为 1 200 万人；加拿大滑雪者平均每年滑雪 7.5 天。《2021—2022 中国滑雪产业白皮书》显示，中国 2021—2022 雪季滑雪人口为 1 202 万人，尽管相比于上一年度增加 10.68%，但人均滑雪次数仅为 1.79 次，仍有超过一半的人为一次性体验者，滑雪运动的参与水平有待进一步提升。滑雪运动的渗透率决定了大众参与的普及度，但转化率决定了这项运动可持续发展能力。北京冬奥会的举办让很多人走上雪场，但如何让更多的人可以留在雪场并转化为滑雪爱好者是行业亟须解决的问题。

三、行业优质供给不足

目前，我国滑雪场服务供给与滑雪者日益增长的需求不相匹配。根据《2021—2022 中国滑雪产业白皮书》统计，目前我国垂直落差超过 300 米的滑雪场仅 29 座，占比仅为 4.19%，雪道面积超过 100 公顷的雪场数量仅占全部雪场的 1.45%，但所产生的滑雪消费人次占比接近 10%。在市场优质供给不足的前提下，周边国家滑雪市场对我国造成一定冲击。例如，疫情前每年我国都有大量游客到日本进行滑雪旅游，高端滑雪消费外流现象严重。此外，相比于优质供给不足，小型雪场的低质量与重复性建设也同样值得关注。在装备制造方面，尽管我国滑雪装备制造市场主体不断壮大，但普遍面临产品质量低、科技附加值低的问题。很多品牌成立时间较短且发展定位不清晰，追求短期经济效益。滑雪服、滑雪手套等滑雪装备制造行业低端产品竞争激烈，产品质量无法保证，消费者复购意愿低，进一步影响了国产品牌的市场竞争力与口碑。

四、产业核心技术仍依赖进口

我国是世界工业门类最为齐全的国家，滑雪产业涉及的制造业产品基本都有相应的国内厂家自主生产或代工。但值得注意的是，目前我国滑雪场装备制造业中以零部件供应企业较多，产品附加值较低。技术含量较高的核心零部件仍然依赖进口，国产产品竞争力仍然不强。大型滑雪度假村仍然广泛采用进口设备。另外，我国自主研发的滑雪硬件装备（如滑雪板、固定器、滑雪鞋等）数量较少，技术水平偏低，无法满足滑雪者的进阶需求。具体体现在耐用性、便捷性、力的传导性与回馈性、舒适度等方面，在材料配比与复合材料的创新方面也存在不足。反观国际品牌已经设计出了分体式雪板、快穿固定器、可调节硬度的雪鞋等创新产品，并被越来越多滑雪者使用。

五、滑雪产业人才体系不健全

专业的人才是产业发展最重要的生产要素，目前我国滑雪产业人才供给仍无法满足行业快速发展的需求。富有经验的雪场管理人员、专业技术人员以及滑雪指导员面临大量的缺口。滑雪是季节性行业，通常是一季养四季，这就造成了雪场用工需求不稳定的问题。招人难、留人难是我国滑雪场的普遍现象。近年来户外滑雪场四季经营的探索以及室内滑雪场的快速发展一定程度上缓解了用工波动的难题，但核心管理人员的高流动性对产业健康发展来说仍然是一个严峻的挑战。此外，我国目前滑雪指导员培训体系不健全，优质教练的供给难以满足需求，在实践中甚至出现招募零基础人员进行短期（3 ~ 7 天）培训后便上岗教学的情况。由于雪场优质教练供给不足，消费者往往会选择市场上的私人教练进行教学，这又给雪场的管理以及安全保障带来难题。核心技术人才市场缺口是制约滑雪产业发展的关键因素。雪场经营中的索道设备、压雪设备的操作、维修人员的培养主要还是依靠师徒制，制度化的培养体系仍未健全。在冰雪产业发展成熟的国家，通常由企业附属的培训学校以及大专院校联合进行滑雪产业的技术人才培养。

第四节　典型案例分析

企业是产业发展的主体，滑雪产业链是由一个个企业主体组成的。本节将从微观层面，选择滑雪产业链条中三个不同维度的代表性企业，勾勒出中国滑雪产业发展的直观面貌。通过对案例的介绍与分析，可以更加清晰地展现我国滑雪产业链条的发展现状，以及企业所面临的形势与挑战。

一、滑雪场典型案例

（一）万科松花湖滑雪度假区

万科松花湖度假区是由地产集团开发的综合性滑雪度假区代表的典型。它坐落于“雾凇之都，滑雪天堂”的冰雪名城吉林市，距吉林主城区 15 公里，是兼具目的地度假功能和城郊学习功能的滑雪场。万科松花湖度假区连续六年获得世界滑雪大奖和“中国十佳滑雪度假区”称号，并连续多年实现滑雪接待游客数全国第一。雪场以“家庭”为主题打造家庭友好型度假区，并逐年强化自身细分业务的品牌建设，通过与奢侈品品牌、专业滑雪品牌的深度合作，让游客对其酒店和休闲服务留下深刻印象。近年来万科松花湖度假区在当地政府主导下广泛开展全民上冰雪运动，年均接待滑雪人次为 50 万左右，成为我国东北地区标杆性滑雪度假区。

（二）万龙滑雪场

万龙滑雪场是我国华北地区大众滑雪场的代表典范，于2003年建立在中国雪都——崇礼，是北京周边目前规模最大、开放时间最早的滑雪场。自然条件方面，万龙滑雪场占地面积达到58平方公里，最高海拔为2 110米，雪道垂直落差达到554米。硬件设施方面，万龙滑雪场是国内较早采用全自动造雪系统的雪场。万龙滑雪场的经营理念“播雪花、种幸福”已经深得民心，雪场持续对硬件设施以及提高服务水平的投入是雪场运营成功的根源。在创始人罗力的带领下，万龙滑雪场坚持雪道为王，满足各种不同水平滑雪爱好者的需求。同时雪场的运营始终围绕“雪友”的需求，提供丰富的休闲度假配套、专业教学服务、儿童游乐设施、不同等级的酒店住宿以及不同地区菜系的餐饮服务。2021年，万龙滑雪场被国家体育总局、文化和旅游部认定为国家体育旅游示范基地。

二、滑雪场供应商典型案例——北京起重运输机械设计研究院

北京起重运输机械设计研究院有限公司（以下简称北起院）是目前我国滑雪场馆设备供应商代表性企业，市场占有率较高，其产品在全国不同省份雪场广泛分布。北起院是我国起重运输机械行业综合技术实力最强的企业之一。国产索道的几种主要型式，包括第一条单线循环吊椅索道、第一条双线往复索道、第一条脉动索道、第一条新型脱挂索道等均由北起院研制成功并推向市场。脱挂式索道属于客运索道的一种，是滑雪索道中速度最快、运输效率最高的索道。近年来北起院引领国产滑雪索道制造业快速发展，市场占有率不断提升（见表7-8），截至2022年4月30日，北起院滑雪索道占国内脱挂式索道市场40%的份额。后冬奥时期，在技术进步和市场需求的推动下，国产滑雪索道将获得更大的增长空间。

表 7–8　北起院脱挂式索道市场占有率

年份（雪季）	北起院保有量	市场脱挂式索道总量	市场占有率（%）
2015—2016	2	26	7.69
2016—2017	6	35	17.14
2017—2018	15	48	31.25
2018—2019	18	54	33.33
2019—2020	20	60	33.33
2020—2021	26	68	38.24
2021—2022	33	83	39.76

数据来源：伍斌，《中国滑雪产业白皮书 2021—2022》，2022。

三、滑雪者服务商典型案例

（一）冷山雪具

在滑雪者服务商中，北京自然力量科技贸易发展有限公司旗下的“冷山雪具”和“去滑雪 GOSKI”分别是行业雪具经销商和滑雪社区平台的龙头企业，通过连通 B 端与 C 端、线上与线下，取得了突出成绩。在装备销售方面，国内单板市场的爆发式增长为冷山雪具带来了历史性发展机遇，冷山雪具连续多年营业额同比增长超过 60%，在冬奥年更是接近 100%，单年收入已超过一亿元。冷山雪具目前已成为全国规模最大的雪具零售连锁店。截至 2022 年底，冷山雪具在全国共设有 27 个线下门店。通过全权管理、自负盈亏的方式，冷山雪具控制了品牌在中国的销售权和品牌建设权，减少了外部力量的干预，并完善了对用户关系的维系和管理，打造了全国统一的冷山会员体系，增加了用户黏性。

（二）滑呗平台

滑呗 App 是滑雪者服务平台中最具有代表性的案例之一。滑呗 App 由北京粉雪科技有限公司开发，是一款为滑雪爱好者提供的，基于地理信息定位的滑雪运动数据记录与滑雪影像服务的综合性应用平台，拥有

200 万活跃用户数量，信息覆盖全球 1 302 家雪场。轨迹记录为该平台的核心功能。滑雪者可以通过手机对滑雪轨迹进行记录，以及参加约滑交友、社交分享等活动。线上赛事延展了轨迹记录功能，将轨迹数据与排行榜结合，打造丰富多彩的滑雪马拉松赛事，吸引用户长期使用。滑雪影像功能是该产品最大的亮点，滑雪者可以在很多雪场找到滑呗认证摄影师，在滑雪过程中留下珍贵的影像资料。目前滑呗平台已经进驻了 1 800 多个摄影师，数据库中拥有 1 100 万张全球滑雪场高清图片，是全球最大的滑雪场景视觉图库。

四、滑雪教学培训典型案例

（一）八达岭全教学滑雪场

八达岭全教学滑雪场的运营是北京雪帮雪业企业管理有限公司在滑雪教学模式创新方面的代表性案例。入门难、事故率高是滑雪运动发展的两大痛点。传统雪场中的滑雪教学收费较高，并且教学质量参差不齐，并不是所有的初学者都能得到良好的教学体验，这导致很多游客无法体验到滑雪运动的乐趣。八达岭滑雪场开创了全教学模式，设立了“雪帮八达岭关卡式教学培训体系”。雪场设有关卡教练，滑雪者购买门票后，滑雪教学服务自动涵盖其中。同时雪道实行分级制度，根据滑雪者的水平划分可滑区域，有效降低了碰撞事故率，提高了顾客体验。八达岭全教学滑雪场重点服务初学者客群，为初学者滑雪入门，转化为滑雪爱好者提供了可靠的解决方案。

（二）雪乐山（北京）体育文化有限公司

滑雪教育培训品牌雪乐山于 2015 年在北京成立。公司突破了传统滑雪运动的季节性限制，通过“全年室内滑雪模拟器 + 冬季室外滑雪场”的教学模式，面向各年龄段人群，为儿童、青少年及成人提供滑雪教学服务。其课程体系包括普通学员培训与滑雪教练培训两大板块。室内滑雪机不受天气、环境、时间、地域等因素限制，使滑雪爱好者在非雪季可保持训练持续性，并且适合初学者在安全的条件下完成入门学习，深受儿童和青少年的喜爱。目前，雪乐山门店在全国已接近100家，拥有5万多名滑雪学员，接待滑雪运动体验超过30万人次。此外，雪乐山还通过提供讲座、滑雪培训等多元化合作模式，与学校联合开展上冰雪教育。在店铺运营模式上，雪乐山采用加盟制。雪乐山集开设与组织滑雪专业培训、场景式电商雪具店、国内外滑雪营地旅行、多级别滑雪赛事于一体，为用户提供一站式滑雪服务。

（三）SNOW51

SNOW51是国际著名专业滑雪培训学校奥地利“Schild Ski Racing School”在中国设立的合资企业，致力于打造城市滑雪一站式滑雪空间与爱好者聚集地，创始于上海市。SNOW51抓住了滑雪运动的潮流与社交属性，在商业中心打造滑雪运动场景，客群定位相对高端。除提供专业的运动培训外，SNOW51致力于成为综合性专业运动平台，提供完整的专业运动培训服务。体验与场景培育是SNOW51滑雪运动综合体的核心，以上海市陆家嘴中心店为例，不仅拥有高山滑雪模拟训练台、旱雪道、攀岩墙、健身区、休闲吧等设施，还升级配备了运动装备零售区以及攀岩、潜水等专业培训课程及装备。

第五节　中国滑雪产业高质量发展建议

一、中国滑雪产业发展未来趋势

第一，未来我国滑雪产业将由供给侧推动转型为需求侧拉动，滑雪人次进入快速增长通道。预计在2030年，中国滑雪市场将进入全球第一梯队，全年滑雪人次将突破5 000万，届时将和美国、法国、奥地利并列成为滑雪强国。

第二，山地优质资源越来越稀缺，资源的优势地位越来越突出。我国适宜开展滑雪运动的林地资源有限，集中在东北、华北、西北地区。目前东北和华北地区的大型滑雪度假区已基本开发完毕，在大型雪场数量上很难进一步突破，因此，未来将主要通过对现有雪场的扩建和服务的改善来提升雪场竞争力。在这种情况下，地理位置、雪道丰富度、年降雪量、雪质等核心资源的不可替代性逐渐增强，大型度假区能够提供优质体验感受的优势将越来越突出。

第三，我国滑雪市场将由初级市场逐步过渡到休闲度假市场，集团运营与合纵联合趋势显现。在疫情期间，滑雪运动本身的黏性得到充分体现，一次性体验客群占比降低，人均滑雪次数上升，这意味着进阶的运动需求将逐步超越“打卡式”的旅游体验需求，滑雪者的技能和享乐需求将成为主流，而只有能够提供优质服务和特点鲜明的滑雪场才可以得到消费者的青睐。

二、中国滑雪产业高质量发展建议

（一）加强部门合作，培育良好产业发展环境

加强财政、自然资源、林业、文化旅游等部门的沟通与协作，为滑雪场地发展提供政策支持，协调金融机构协助滑雪场破解融资难和资金使用成本偏高的问题。积极开展区域联动，延长产业链、增加产业附加值，促进滑雪旅游业深度融合，提高资源配置效率。发挥体育大专院校资源优势，培养滑雪教学人才，降低初级滑雪指导员培训和考核的费用，设立滑雪指导员培训专项资金。推进滑雪场建设运营标准、滑雪教学体系等行业标准和体系的建立。健全滑雪人身安全、滑雪装备质量安全等问题的问责与法律救济机制，健全滑雪产业准入机制，构建良好的市场环境，实现产业良性发展。

（二）优化产业布局，推动滑雪产业区域协调发展

推动滑雪产业区域协调发展，深入对接国家区域重大战略和区域协调发展战略。以 2022 年北京冬奥会的成功举办为契机，加快建设京张体育文化旅游带，推动东北、华北、西北地区滑雪运动区域协调发展，打造具有影响力的北方冰雪运动引领区。优化滑雪运动项目空间布局，深入实施冰雪运动“南展西扩东进”战略，以京津冀为核心发展区域，东北、华北、西北地区为重点发展区域，在河北崇礼、吉林长白山（非红线区）、黑龙江亚布力、新疆阿勒泰等地建设冰雪丝路带，推动南北呼应的滑雪产业区域协调发展格局形成。

（三）培育龙头企业，实现产业可持续发展

政府发挥产业发展的引导作用，培育产业龙头企业，以及专精特新服务型企业。充分发挥大型滑雪场的需求带动作用，鼓励产业发展以大带小，充分发挥大型滑雪场的资源与管理优势，通过与中小型雪场采取股权收购、资产收购、合作经营等方式促进彼此发展。鼓励各市场主体建立资源共享、用户共享、数据共享等合作机制，吸引更多种类企业和品牌入驻雪场，拓宽上下游产品的销售渠道，坚持强龙头、补短板、聚集群，形成稳定、发展、提升的长效机制，实现滑雪产业的动态平衡和可持续发展。

（四）加强科技支撑，推动滑雪产业数字化发展

充分发挥平台作用，依托“科技冬奥”系列科研成果，持续推动滑雪产业核心技术研发，加速推进科技成果落地转化。积极引导滑雪装备制造业园区建设，打造“企业 + 高校 + 科研院所”的技术研发平台，健全财政金融税收相关产业政策。鼓励各市场主体主动拥抱新技术，适应产业发展新趋势，提升产品与服务品质，更好满足消费者需求。滑雪场馆应提高自身信息化与数字化发展水平，提高管理效率，降低经营成本。支持开发具有中国特色的“智慧滑雪服务”“智能滑雪产品销售”“滑雪场馆数字化运营”等新业态。

第八章 中国滑冰产业分析

北京成功申办冬奥会、冬残奥会以来，我国滑冰产业迎来了千载难逢的机遇期，滑冰产业驶入了发展的快车道。社会资本积极参与商业冰场设施建设，冰上赛事开展如火如荼，多个冰上项目进入省市运动会，群众参与冰上运动热情高涨，专业人才数量快速增长等一系列前所未有的变化不断涌现，推动我国滑冰产业链不断完善，行业迎来了“白金时代”。与此同时，我们也应该看到，产业发展仍然面临产业基础薄弱、产业链条短、滑冰人口渗透率低、核心装备技术竞争力弱等问题。进入后冬奥时期，我国滑冰产业发展依旧要强内功、抓创新、铸精兵、优服务、促普及，关注产业核心领域发展、加大科技创新、优化人才培养、提升服务产品供给质量，实现产业高质量发展。

第一节 滑冰产业发展现状

借鉴国际滑冰产业成熟经验，助力我国滑冰产业未来发展。当前，国际滑冰产业通过围绕职业联赛和明星运动员，不断打造和壮大产业体系，取得积极成果。相比之下，我国滑冰产业尚处于初级阶段，仍面临产业链不完善、发展路径不明晰等问题尚待解决。随着北京冬奥会的成功举办，冰雪运动参与人群高速增长，我国滑冰产业迎来了前所未有的历史机遇期。

一、国际滑冰产业发展现状

社会经济的发展，人们生活水平不断提高，带动冰上运动从娱乐到竞技不断发展，并形成了项目繁多的现代冰上运动。各项目的规则日趋完善，技术也愈加完美。目前冰上运动主要包括速度滑冰、短道速度滑冰、花样滑冰、冰球、冰壶等项目。下文介绍部分最具代表性的国家在滑冰产业的发展经验，也反映出当前国际滑冰产业发展的现状。

（一）速度滑冰——荷兰

1892年，国际滑冰联盟（International Skating Union，ISU）在荷兰成立。1893年，在该机构的领导下，第一届世界男子速度滑冰锦标赛在阿姆斯特丹举行。建于阿姆斯特丹的雅普·伊登（Jaap Eden）冰场是荷兰第一个人工400米冰场，也是世界上最著名的冰场之一。现在，滑冰已经成为荷兰一项全国痴迷的体育运动，很多儿童从小就开始练习滑冰、观看滑冰比赛，滑冰成为荷兰家庭文化很重要的一部分。全民的喜爱和参与，为荷兰滑冰队建立了一个天然的、可以持续供应的人才库。在此基础上，尤其在速度滑冰方面，荷兰政府加强了人才体系的建设，包括完整的青少年成长计划和完善的基础设施。悠久的滑冰传统、完善的人才培养机制、对速滑设施的战略性投入，这些因素共同筑就了荷兰的“速滑王国”地位。

（二）冰球——加拿大

冰球作为一项对抗性较强的集体冰上运动，在欧美尤其在北美拥有众多爱好者。以加拿大为例，作为在全球享有盛名的冰球王国，加拿大拥有人工制冷冰球场多达数千座，俱乐部3.4万个，从事冰球运动的人数约64万人，是目前世界上拥有冰球俱乐部和人工制冷冰场最多的国家。作为北美四大职业运动之一，国家冰球联盟（National Hockey League，NHL）是世界最具影响力的职业冰球比赛之一，是一个由北美冰球队伍所组成的职业冰球运动联盟。因为传统上 NHL 的加拿大血统，大多数的球员为加拿大籍，后在 NHL 积极向欧美扩展和高水平职业球员输出后，欧洲及美国的球员和球队数量明显增加。NHL 现在也成为仅次于 NFL（国家橄榄球联盟）与 MLB（美国职业棒球大联盟）的北美第三大职业联赛，同时也是世界上有着良好收益的冰球联赛。以 2013—2014 赛季为例，NHL 球队当季收入合计达到 37 亿美元，经营利润合计达到 4.53 亿美元，67% 的球队实现盈利，30 支球队商业价值合计达到 147 亿美元[①]。

（三）花样滑冰——俄罗斯、日本

俄罗斯是世界公认的竞技体育强国，并在冰上运动发展方面有着独特的优势。俄罗斯政府将体育作为一项“国家工程”，制定和推出专项体育政策，为体育发展提供制度保障。通过加强冰上运动场馆及其他基础设施建设，完善后备人才培养体系等多项举措，提升高水平运动员培养。俄罗斯非常注重花样滑冰项目的训练、技术创新和人才培养，拥有优秀的花滑教练和源源不断的冰上运动后备人才，坚持长期投入，深入研究花滑项目的技术和动作难度，使得俄罗斯花滑运动得以长期处于世界顶尖水平。近年来，俄罗斯还举办了多项大型国际冰雪赛事，包括 2014 年索契冬奥会、2019 年世界大学生冬季运动会等，有力推动了俄罗斯对冬季项目基础设施的建设和现代化改造。2014 年，俄罗斯将索契冬奥会开幕日 2 月 7 日设立为“俄罗斯冬季运动日”。

日本经济实力强大，冰雪资源丰富，开展以花滑为代表的滑冰运动有一定的群众基础。日本非常注重对年轻滑冰运动员的培养，每年会从全国各地选拔出优秀的运动员参加滑冰夏令营，在帮助许多年轻运动员提高滑冰技能的同时，从小培养他们的竞争意识。日本还具有完备的滑冰竞赛表演体系，冰上赛事几乎覆盖全年，包含国际顶尖的滑冰赛事、

① 一财网 . 京张迎冬奥会“面试”冰雪运动投资渐趋火热［EB/OL］.（2015-03-26）［2022-10-25］. https://www.yicai.com/news/4590798.html.

全国锦标赛、国内各地区锦标赛以及商业化的竞赛表演赛等。同时，通过举办全日本花样滑冰选手权大会、日本各地区选手权大会，以及 NHK 杯花样滑冰大奖赛等赛事，使得日本民众可以近距离接触到优秀的滑冰运动员，观看到精彩的冰上运动表演。

二、中国滑冰产业发展现状

北京冬奥组委面向全社会发布的《北京 2022 年冬奥会和冬残奥会经济遗产报告（2022）》数据显示，截至 2019 年底，我国冰雪产业规模约为 4 235 亿元，相比 2015 年冰雪产业规模 2 700 亿元增长了 56.85%[①]。根据国际冰雪产业发展经验，以冰上运动项目为核心的滑冰产业总规模占整个冰雪产业总规模的 25% ~ 35%，滑冰产业未来市场规模有望超过千亿元。《“带动三亿人参与冰雪运动”统计调查报告》显示，2015 年北京成功申办冬奥会以来，全国居民参与过冰雪运动的人数为 3.46 亿人，冰雪运动参与率为 24.56%，冰雪市场释放出巨大的潜力。参与冰雪运动庞大的人群基数有力地推动了我国滑冰产业的发展。

（一）冰场数量快速增长

滑冰产业作为冰雪产业的重要组成部分，已进入快速发展阶段。自进入 21 世纪，商业冰场的数量不断增加，“商场 + 冰场”模式由北方拓展到南方。2010 年，国家体育总局在“北冰南展”的基础上，进一步提出“北冰南展西扩东进”战略，之后进一步延伸为冰雪运动“南展西扩东进”，将西北地区以及南方地区纳入冰雪运动的整体发展战略中。这一时期，我国的冰场冰面面积不断扩大，冰场配套更加完善，冰场的建设更加专业，冰场的运营管理也逐步完善。在北京冬奥会、冬残奥会申办成功后，国家先后发布《冰雪运动发展规划（2016—2025 年）》《全国冰

① 北京 2022 年冬奥会和冬残奥会组织委员会，北京体育大学 . 北京 2022 年冬奥会和冬残奥会经济遗产报告（2022）［R］. 2022.

雪场地设施建设规划（2016—2022年）》《关于以2022年北京冬奥会为契机大力发展冰雪运动的意见》《冰雪装备器材产业发展行动计划（2019—2022年）》等政策，从顶层设计上明确滑冰产业发展的目标与发展策略。这期间，我国冰场数量高速增长，国内拥有室内标准真冰场从数十块增长到388块。到2021年12月，全国已拥有各类滑冰场地1 450个。

（二）滑冰运动竞技成绩优异

以筹备北京冬奥会相关工作为契机，各类媒体报道持续升温，为冰上运动发展创造了良好的舆论环境。冰上运动消费者、社会组织以及相关行业企业积极参与北京冬奥会，形成社会各界共同推动滑冰产业发展的良好态势。在滑冰竞技层面，中国体育代表团在北京冬奥会冰上项目上斩获4金1银1铜的优异成绩。短道速滑更是中国在历届冬奥会上夺得金牌、奖牌数最多的分项。在我国累计获得的77块冬奥会奖牌中，有37块来自短道速滑。自2002年美国盐湖城冬奥会起，中国短道速滑运动员在历届冬奥会上从未缺席冠军领奖台，北京冬奥会以2金1银1铜的战绩再次证明了自己的实力。

（三）滑冰产业发展受益消费升级

除了北京冬奥会的直接刺激，滑冰产业发展同样受益于经济的增长。2021年中国人均GDP突破1.2万美元①，体育、旅游、文化成为重要的消费升级方向，滑冰产业迎来了上升的浪潮，投资规模不断扩大。同时，完善的场地设施、良好的竞技成绩、积极的舆论环境、高涨的全民参与冰雪运动的积极性，都为滑冰产业的发展奠定了坚实的消费基础。

（四）滑冰运动在南方城市快速开展

随着北京冬奥会成功申办和冰雪运动“南展西扩东进”战略持续推进，南部省份的冰雪运动得到了快速发展，室内真冰场数量进一步增长，

① 国家统计局.2021年国民经济运行情况答记者问[EB/OL].（2022-01-17）[2022-10-28]. https://stats.gov.cn/tjsj/sjjd/202201/t 20220117_1826479.html.

滑冰人口和市场消费实现快速增长。截至 2021 年 6 月，南方许多省份已经建成服务于本区域滑冰爱好者的室内真冰场（见表 8–1）。

表 8–1　部分南方省份室内真冰场数量

省份	冰场数量（个）
广东	21
四川	12
湖北	16
湖南	8
江苏	16
浙江	7
上海	14

同时，各地政府积极出台支持冰雪运动发展的相关政策。《云南省人民政府办公厅关于促进全民健身和体育消费推动体育产业高质量发展的实施意见》（云政办发〔2020〕22 号）、《四川省办公厅关于促进全民健身和体育消费推动体育产业高质量发展的实施意见》（川办发〔2020〕50 号）、《福建省体育局关于抢抓机遇发展冰雪运动的若干措施》（闽体〔2019〕198 号）、《湖北省人民政府办公厅关于促进全民健身和体育消费推动体育产业高质量发展的实施意见》（鄂政办发〔2020〕36 号）、《关于加快发展湖南省冰雪运动的实施意见》（湘体字〔2019〕48 号）等一批政策文件出台，明确支持冰雪小镇、冰雪节、冰雪季活动、冰雪旅游景区的发展，对于进一步加快滑冰运动在南方城市开展起到了巨大的促进作用。

（五）更多冰上赛事进入综合性运动会

随着室内真冰场的建设，南方城市从硬件上一步步解决了此前无法开展冰上项目的难题。同时，受各地政府高度重视，冰上运动项目开始进入更多的省（区、市）运动会中。目前，广东、湖北、四川、福建、重庆等省份已在全省（市）运动会上开始增设冰上项目，详见表 8–2。

表 8-2　冰上项目在部分南方省份进入省（市）运动会

省份	增设冰上项目
广东	冰球项目
贵州	陆地冰壶项目
四川	速度轮滑＋短道速滑、轮滑冰球＋冰球项目
重庆	花样滑冰、冰球项目
湖北	冰球项目
福建	轮滑冰球项目

第二节　中国滑冰产业链分析

中共中央办公厅、国务院办公厅印发的《关于以 2022 年北京冬奥会为契机大力发展冰雪运动的意见》提出，我国冰雪产业的发展目标是产业规模明显扩大，结构不断优化，产业链日益完备。随着北京冬奥会的成功举办，国家相关政策积极推动，我国滑冰产业迅速发展，市场需求不断放量。促进滑冰运动与相关产业融合发展，打破阻碍滑冰产业发展的界线，实现滑冰场地建设运营、滑冰器材装备制造、滑冰教育培训、滑冰竞赛组织等相关子产业的联动发展，是推动我国滑冰产业发展的重要突破口。

一、滑冰产业链概述

产业链一词是由我国学者在 20 世纪 80 年代左右提出的一种经济学概念，本质是用于描述一个具有某种内在联系的企业群结构，其中大量存在着上下游关系和相互价值的交换，上游环节向下游环节输送产品或服务，下游环节向上游环节反馈信息。产业链结构的实质就是产业链内部的分工结构。

（一）滑冰产业链的界定

我国 2017 年 10 月 1 日开始实施的《国民经济行业分类》中，代码 4991 的体育场地设施安装类别，是指运动地面（如足球场、篮球场、网球场等）、滑冰、游泳设施（含可拼装设施、健身步道）的安装等；在

《体育产业统计分类（2019）》中，代码0912的冰雪器材装备及配件制造类别，是指雪上、冰上运动项目器材装备及配件制造，主要包括滑雪类运动项目（含滑雪、北欧两项等）、滑冰类运动项目（含滑冰、花样滑冰、冰壶、冰球、雪橇运动等）的器材装备及配件制造，其他雪上、冰上运动器材装备及配件制造。由于我国对于冰上项目的产业链目前尚无明确的概念界定，根据现行政策和实施文件，本书选择滑冰产业链这一名词对冰上项目的各环节进行分析阐述。

滑冰产业链是指以具有滑冰产业上下游关系的企业或组织基于一定的技术经济联系或投入产出关系，为共同创造滑冰产品（服务）价值并实现增值而形成的具有特定的时空布局关系的链条式关联系统，属于混合型产业链。供需链、企业链、空间链、价值链等维度共同构成了滑冰产业链，形成交错编织的“链簇”。在整个滑冰产业链的运转过程中，显隐性知识、技术、资金等在产业链的各个环节中流动，顾客需求、产品周期、创新创造、相邻产业结构、企业战略以及政策红利等的变化都在不同层面影响并推动着产业链每个环节的转型升级①。

（二）滑冰产业链的组成

从宏观角度来看，滑冰产业链的上游包括滑冰场地场馆建设、滑冰装备器材制造等，中游主要为滑冰场地场馆运营、滑冰装备器材销售等，下游为滑冰竞赛表演组织、滑冰教育培训、滑冰项目衍生周边等，如图8-1所示。

上游端为滑冰运动的开展提供原材料，滑冰场地场馆的建设及滑冰装备器材生产制造保障了冰上运动开展的场地及用具。中游端滑冰场地场馆的运营及装备器材售卖向下游延伸至冰上服务业，一方面为专业滑冰运动员参与的赛事表演，另一方面为大众参与的冰上休闲运动及相关

① 芮明杰，刘明宇，任洪波．论产业链的整合［M］．上海：复旦大学出版社，2006.

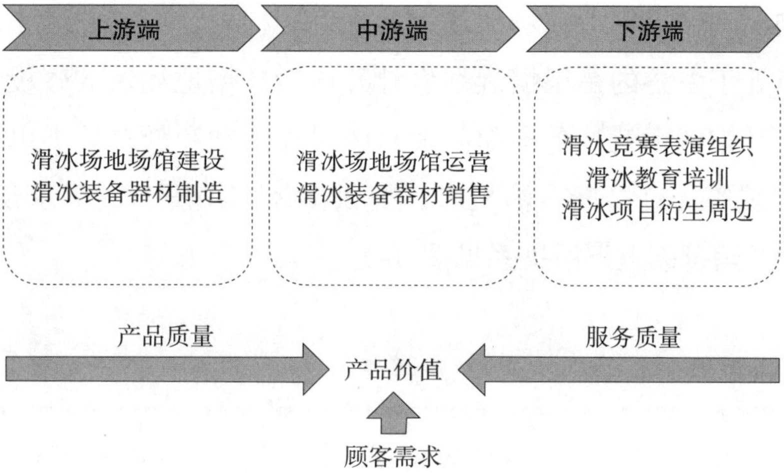

图 8-1　滑冰产业链的组成

培训。依托于滑冰赛事表演，滑冰项目衍生周边也成为冰上产业链下游端的重要一环，以北京冬奥会为例，“冰墩墩”毛绒玩具、造型手办、饰扣、水晶球、盲盒、徽章等冬奥文创产品备受追捧。上游端保障产品质量，下游端保障服务质量，与顾客需求共同决定了产品价值。从整体上看，我国滑冰产业链具有行业交叉、产业密集、延展性强的特点。从产业分工的视角，我国滑冰产业各子产业内部已形成了清晰的上游（研发与设计）、中游（生产与制造）、下游（营销与服务）分工结构。

二、滑冰场地建设及运营

场地设施是体育赛事发展的基础和载体。在北京冬奥会申办成功之后，政府将滑冰场地设施的建设提上日程，定位非常明确，通过建设各种项目所需要的场地，包括冬奥会比赛的专用场地，既能满足冬奥会的赛事需求，又能服务于我国冰上项目运动员的日常训练，提高他们的运动技能，还具有满足群众运动和娱乐的需求与普及冰上运动的作用。

（一）高质量冰场的建设顺应时代发展的需要

滑冰场地建设及运营产业链的上游是企业对滑冰场地场馆进行规划

设计系列活动，提供滑冰场地场馆的理念和构想，决定了滑冰场地场馆的定位；处于中游的是根据规划设计开展滑冰场地场馆的建设；下游是滑冰场地场馆的运营，包括面向大众的滑冰活动和教育培训以及承接滑冰竞赛组织等，直接面向消费者，提供滑冰相关服务的需求反馈信息。冰场建设及运营的上下游关系见图 8-2。

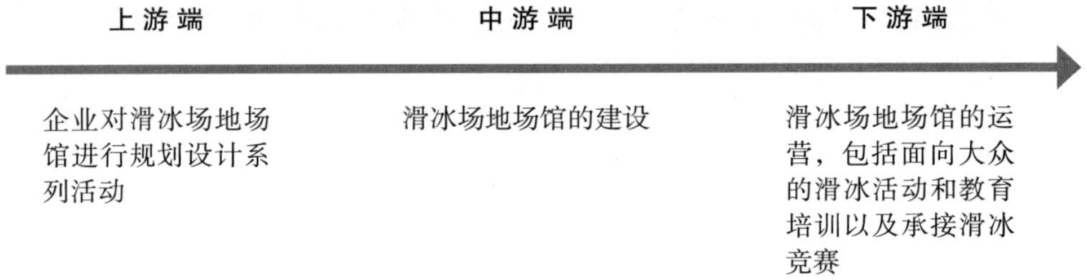

图 8-2　冰场建设及运营的上下游关系

2016 年国家体育总局等七部门印发的《全国冰雪场地设施建设规划（2016—2022 年）》提出，到 2022 年要建设成先进和完善的冰雪场地设施网络，并能满足一些高水平的、综合性的冰雪赛事需求，弥补我国冰雪场地的缺失，提高服务质量。在国家大力建设滑冰场地设施的同时，各大俱乐部和企事业单位、院校也紧随其后，寻求和建设滑冰场地以供本单位所用。各企业间相互进行合作与探讨，不断创新技术，建设高科技的智慧场馆设施和设备，并运用于比赛与日常活动之中。院校冰场的投建，让更多青少年体验到滑冰的乐趣。有规划、有目的地建设冰雪场地设施，能够使政府投入与民间资本相辅相成，避免盲目建设，为更好地开展冰上体育赛事奠定基础。

（二）滑冰场地设施企业快速发展

北京冬奥会成功申办后，我国滑冰场馆建设进入高峰期，投建数量创下历史新高。各类固定场地真冰场、气膜冰场、仿真冰场、旱地溜冰场纷纷开业。随着更多室内冰场落成，冰上运动开展不再依赖于场地和受制于气候条件，四季运营成为常态，跨界融合从单一业态向多元转变。2016年印发的《全国冰雪场地设施建设规划（2016—2022年）》提出，推广室外天然滑冰场和建设可拆装滑冰场，鼓励在公园、校园、广场、社区等地建设可拆装式滑冰场。目前，可拆装式滑冰场在校园、企业、社区中已得到更多的应用，冰上运动走进更多人的日常生活中。随着各类滑冰场馆的落成，国内涌现出一批具有代表性的滑冰场馆建设和冰场设备制造企业。

三、滑冰装备器材制造与销售

（一）北京冬奥会加快滑冰装备器材产业突破

为加快培育发展冰雪装备器材产业，助力制造强国和体育强国建设，工业和信息化部等九部门联合编制了《冰雪装备器材产业发展行动计划（2019—2022年）》，对重点大众冰雪装备器材及北京冬奥会亟需装备器材进行了规范说明。冰场设施设备、场馆配套设施等冰场装备器材应用和北京冬奥会亟需装备器材成为重点，明确了进一步带动滑冰装备器材产业发展重点和突破方向。冬奥会也促使了滑冰装备器材制造业转型升级。在北京冬奥会的强力推动下，物联网、区块链和人工智能等高新技术进入冰雪产业，冰雪装备产品趋向个性化和定制化，信息网络技术的不断扩大应用，使用户反馈直接作用于冰雪装备制造的研发设计端，以用户需求为导向的研发设计在整个冰雪装备制造产业中起引领作用，冰雪装备制造产业面临服务化的转型升级。

（二）滑冰装备器材制造产业链更加完善

滑冰装备器材制造产业链包括以生产关系为纵向链条的上、中、下游的供需链，具体来说包括上游的基础型产业，主要涉及原材料供应与新技术研发；中游的生产制造产业，主要涉及产品的生产、加工、装配、制造等业务活动，是将原材料升级为最终消费产品的过程；下游的服务型产业，主要涉及围绕最终产品进行的市场营销、售后服务等服务型业务（见图 8–3）。上游和中游属于生产型企业，对产品的质量产生直接或间接的影响，而下游的服务型产业不仅提供滑冰装备器材的运送、销售及售后服务，还要服务于滑冰装备器材生产制造的全过程。服务型产业作为最接近消费者的一个环节能迅速对终端消费者的需求作出反应，因此也是整个产业链产品价值再创造至关重要的环节。

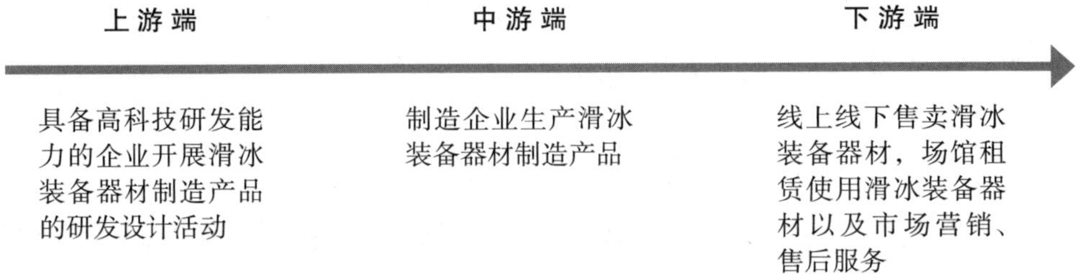

图 8–3　滑冰装备器材制造产业链的上下游关系

在开发大众冰雪装备器材层面，《冰雪装备器材产业发展行动计划（2019—2022 年）》指出，要紧扣“三亿人参与冰雪运动”需求，开发物美质优的冰场、雪场专用装备和设施，有效降低冰场、雪场运营成本；研制安全性高、功能性强的冰刀、滑雪板、滑雪服等大众普及型个人运动器材。丰富细化品种，带动新材料创新应用，提升大众冰雪装备器材供给能力，促进大众冰雪消费市场有效释放。

（三）高端装备器材市场国外品牌占据优势

从消费市场来看，当前滑冰运动器材中的高端与核心装备仍被国外品牌垄断。专业冰刀鞋被荷兰、瑞士、意大利、加拿大等国外企业占据，如专业冰刀鞋领域，荷兰的品牌仍是专业滑冰运动员的首要选择。在专业滑冰装备器材的高端供应中，国外品牌仍然占据了绝大多数的市场份额。在大众滑冰装备器材方面，随着国内企业加强创新研发，国产品牌依托国内强大的制造能力和成本优势开始加大滑冰装备器材产品推出，并逐步实现国产化。不过，由于受一些核心材料供应所限，影响了国产装备器材品牌的进一步发展。

（四）冰场设备设施国产品牌占据主流

冰场设备设施主要包括制冰系统与冰面维护设备。制冰系统中最主要的就是制冰主机，冰面维护设备主要为浇冰车。目前，在冰雪产业高质量发展背景下，产品向绿色环保制冰主机和智能电动浇冰车发展。随着国产设备整体竞争力提升，开始以采购周期短、售后响应快、配件价格低等优势成为商业冰场优选。在北京冬奥周期内，我国制冷设备行业经历了一个高速增长期。国产制冷产品在制造技术、成本控制、市场占有率等方面拥有比较优势。随着创新技术的不断进步，制冷设备行业在国内迅速成长起来。从我国冰场装备设备生产供应情况来看，在滑冰场关键装备冰场制冷系统领域，国内企业已占据优势地位，但关键部件压缩机、冷媒泵、控制器仍以进口为主。浇冰车则以美国、意大利品牌为主。进口浇冰车价格普遍在百万元以上，国产浇冰车价格从十几万元到几十万元不等。冰场配套设施主要包括能源管理、票务管理、门禁、安全防护、灯光、音频、视频系统及气膜等场馆运营配套设施。在配套设施方面，冰场选择上多以国产品牌为主。

《冰雪装备器材产业发展行动计划（2019—2022年）》显示，随着“三亿人参与冰雪运动”目标达成和各类冰场数量的快速增长，预计2022年冰雪装备器材产业年销售收入超过200亿元，滑冰装备器材产业占冰雪装备器材产业总规模的25%左右，收入超过50亿元。

四、滑冰教育培训

（一）青少年是冰上运动普及和推动的核心人群

滑冰教育培训产业链的上游是国内外具有影响力的协会组织建立滑冰培训体系和等级认证体系；处于中游的是滑冰运动俱乐部开展滑冰教

育培训服务；下游是滑冰运动俱乐部或滑冰教育培训机构和中小学校等建立合作，成为共同推进青少年滑冰运动开展和“冰雪运动进校园”的一部分，为冰上运动进行人才的开发及储备，与其他滑冰产业链上的各环节产生链接（见图 8–4）。为保证冰上运动和滑冰产业的持续发展繁荣，我国将青少年作为冰上运动普及和推动的核心人群，不断完善“冰雪运动进校园”政策和实践，加大冰雪特色学校与社会滑冰俱乐部的合作力度，充分利用社会优质的场地、教练和培训课程等资源，普及校园冰上运动，培养后备人才力量。

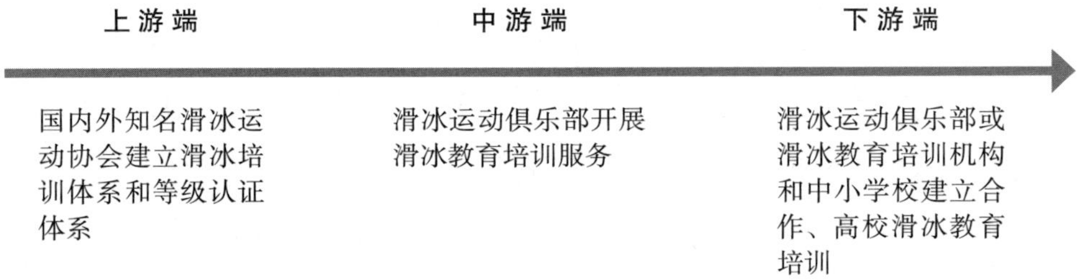

图 8–4　滑冰教育培训的上下游关系

（二）高校加大冰上运动支持力度

除大众教育培训外，高校教育培训对于滑冰运动员的规划和倾斜力度也在不断加强，进一步完善了滑冰项目人才的输送和管理。2020 年 8 月由国家体育总局、教育部印发的《关于深化体教融合 促进青少年健康发展的意见》（体发〔2020〕1 号）中提出，教育、体育部门联合建设高校高水平运动队，进一步规范项目布局、招生规模、入学考试、考核评价等。鼓励高校积极申报设立高水平运动队，合理规划高水平运动队招生项目覆盖面，加大对高水平运动队的招生力度。2021 年 11 月，经相关招生院校、省级体育行政部门、国家体育总局运动项目管理中心和有关协会等审核，873 名运动员通过审核，获得保送上大学的推荐资格。其中，共有冰壶、冰球、花样滑冰、速度滑冰 4 个冰上项目 76 名运动员保送至北京大学、北京体育大学、首都体育学院、中央财经大学、哈尔滨体育学院、哈尔滨工业大学、吉林大学、天津体育学院、上海体育学院、沈阳体育学院、河北体育学院、郑州大学体育学院、北京第二外国语学院 13 所高等院校。

（三）冰雪运动特色学校建设成效显著

国家统计局相关数据显示，截至 2021 年 10 月，全国 18 岁以下青少年群体参与冰雪运动的人数达到 4 600 万人。全国冰雪运动特色学校在2020年已达到2 062所[①]。根据教育部、国家体育总局等四部门2019年印发的《关于加快推进全国青少年冰雪运动进校园的指导意见》，国家体育总局会同教育部制定冰雪运动传统特色学校相关标准，深化体教融合、实施冰雪校园计划，将冰雪运动知识教育纳入学校体育课教学内容，开展全国学校冰雪运动竞赛，提高冰雪运动在校园中的普及程度。预计到 2025 年将达到 5 000 所冰雪运动特色学校和 100 个校园冰雪运动试点县（区）。庞大的青少年群体有望为滑冰运动的开展带来更加广阔的前景。

（四）冰上运动项目培训市场出现起伏

从冰上运动项目开展成熟的北京市场来看，冰球、花滑等滑冰运动参与群体不断扩大，在培训方面的支出占据了较大份额。同时，以冰球、花滑运动为主的冰上运动项目在南方许多城市开始蔓延。在北京冬奥周期内，资本的助力，对滑冰培训市场发展起到了助推引擎的作用。

从行业投融资情况来看，2015—2021 年，共发生二十余笔冰雪培训业务的公司融资。从冰上项目来看，冠军冰场在 2019 年 12 月获得投资后，旗下的滑冰和冰球俱乐部在全国有冰场的城市，长期开展与当地幼儿园、中小学合作开设冰上课程、共建青少年冰上活动体验基地、共建

① 赵萌．以冬奥荣光迎接冰雪运动的未来［EB/OL］．（2022-02-22）［2022-10-25］.https://www.sport.gov.cn/n4/n23848493/n23848495/c24036109/content.html.

花样滑冰队和冰球队等教体合作工作。2010 年，李宁创立了非凡中国控股有限公司，2019 年底收购了以大众滑冰培训业务为主的全明星滑冰俱乐部，将运动场地的管理组合拓展至滑冰场。2021 年 6 月，万域芳菲宣布完成千万元级 A 轮融资，该轮融资将主要用于全国一线和准一线城市连锁冰场的扩张和以冰上原创 IP 舞剧为载体的滑冰的推广。总体来看，近年来冰上项目虽时有资本关注，但无论是冰球还是花样滑冰等由于服务业态倚重线下，对场地和人才供给的依赖度高，同时，近两年受新冠肺炎疫情影响，闭店现象时有发生，培训业务难以形成规模化，增长相对缓慢，也影响了资本对这个行业的重点投入。

五、滑冰竞赛组织

滑冰竞赛组织对普及冰上运动、促进冰上产业发展发挥着重要作用。滑冰赛事的上游是政府、企业、协会独立或以合作的形式开展滑冰赛事的策划、组织及宣传；中游包括为赛事的运作及实施提供支持的产业，如场馆建造、场馆租赁等；下游包括媒体的赛事转播、赞助商的产品营销等活动，实现滑冰赛事 IP 价值的最大化（见图 8–5）。

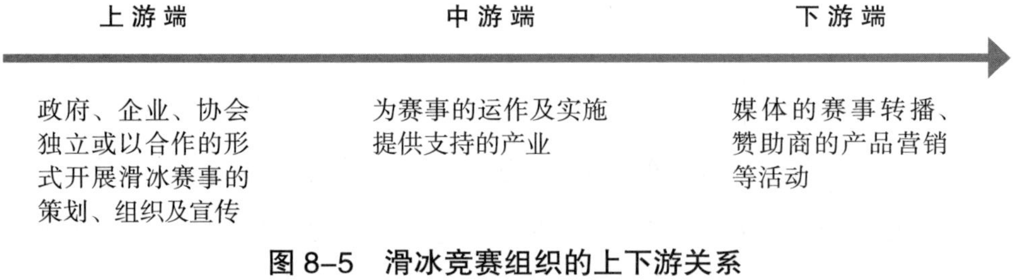

图 8–5　滑冰竞赛组织的上下游关系

滑冰竞赛组织是滑冰产业链上的主导产业，与滑冰产业链上的其他环节产生交互与促进。以冬奥会为例，从产业链的构成来看，冬奥会的门票、赛事转播和赞助等收入属于一次性的直接收入，其更大的附加价值是通过冬奥会“眼球经济”使人们产生持续参与冰雪运动和健身培训、购买冰雪运动装备等消费行为，进而带动旅游、餐饮、住宿和零售等相关产业的发展。在北京冬奥会的带动下，专业性滑冰赛事及大众性滑冰赛事不断涌现，夯实了冰上运动的群众基础。

滑冰消费者是滑冰场地的使用者、滑冰装备器材的消费者、群众性滑冰教育培训的参与者，也是商业性高水平滑冰赛事的观赏者，其行为能够对周边人群参与冰上运动起到积极的带动作用。我国参与冰上运动的人数不断增长，已逐渐形成了较为稳定的滑冰运动消费人群。更多滑冰人数的增长，需要推出更多的冰上赛事，而更多赛事的推出将进一步激发滑冰人群的积极性和壮大滑冰市场。

第三节　中国滑冰产业链发展面临的困难

随着 2022 年北京冬奥会、冬残奥会的成功举办，我国滑冰产业发展迎来新契机，产业规模与质量迅速提升，滑冰消费市场蓬勃发展，滑冰产业链不断发展完善。滑冰产业链现代化是我国滑冰产业高质量发展的必由之路。但对照高质量发展要求，当前我国滑冰产业发展还存在滑冰场地质量偏低，滑冰装备器材制造水平较低，滑冰产业链长度受限，滑冰产业链核心竞争力不足，滑冰产业链动力不足，滑冰产业链抗风险能力差等问题。

一、滑冰场馆运营问题突出

受新冠肺炎疫情影响，商业冰场近两年正常运营数量出现阶段性下滑，尤其是行业内知名商业冰场连锁品牌如世纪星、冠军、全明星、欧悦、冰纷万象等相比疫情前快速增长的势头，多数出现不同幅度的下降（见表 8–3），这对行业良性发展带来一定的不利影响。

另外，在全国各地冰场的建设过程中，对于滑冰场馆规划的科学性、

表 8–3　知名冰场连锁开店数量对比

单位：个

冰场名称	2017 年	2018 年	2022 年
世纪星冰场	28	29	23
冠军冰场	24	32	22
全明星滑冰俱乐部	17	14	11
欧悦滑冰俱乐部	18	12	8
冰纷万象冰场	12	11	18

数据来源：根据各企业官网数据整理。

专业性和市场调研分析能力需要加强。近年来，一些地方出现在投建冰场之初未进行深入调研、科学分析等方面的问题，“一哄而上”带来后续运营难的被动局面。从实际情况来看，冰场使用能耗、人员、租金成本高企的局面依然存在，冰场建设和运营成本较高，特别是高能耗高成本问题难以得到有效解决。

此外，滑冰场所安全管理制度需要进一步规范，高素质滑冰教练员不足等问题依旧突出。

二、滑冰装备器材制造水平较低

与冰雪强国相比，我国滑冰装备器材制造企业对关键技术的研发力度不高，市场需求形不成规模，恶性循环导致研发投入较弱。同时，缺乏企业间在重大技术领域的联合攻关，产业链发展受限。冰上运动装备近几年虽有起色，基本能够自给自足，但需求量不大，加之行业起步较晚，在关键材料和技术层面的问题仍待解决，如冰刀鞋所用的冰刀刀刃，需要特种钢材料才能完成生产，但目前这一原材料基本还是靠进口。在本土化品牌的技术开发和品牌培育方面，尚未形成完善的纵向产业链条和深度打造。国内部分专注于运动员和竞技层面的小众品牌，虽具备一定知名度，但规模有限。与国外的知名品牌相比，国产品牌在关键技术创新与品牌竞争力上还存在一定差距。由此，产业链将面临长度延伸不足，规模效应难以发挥，装备、设备难以满足中下游产业的个性化需求的情况。

三、高标准场馆和高素质人才不足

滑冰场馆不仅是滑冰产业发展的基本载体，也是推动滑冰产业链升级的关键环节。目前，我国高质量高标准的滑冰场馆规模与数量仍显不足。与2015年相比，虽然室内真冰场数量已有显著增加，但与我国国土面积和人口总数平均拥有量相比还明显不足，并出现阶段下降趋势。以北京为例，从2019年下半年开始至2022年，具有国际标准的真冰场快速投建，数量一度达到90余块，但受新冠肺炎疫情影响，可对外营业冰场至2022年7月已下降至70余块，降幅超过20%。

滑冰专业人才的缺失也导致了产业核心竞争力不足局面的加剧。近年来，通过大力实施冰雪运动“南展西扩东进”战略，推动冰雪运动“四季拓展”，实现了3.46亿人参与冰雪运动的成果，但我国群众冰上运动的深度参与率还不高，场地设施供给不足、专业人才缺乏等问题仍然存在。据《中国冰雪产业发展研究报告（2018）》估算，到2025年，教练指导员等需求近万人[①]。我国滑冰人才培训周期长、专业化水平要求高，整体教学水平偏低，优秀教练员等高素质人才稀缺等问题需要进一步完善和解决。

四、滑冰产业链主要业态出现变化

根据《冰雪运动大众参与状况调查报告》数据，大众第一次参加冰雪运动的年龄范围为3～48岁，平均年龄为20.44岁，中位数为20

---

① 华腾冰雪.《中国冰雪产业发展研究报告（2018）》正式发布，国内滑雪场馆达到738座，冰场达到334家［EB/OL］.（2018-10-23）［2022-10-25］.https://www.sohu.com/a/270658391_505583.

岁[1]。我国冰雪运动参与者趋于年轻化，然而，当前我国滑冰产业链整体仍然依靠传统渠道进行，渠道窄、成本高、范围小、影响力弱等成为制约滑冰企业发展的重要因素。房租成本、人工成本、推广成本等使得冰场运营利润微薄。多年来，商场、商业综合体内的真冰场成为我国商业冰场发展的主要业态。随着城市商业地产的发展，更多购物中心、百货商场兴建，拉动真冰场业态成为"标配"，但当前商业综合体项目的投建速度放缓，商场人流量下降，需要进一步用好北京冬奥遗产，加大推广力度，做好冰场业务精细化运营，避免产业后续发展动力不足的情况发生。

五、滑冰产业链抗风险能力较差

提升产业链现代化水平，既需要优质的龙头企业，也需要专精特新的中小微企业。龙头企业带动中小微企业发展，通过协同作用形成产业集群。在我国目前的滑冰产业链，上规模的分工合作大多局限于场馆建设和制冷设备设施等业态，国有、民营企业，大、中、小、微企业横向联系较为薄弱，多数中小微滑冰产业链企业并未能参与到产业链的深度整合中，抗风险能力较弱。同时，商业滑冰运动社团和会员俱乐部的数量少、规模小、发展慢、黏性弱，在实现产业链内部的深度分工方面仍显不足。

第四节　典型案例分析

我国通过实施"南展西扩东进"战略，推动冰雪运动"四季拓展"，实现了3.46亿人参与冰雪运动的成果，冰雪人群基数快速增加，为滑冰产业发展打下了坚实的市场基础。随着滑冰产业的深入发展，我国在群

---

① 赵婀娜，贾麟．中国人民大学发布《冰雪运动大众参与状况调查报告》［EB/OL］．（2018-11-20）［2022-10-28］．https://www.sohu.com/a/276760132＿114731.

众滑冰运动开展、场馆建设运营、赛事策划组织、队伍保障、专业人才培养等不同领域涌现出一批典型案例。

一、滑冰场地运营管理典型案例

（一）国家速滑馆

国家速滑馆作为北京冬奥会标志性场馆，又名“冰丝带”，是北京冬奥会速度滑冰项目的比赛场馆。“冰丝带”与国家体育场“鸟巢”、国家游泳中心“水立方 / 冰立方”等共同组成北京作为世界首个“双奥之城”的标志性建筑群。冬奥会期间，“冰丝带”承担了速度滑冰项目的比赛和训练，冬奥会后，它被打造为以冰雪运动为核心，全面促进全民健身、体育消费的新型城市文体综合体。作为全国唯一由企业运营管理，开放给公众的大道速度滑冰场馆，在冬奥会结束后，“冰丝带”正式向公众营业并逐渐成为全民健身、体育培训和娱乐休闲的新地标。场馆内保留了众多北京冬奥会期间的元素内容，包括冬奥标志性景观、赛时记录墙、奥林匹克徽章、历届冬奥会会徽、冬奥公共艺术作品展等特色景观供公众参观赏鉴。

（二）北京市冰上项目训练基地

北京市冰上项目训练基地位于延庆区中心区域，总建筑面积达到 8 万多平方米，主要包括一座近 6.8 万平方米的综合训练馆、教学管理公寓楼及其他附属设施，是目前亚洲单体最大的综合性冰上中心。训练基地内场馆全部按照冬奥会赛事标准建设，基地的建成填补了北京市冰雪运动队专业训练场地的空白。为国家队运动员备战北京冬奥会提供了有力支撑，并为北京市运动员提供冰球、花样滑冰、短道速滑和冰壶等冬奥项目的相应教学和训练，以及医疗和生活等长期保障。随着北京市区冰雪队伍的扩大和群众参与滑冰运动的群体增长，北京市冰上项目训练基地将发挥出更大的平台作用。

（三）青海省西宁市市民中心

青海省西宁市市民中心位于青海省西宁市城中区南川西路，主要设有政务服务中心和体育文化馆。市民中心内进驻行政审批、政务服务、便民服务各类事项。在体育文化馆里，设有图书角、饮水吧、儿童娱乐区、商务休闲区、空中花园等，为市民留下了足够的空间和休息的余地。体育文化馆和市民中心一起为群众提供各类服务，也为体育文化馆冰球和冰壶馆带来了更大的客流量。作为西宁市市民中心体育文化馆的重要组成部分，人们可以更方便地参与冰上运动。冰球馆和冰壶馆成为青海省青少年冰上项目训练基地，组建了西宁市冰球、花样滑冰、冰壶队等专业运动队。

二、滑冰运动俱乐部运营典型案例

（一）世纪星滑冰俱乐部

世纪星滑冰俱乐部是我国第一个面向业余爱好者的民营滑冰俱乐部，首家专业滑冰培训机构。俱乐部曾代表北京市参加冬运会冰上项目的比赛，并取得了优异成绩，填补了北京市冰上项目的空白。俱乐部还向国家队、地方队输送了多名优秀运动员及教练员。目前，俱乐部所在的世纪星国际冰雪体育中心位于北京市昌平区，场馆面积有两万余平方米，拥有符合奥林匹克标准的真冰场，可进行花样滑冰、短道速滑、冰球及冰壶等冰上项目的省市、国家、国际级别的比赛活动，被国家体育总局冬季运动管理中心授予国家花样滑冰队训练基地、冰上项目后备人才培养基地、国家花样滑冰等级测试制度推广基地。

（二）昆仑鸿星冰球俱乐部

北京昆仑鸿星冰球俱乐部（HC Kunlun Red Star），成立于2016年，为国内首家且目前唯一有资格参加世界顶级冰球联赛的冰球俱乐部。昆仑鸿星成立于北京成功申办冬奥会的时代背景下，2016年，国家体育总局冬季运动管理中心与昆仑鸿星宣布共建包括中国国家U20男子冰球队、U18男子冰球队、U18女子冰球队等多支球队。2021年8月，男子、女子冰球国家队分别以北京、深圳昆仑鸿星冰球俱乐部的名义，参加了2021—2022赛季俄罗斯男子、女子冰球联赛（KHL/WHL）。昆仑鸿星球队管理和教练团队由各国冰球专家以及中国冰球界的一流教练员组成。俱乐部在推广冰球运动，探索中国冰球改革发展路线，助力国家冬奥备战，推动中国冰雪运动发展中起到了积极的作用。

（三）飞扬冰上运动中心

飞扬冰上运动中心位于上海市浦东新区三林体育中心，由我国冬奥会首枚金牌获得者、短道速滑名将杨扬创办。飞扬冰上运动中心是全国连锁的滑冰俱乐部，冰场遍布多个省市，形成以场馆为中心，赛事、活动为带动，体育培训为根基，配套休闲、运动装备、餐饮等复合多元化的场馆经营模式。场馆兼具功能性与娱乐性，不仅具备冰上专业赛事、训练的承办能力，同时汇聚多种体育项目和产品。飞扬冰上运动中心参与组建了上海市冰上运动队伍，建立了上海市青少年冰上运动培训基地，创办了一系列冰上赛事，持续践行“南展西扩东进”战略，为培养上海冰上运动后备人才、扩大沪上冰上项目发展作出了应有的贡献。

三、滑冰装备制造业典型案例

（一）齐齐哈尔黑龙国际冰雪装备有限公司

位于黑龙江省齐齐哈尔市的老牌冰刀鞋生产企业——齐齐哈尔黑龙国际冰雪装备有限公司，前身是齐齐哈尔冰刀厂，始建于1951年。工厂曾经是世界上最大的综合性冰上体育器材生产企业，国家冰刀、冰鞋配套生产的唯一定点厂家。公司重组后传承了“黑龙”品牌。目前黑龙冰刀由高、中、低档的速滑刀鞋、花样刀鞋、冰球刀鞋组成。

（二）长春百凝盾体育用品器材有限公司

百凝盾PENNINGTON品牌主要产品为冰鞋、冰刀、护具、服装以及配套冰上辅助设备。在2014年索契冬奥会上，张虹穿着百凝盾冰鞋备战参赛并夺得速度滑冰女子1 000米冠军，实现了中国速度滑冰金牌零的突破。目前，百凝盾的产品已出口到了韩国、美国、荷兰等多个国家和地区。

四、滑冰人才培训典型案例

京津冀冰上项目专业技能人才系列活动是自2018年起，由北京市体育专业人员管理中心与北京市滑冰协会合作，联合京津冀相关部门为突破冰上项目专业技能人才培养瓶颈所举办的相关活动。具体包括已连续举办4届的“京津冀冰上项目专业技能人才主题系列活动”；连续举办3年的“京津冀冰上专业技能人才培训班”，其中一大部分人员成为冬奥会赛场的技术保障人员；编写《北京市冰上专项技能人才培训教材》，弥补了行业相关空白；持续建设“冰上专业技能人才智库”，为相关部门、企业院校、冰场俱乐部在人才引进、培养、激励、交流、使用等方面提供适时准确的数据信息支撑，为科学决策提供服务。

五、滑冰竞赛表演业典型案例

（一）北京冰球赛事体系

北京冬奥会、冬残奥会申办成功以来，北京市加大了对冰雪运动的重视程度，提出将冰球打造成为北京“城市新名片”。从北京市委、市政府到相关主管部门高度重视北京冰球运动发展，注册冰球运动员的数量连年增长、一批场馆建成投入使用、建立起完备的青少年冰球赛事体系。

截至2022年初，北京市共打造北京市青少年冰球俱乐部联赛、北京市中小学生校际冰球联赛、“奥运城市杯”北京青少年冰球邀请赛、北京冰球公开赛、北京冰球大奖赛5个品牌赛事，特设高中校际冰球联赛，使北京冰球赛事时间横跨全年，各年龄段青少年都有适合的比赛参加。2022 年北京市高中校际联赛数据显示，北京市青少年冰球运动员注册人数已经超过了 4 000 人，其中高中生球员已经达到了 500 余人，在全国处于领先地位。

（二）冰上舞台艺术秀

冰上舞剧《踏冰逐梦》，是以花样滑冰为主要表演形式的原创舞剧。作品融合了花样滑冰、舞剧、冰上杂技等多种表演形式，并结合当代舞台艺术的多种特效。该舞剧由花样滑冰世界冠军张丹、张昊联袂主演，在 2017 年启动创作，2019 年在北京工人体育馆首次登台，2022 年上演了升级版本，呈现出更好看的动作组合与队形编排，同时融入了更多新的科技元素。冰上舞剧《WE ARE ONE》是以奥运精神的传承与希望为主题，由花样滑冰世界冠军庞清、佟健领衔主演。演出用花样滑冰将文化艺术与体育竞技结合，展示了花样滑冰文化的全新活力。以上两部冰上艺术剧目均纳入了“相约北京”奥林匹克文化节暨第 22 届“相约北京”国际艺术节的重要演出活动。

第五节　中国滑冰产业高质量发展建议

近年来，全国各地积极开展了丰富多彩、形式多样的冰雪活动，带动更多群众了解冬奥项目和冰上运动知识，掌握滑冰技能。引导成千上万名青少年参加各种滑冰赛事活动，为部分具有冰上运动项目特长的青少年提供了更好的发展机会，进一步充实了我国滑冰竞技运动的后备力量。在后冬奥时期，为更好实现滑冰产业高质量发展，需要继续弘扬北京冬奥精神，支持滑冰产业核心领域发展，支持科技创新，发挥基层冰上运动组织作用，加强开展体教融合和青少年滑冰运动，科学规划建设滑冰场地设施，加大专业人才培养力度。

一、弘扬北京冬奥精神

北京冬奥精神是在北京冬奥会、冬残奥会成功实践中孕育出的精神标识，是中华民族精神在新时代的新发展，具有胸怀大局、自信开放、迎难而上、追求卓越、共创未来的科学内涵，呈现出鲜明的时代特征和深邃的价值内涵。在后冬奥时期，要继续弘扬北京冬奥精神，切实抓好滑冰场馆设施的赛后利用，培育壮大滑冰产业，助力冰雪经济高质量发展。

二、支持滑冰产业核心领域发展

冰上运动健身、冰上运动装备制造、冰上项目竞赛表演等是我国滑冰产业现阶段核心领域板块。推动核心板块高质量发展，有助于滑冰产业整体水平提升。提高滑冰场馆的整体服务水平，积极培育运动健身、场馆服务、培训教育、竞赛表演等相关业态发展，开发大众易于、乐于参与的滑冰休闲活动，将有利于更好地促进冰上运动的普及。

三、支持科技创新

研究市场供需，充分发挥科研机构、院校的研发力量，结合市场需求，开发科技含量高、创新性强、绿色环保、拥有自主知识产权的产品，培育一批高水准的滑冰装备器材本土品牌。加强产需对接力度，支持滑冰装备设备制造企业与滑冰场等用户群体联合开展滑冰技术研发，扶持具有自主品牌的滑冰装备器材、防护用具，浇冰车、制冰机等设备设施企业发展。

四、发挥基层冰上运动组织作用

进一步夯实滑冰运动群众基础。推动冰上运动健身服务纳入社区公共服务体系，支持一批融入社区的滑冰运动俱乐部和冰上运动组织，在社区开展丰富多样的滑冰健身运动，引导体育社会组织下沉社区组织滑冰健身活动，共同构建更高水平的全民健身公共服务体系。

五、加强开展体教融合和青少年滑冰运动

2020 年 9 月，《关于深化体教融合 促进青少年健康发展的意见》发布实施，该项政策的出台对于加快体教融合进程，为“冰雪运动进校园”开展提供了政策支持，为破除相关制约和壁垒提供了解决思路和办法。在政策进一步落实过程中，需要注重实践、强化效果，解决校园冰雪运动发展受场地、师资、课程、标准等因素制约和推广难题。

六、科学规划建设滑冰场地设施

根据全国不同区域情况，科学规划建设滑冰运动场地设施至关重要。熟悉竞技型冰场与休闲型冰场在建设和运营方面的不同，研究南北方对滑冰项目消费的需求侧重，对于提高资金使用效率、降低运营风险具有重要的作用。加强公共滑冰馆、室外滑冰场、综合性滑冰场等的统筹布局，加大力度扶持花样滑冰、冰球、短道速滑、冰壶等具有一定群众基础和观赏性的滑冰运动开展。

七、加大专业人才培养力度

重视培养社会和市场紧缺的专业人才。当前，行业不但缺乏优秀的滑冰指导员，而且缺乏培训师、考评师、冰场经营、市场开发、赛事策划等优秀专业人才。加大专业人才培养力度，加快“一专多能”人才培养，是推进滑冰产业高质量发展的关键。

Ⅳ 专题研究篇

第九章 “带动三亿人参与冰雪运动”统计调查研究

让更多人参与到冰雪运动中来是奥林匹克运动的题中之义。习近平总书记指出，“我们申办冬奥会的最大目的，就是在三亿人中推广普及冰雪运动，推动中国冰雪运动跨越式发展。”在加快推进体育强国建设的背景下，我国加大了对群众冰雪运动的支持力度，经过创新性探索与实践，我国冰雪运动发展取得了积极成效，提前完成了“三亿人参与冰雪运动”的目标。《“带动三亿人参与冰雪运动”统计调查报告》显示，截至2021年10月，全国冰雪运动参与人数达到3.46亿人。作为全球最活跃的冰雪消费市场，冬奥会的顺利举办成功助推我国“带动三亿人参与冰雪运动”目标的实现，极大地推动了冰雪运动的跨越式发展，为全球冰雪运动、冰雪产业的蓬勃发展提供了广阔空间，也为其他冰雪资源并不丰富的国家创新性发展冰雪运动、推动产业升级提供了中国范本。

第一节　报告编制背景与流程

一、报告编制背景

2014年初，习近平总书记同巴赫主席交谈时指出：“在中国，冰雪运动不进山海关。如果冰雪项目能在关内推广，预计可以带动两三亿人参与，由此点燃中国冰雪运动的火炬。”为兑现这一庄严承诺，我国以举办北京冬奥会、冬残奥会为契机，出台了《关于以 2022 年北京冬奥会为契机大力发展冰雪运动的意见》《冰雪运动发展规划（2016—2025 年）》《“带动三亿人参与冰雪运动”实施纲要（2018—2022 年）》等政策文件，不断完善顶层设计，推动群众冰雪运动蓬勃发展；实施“南展西扩东进”战略，加快冰雪场地设施建设；积极推进“百城千冰计划”，开展“冰雪运动进校园”，连续多年举办“全国大众冰雪季”等品牌群众冰雪活动。为进一步了解北京冬奥会、冬残奥会对我国群众冰雪运动的带动效应，更好地指导后冬奥时期我国群众冰雪工作，2021 年 10 月，国家体育总局委托国家统计局社情民意调查中心开展了“带动三亿人参与冰雪运动”的统计调查工作。在社会各界的持续关注下,2022 年 1 月，《“带动三亿人参与冰雪运动”统计调查报告》发布，数据显示，截至 2021 年 10 月，全国冰雪运动参与人数达到 3.46 亿人，我国提前完成了“三亿人参与冰雪运动”的发展目标。

在北京冬奥会、冬残奥会总结表彰大会上，习近平总书记指出，“‘三亿人参与冰雪运动’成为现实，人民群众获得感显著增强”，中国成功兑现了冬奥会申办之初的庄严承诺。“带动三亿人参与冰雪运动”不仅成功推动了冰雪运动从小众向大众、从区域向全国、从冬季向全年的转变，提升了群众的获得感和幸福感，也为世界冰雪运动的创新性发展提供了中国实践和中国方案。

二、报告编制流程

调查由国家统计局社情民意调查中心统一组织，与有关省级统计局社情民意调查机构共同实施。统计调查方案设计方面，调查采用分层随机抽样，通过国家统计局社情民意电话调查热线 12340 进行数据采集，范围涵盖了全国 31 个省（区、市）。调查样本按照第七次全国人口普查的城乡人口比例，各地区常住人口规模进行样本分配，保证调查样本对全国和各省具有代表性。电话调查问卷由国家统计局与国家体育总局共同研究设计，主要内容包括2015年北京成功申办冬奥会以来，群众参与冰雪运动的频率、目的和意愿，以及对当前冰雪运动整体环境的评价和成功申办2022年北京冬奥会的信心等充分反映群众参与冰雪运动状况的问题。在调查期间，各部门以数据质量为核心，做好调查的全过程质量控制，确保调查的科学性和规范性，统一对调查数据的完整性、合理性进行审核整理。在数据核查方面，以第七次全国人口普查数据为基础，对分城乡、分年龄段和分省的群众参与冰雪运动的人数与参与率进行加权推算，并对统计结果的合理性、逻辑性和一致性进行审核，严把数据质量关。

第二节 “带动三亿人参与冰雪运动”统计调查主要数据结果

2015年北京冬奥会申办成功以来，各地方、各部门坚持以习近平新时代中国特色社会主义思想为指导，以加快建成体育强国为目标，以举办北京冬奥会为契机，推广普及冰雪运动，社会各界参与冰雪运动的积极性不断提高，实现了“带动三亿人参与冰雪运动”的目标。

一、2015年北京成功申办冬奥会以来，全国居民冰雪运动参与人数为3.46亿人

根据本次调查相关结果推算，2015年北京成功申办冬奥会以来，全国居民冰雪运动参与率为24.56%，冰雪运动的参与人数为3.46亿人[①]，实现了“带动三亿人参与冰雪运动”的总体目标。

① 本部分数据为统计推断数据，统计范围为全部居民；第二、第三部分为调查结果，调查范围为18岁及以上居民。

（一）18 ~ 30岁居民冰雪运动参与率最高

（1）分年龄看，18岁及以上居民的冰雪运动参与率为26.95%，冰雪运动参与人数为3亿人。18岁以下居民的冰雪运动参与率为15.62%，参与人数为0.46亿人。18岁及以上居民冰雪运动参与率比18岁以下居民高11.33个百分点，参与人数多2.54亿人（见图9-1）。

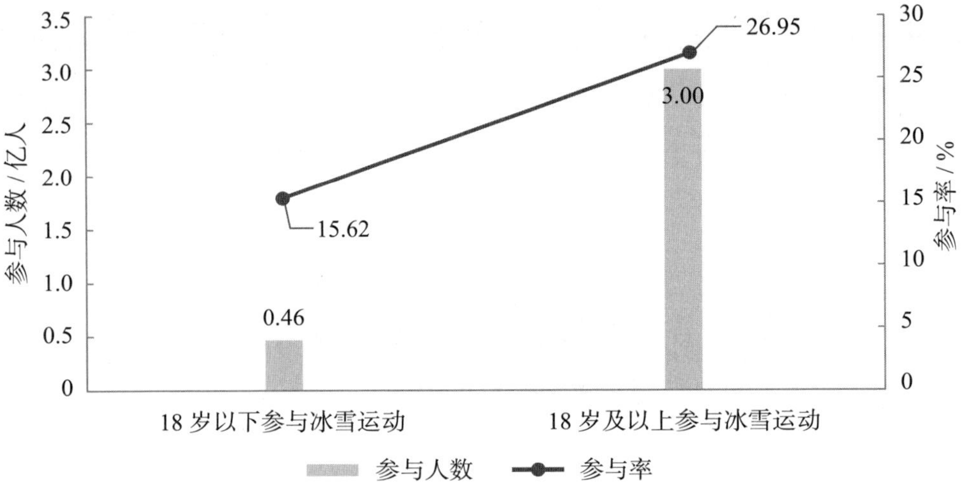

图9-1　不同年龄居民冰雪运动参与人数及参与率

（2）分年龄段看，冰雪运动参与率和参与人数随年龄增长而下降。其中18 ~ 30岁居民冰雪运动参与率最高，为37.27%，参与人数为0.82亿人；60岁以上居民参与率最低，为13.09%，参与人数为0.33亿人（见图9-2）。

（二）分四大区域看，东部地区冰雪运动参与人数较多，东北地区冰雪运动参与率较高

东部、中部、西部和东北地区冰雪运动参与率分别为25.34%、18.64%、22.07%、51.74%，参与人数分别为1.43亿人、0.68亿人、0.84亿人、0.51亿人。由于气候原因，东北地区居民的冰雪运动参与率最高，其后依次为东部、西部和中部地区，参与率相差不大，呈现冰雪运动的

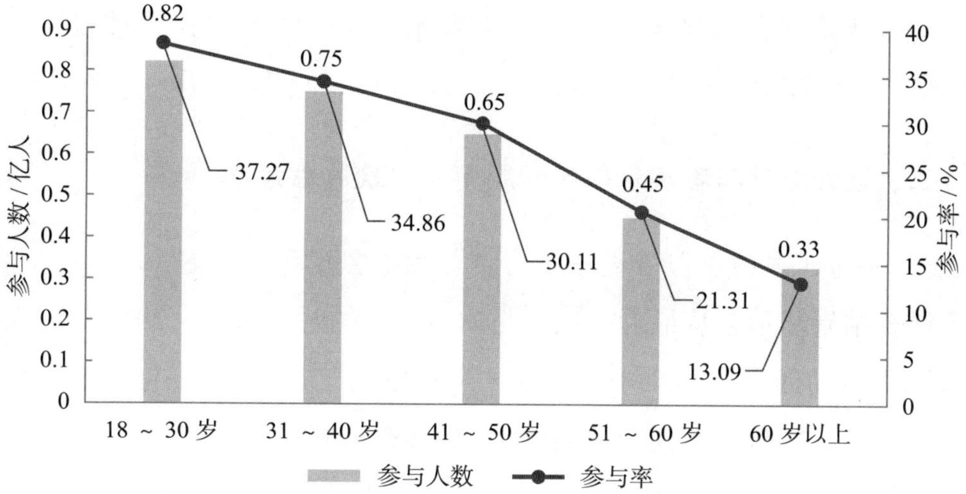

图 9–2 不同年龄段居民冰雪运动参与人数及参与率

“南展西扩东进”态势，并反映冰雪运动发展同时受制于气候条件与经济条件。从人数规模看，东部地区参与冰雪运动的人数最多，比最少的东北地区多 0.92 亿人（见图 9–3）。

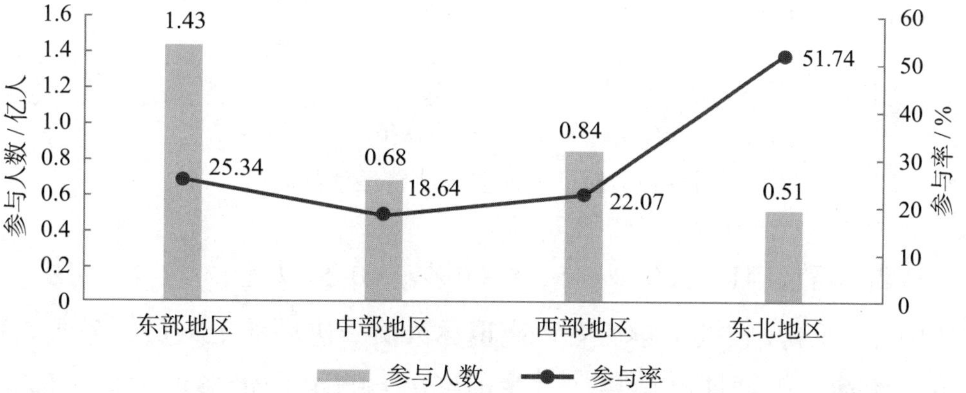

图 9–3 四大区域冰雪运动参与人数及参与率

（三）黑龙江冰雪运动参与率最高，江苏和山东参与人数最多

分 31 个省（区、市）看，12 个省（区、市）冰雪运动参与率达到 30% 以上，其中黑龙江参与率最高，为 57.80%，比参与率最低的江西高

50.37 个百分点。参与率高于 30% 的地区集中在东北、华北与西北地区。从参与冰雪运动的人数看，江苏和山东冰雪运动的参与人数最多，均为 0.26 亿人；海南和西藏参与人数最少，均为 0.01 亿人。

二、近四成参与者表示每年开展 1 ~ 2 次冰雪运动

（一）逾四成的参与者近一年内参与过冰雪运动

调查结果显示，从最近一次参与冰雪运动的时间来看，2015 年以来参与过冰雪运动的受访群众中，选择“半年以内”“半年 ~ 一年”的比重分别为 7.05%、34.96%，比重合计为 42.01%；选择“> 一年 ~ 两年”“> 两年 ~ 三年”“三年前”的比重分别为 18.15%、9.84% 和 30.00%（见图 9–4）。

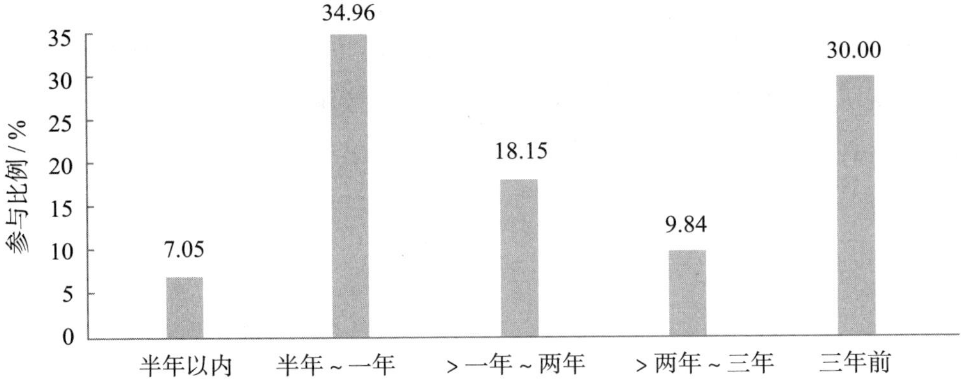

图 9–4　最近一次参与冰雪运动的时间

从群体看，41 ~ 50 岁、51 ~ 60 岁、60 岁以上、小学、初中、高中（中专 / 职高 / 技校）学历者、离退休人员、进城务工人员、务农农民、南方、东部和中部地区选择“三年前”参与过的比重最高，其他各群体选择“半年 ~ 一年”的比重最高。

（二）38.43% 的参与者每年开展 1 ~ 2 次冰雪运动

从参与冰雪运动的频率看，2015 年以来参与过冰雪运动的受访群众中，选择“一年 1 ~ 2 次”的比重最高，为 38.43%；其次是“三年或更

久一次”，为 36.92%；选择“两年一次”和“一年 3 ~ 5 次”的比重分别为 13.63% 和 7.16%；选择“一年 5 次以上”的比重最低，为 3.86%（见图 9–5）。

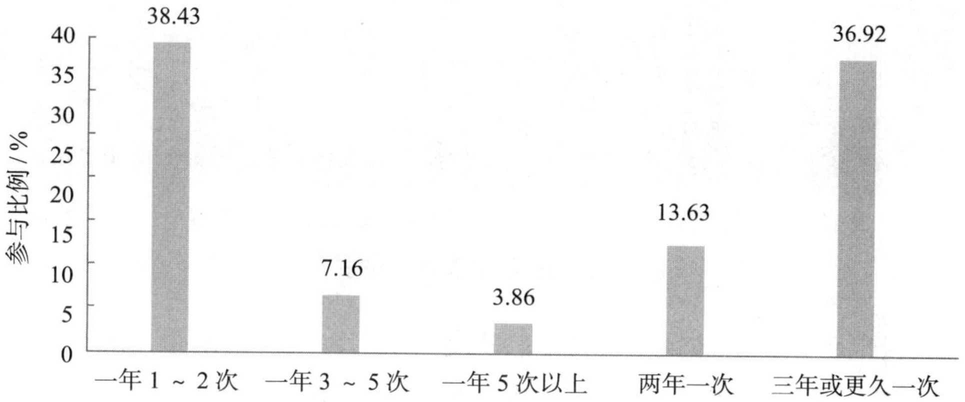

图 9–5　参与冰雪运动的频率

从群体看，各群体选择比重最高的均为“一年 1 ~ 2 次”或“三年或更久一次”。其中，18 ~ 30 岁、国家机关人员、在校学生、北方地区、东北地区受访群众选择“一年 1 ~ 2 次”的比重相对较高，均超过 40%；60 岁以上、小学学历者、离退休人员、南方地区受访群众选择“三年或更久一次”的比重相对较高，均超过 45%。

（三）“娱乐休闲”是参与冰雪运动的首选目的

从参与冰雪运动的目的看，2015 年以来参与过冰雪运动的受访群众中，选择“娱乐休闲”的比重最高，为 70.35%；其次是“强身健体”和“兴趣爱好”，分别为 15.78% 和 11.49%；选择“追求时尚”和“竞技比赛”的比重相对较低，分别为 0.19% 和 0.15%（见图 9–6）。

从群体看，各群体参与冰雪运动的目的首选“娱乐休闲”的占多数。分城乡看，城镇受访群众参与冰雪运动选择“娱乐休闲”的比重为 72.25%，比农村高 8.59 个百分点。分性别看，女性选择“娱乐休闲”的比重为 74.29%，比男性高 6.16 个百分点。分年龄看，18 ~ 30 岁受

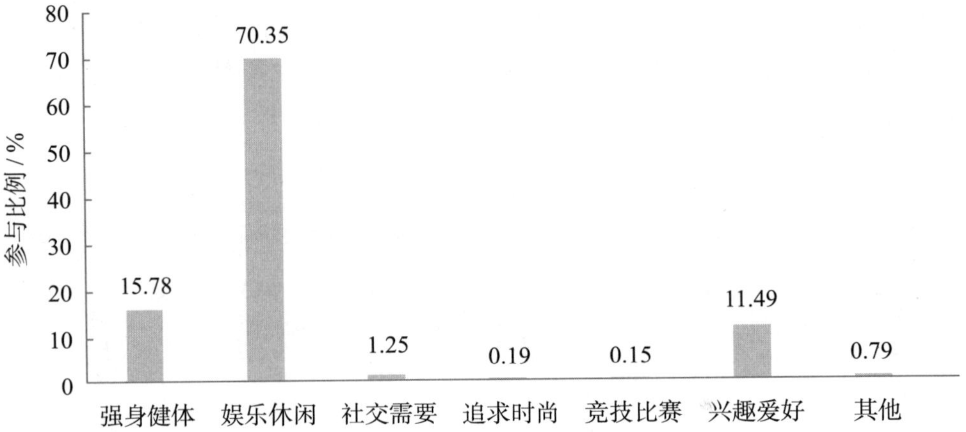

图 9–6　参与冰雪运动的目的

访群众选择“娱乐休闲”的比重最高，为 75.12%，比最低的 60 岁以上受访群众高 18.47 个百分点。分受教育程度看，大学本科及以上学历者选择“娱乐休闲”的比重最高，为 74.14%，比最低的未上过学的高 26.14 个百分点。分职业或身份看，商业 / 服务业员工选择“娱乐休闲”的比重最高，为 75.71%，比最低的务农农民高 22.43 个百分点。

分南北方看，北方地区参与冰雪运动是为了“娱乐休闲”的比重为 70.42%，比南方地区高 0.19 个百分点。分四大区域看，东北地区比重最高，为 72.35%，比最低的中部地区高 3.40 个百分点。

（四）场地设施缺乏是阻碍参与冰雪运动的首要因素

阻碍参与冰雪运动的因素，受访群众首选“附近缺乏冰雪运动场所”，比重为 57.52%；其次是“没有时间”和“不知道哪里举办活动”，比重分别为 49.31% 和 31.25%；其他因素及比重依次为“有一定风险，怕受伤”（21.80%）、“不感兴趣”（19.91%）、“不会且没人教”（18.57%）、“场所、项目收费高”（16.70%）、“身体状况不允许”（14.75%）、“冰雪运动场所服务和设施较差”（8.68%）（见图 9–7）。

从群体看，未上过学、小学、初中学历者、产业工人、进城务工人员、北方、东北地区受访群众首选“没有时间”，其他各群体均首选“附

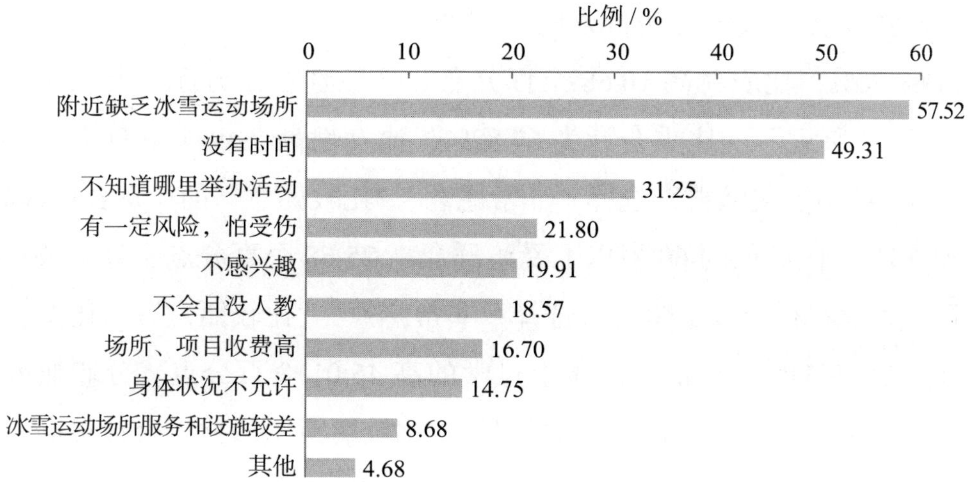

图 9–7 阻碍参与冰雪运动的因素

近缺乏冰雪运动场所”。

三、受访群众对冰雪运动的态度较为积极

（一）近三分之二的受访群众表示愿意参与冰雪运动

对参与冰雪运动的意愿，表示“非常愿意”和“比较愿意”的受访群众分别占 21.36% 和 43.69%，比重合计为 65.05%。表示“不太愿意”的占 28.42%，表示“非常不愿意”的占 6.53%（见图 9–8）。

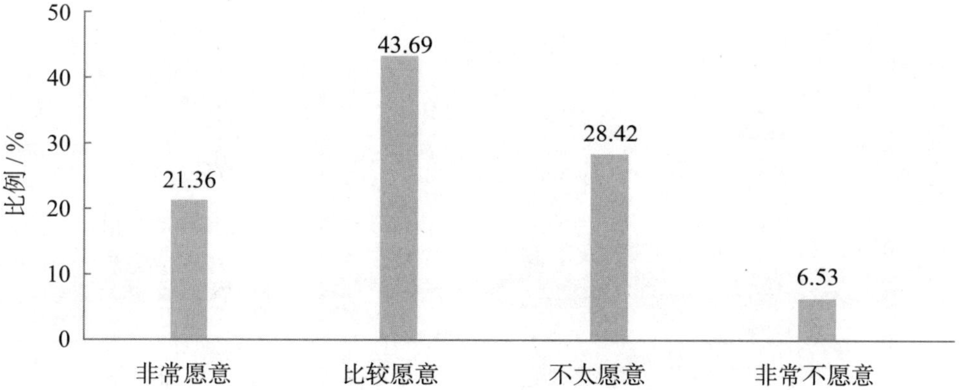

图 9–8 参与冰雪运动的意愿

分城乡看，城镇受访群众表示“非常愿意”“比较愿意”的比重合计为68.70%，比农村高10.68个百分点。分性别看，男性选择“非常愿意”“比较愿意”的比重合计为67.82%，比女性高7.49个百分点。分年龄看，18～30岁受访群众选择“非常愿意”“比较愿意”的比重合计最高，为71.84%，比最低的60岁以上受访群众高25.68个百分点。分受教育程度看，大学本科及以上学历者选择“非常愿意”“比较愿意”的比重合计最高，为79.54%，比最低的未上过学的高45.01个百分点。分职业或身份看，国家机关人员选择“非常愿意”“比较愿意”的比重合计最高，为81.45%，比最低的务农农民高32.90个百分点。

分南北方看，北方地区表示“非常愿意”“比较愿意”的比重合计为67.54%，比南方地区高4.60个百分点。分四大区域看，东北地区比重合计最高，为69.02%，比最低的西部地区高6.35个百分点。

（二）近六成的受访群众认为当前参与冰雪运动的氛围较好

对当前群众参与冰雪运动的氛围，表示“非常好”“比较好”的受访群众分别占19.39%、37.65%，比重合计为57.04%。表示“不太好”的占32.82%，表示“非常不好”的占10.14%（见图9–9）。

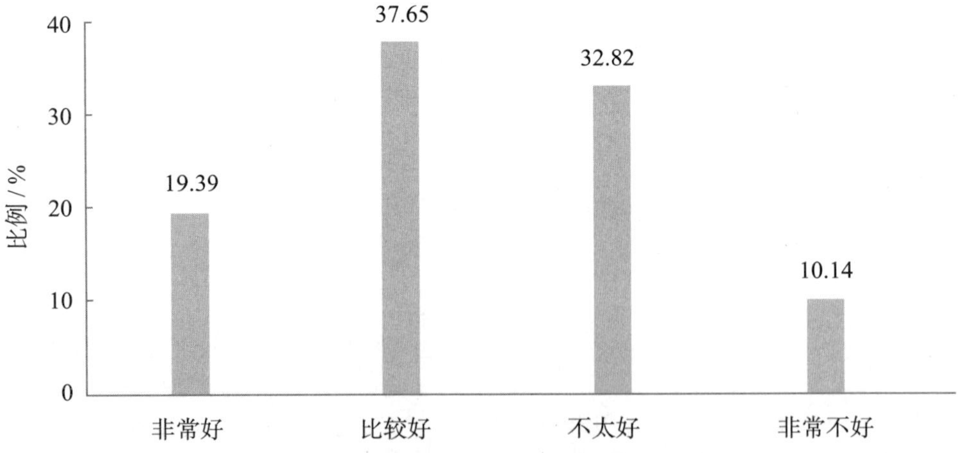

图9–9　当前群众参与冰雪运动的氛围

分城乡看，农村受访群众表示“非常好”“比较好”的比重合计为62.37%，比城镇高 8.09 个百分点。分性别看，女性选择“非常好”“比较好”的比重合计为 58.18%，比男性高 1.82 个百分点。分年龄看，60 岁以上受访群众选择“非常好”“比较好”的比重合计最高，为 67.58%，比最低的 31 ~ 40 岁受访群众高 15.32 个百分点。分受教育程度看，小学学历者选择“非常好”“比较好”的比重合计最高，为 68.27%，比最低的大学本科及以上学历者高 20.33 个百分点。分职业或身份看，务农农民选择“非常好”“比较好”的比重合计最高，为 66.25%，比最低的企业管理人员高 20.19 个百分点。

分南北方看，北方地区“非常好”“比较好”的比重合计为 61.00%，比南方地区高 7.33 个百分点。分四大区域看，东北地区比重合计最高，为 65.49%，比最低的东部地区高 11.13 个百分点。

第十章　中国冰雪资源空间布局研究

我国华北、东北、西北等北方地区位于北半球重要的“黄金冰雪旅游带”，也是世界上最为重要和具有世界级开发潜力的冰雪产业资源集聚区之一。科学定量识别冰雪资源空间分布特征，综合评价其开发条件是我国冰雪产业高质量发展的关键，是巩固我国三亿人参与冰雪运动成果和实现冰雪强国战略目标的重要支撑条件。成功举办北京2022年冬奥会的“弹射器”效应和多行业冰雪产业政策的引导，对我国冰雪资源场地保护与开发产生了深远的影响，冰雪资源开发初步形成“南展西扩东进”的空间格局。但目前，我国冰雪资源开发相对滞后，与冰雪产业发达国家相比尚有一定差距，亟待科学有序高质量发展。本章重点分析了中国冰雪资源开发现状与场地建设空间格局，综合应用遥感、地理信息系统等多种技术手段定量分析了中国冰雪资源空间分布特征与开发条件，提出了后冬奥时期的中国冰雪资源的空间开发保护布局建议：以京津冀为引领，以东北地区稳步建设为基础，以西北、华北地区快速建设为支撑，以南方地区合理建设室内滑雪场为拓展，有序推进中国滑雪场地开发。统筹资源，建立“南客北上、外客入境”统一大市场格局，协同创新，挖掘冰雪文化，打造特色滑雪产品，促进滑雪产业绿色高质量发展；合理布局，全国形成“北冰南展”空间格局，公益性与商业性双向发展，冰上事业与冰上产业并驾齐驱，积极探索户外冰上资源与旅游城市、5A级旅游景区、公园的互动发展，拓展冰上资源的利用方向，培育发展冰川旅游等业态。

第一节　中国冰雪资源开发现状与场地建设空间格局

一、冰雪资源开发现状

（一）滑雪资源开发现状

1. 政策引导与冬奥会效应拉动中国滑雪场地和人次跃上新的台阶

中国成为全球滑雪市场的新兴增长极。全国滑雪场从 2010 年的 270 座增加到 2021 年的 811 座。全国滑雪人次从 2010 年的 630 万人次增加到 2021 年的 2 154 万人次，年均增长 11.8%。北京 2022 年冬奥会成功举办，全国滑雪赛事场地实现了全覆盖①。

2. 国家级滑雪旅游度假地建设引领示范高质量开发和保护

2022 年 1 月，文化和旅游部会同国家体育总局共同评定和发布了首批 12 家国家级滑雪旅游度假地（见表 10–1），突出了生态保护优先，科学合理选址布局与保护开发、成熟的滑雪旅游集聚核心区发展效应、滑雪旅游核心区面积和雪道总面积规模发展效应、完善的多元化滑雪旅游度假接待设施、接待游客量规模效益显著等五个方面要求。12 家国家级滑雪旅游度假地核心区总面积 1 387 平方千米，雪道总面积已经实现《全国冰雪场地设施建设规划（2016—2022 年）》到 2022 年雪道总面积达到 1 万公顷的目标。

表 10–1　首批国家级滑雪旅游度假地场地情况

序号	名称	核心区面积（km^2）
1	北京延庆海陀	106
2	河北崇礼	280

① 伍斌.2021—2022 中国滑雪产业白皮书［R/OL］.（2022-07-29）［2022-09-16］.http://vanat.ch/publications.shtml.

续表 10-1

序号	名称	核心区面积（km²）
3	河北涞源	22
4	内蒙古扎兰屯	25
5	辽宁宽甸天桥沟	27
6	吉林丰满松花湖	20
7	吉林抚松长白山	21
8	黑龙江亚布力	125
9	四川大邑西岭雪山	483
10	陕西太白鳌山	25
11	新疆阿勒泰	203
12	新疆乌鲁木齐南山	50

数据来源：中国科学院地理科学与资源研究所，《全国首批国家级滑雪旅游度假地第三方评定报告》，2022。

3. 疫情阻碍了中国滑雪资源开发与滑雪市场发育

根据《2020 中国滑雪产业白皮书（暨 2020—2021 雪季财年报告）》，2020年我国正常营业的滑雪场总数为715座，相比于2019年减少了55座。在疫情影响不大的区域和时期，冬奥会带动效应显著，公众参与滑雪运动的热情高涨，市场增速喜人；在疫情形势严峻的区域和时期，滑雪市场增长严重受限。

4. 室内滑雪场馆建设发展迅速，在全球具有一定优势

近年来，我国加大室内滑雪场馆建设，场馆数量不断攀升。2020 年全球超过 30 个国家共建有 100 多座室内滑雪场，其中我国室内滑雪场达到 36 座，成为全球室内滑雪场最多的国家①。

5. 中国滑雪资源开发主要模式

目前，中国滑雪资源开发主要模式有五种。①国际赛事驱动型。北京冬奥会带动发展的滑雪旅游度假地，滑雪资源优质，配套设施完

① LAURENT V. 2021 International Report on Snow & Mountain Tourism–Overview of the Key Industry Figures for Ski Resorts［R］.2022.

备、先进，实现了滑雪场的跨越式发展，如河北崇礼、河北涞源、北京延庆海陀三个滑雪旅游度假地。②传统滑雪资源驱动型。主要为国内较早建设的滑雪场，如黑龙江亚布力、新疆乌鲁木齐南山两个滑雪旅游度假地。③优势资本驱动型。如吉林抚松长白山、吉林丰满松花湖两个滑雪旅游度假地，旅游度假配套设施完备，旅游度假等业态丰富。④区域优势驱动型。具有区域影响的滑雪旅游度假地，如内蒙古扎兰屯、四川大邑西岭雪山、陕西太白鳌山、辽宁宽甸天桥沟四个滑雪旅游度假地。⑤政策驱动和科学规划引导型。如新疆阿勒泰滑雪旅游度假地。

6. 滑雪旅游需求发展快，但产品和服务质量尚有很大的提升空间

由于新冠肺炎疫情的影响，2020 年以来中国冬季出境滑雪旅游出现向“国内循环”转化的显著特征，国内滑雪旅游市场发展潜力大。2022 年春节期间滑雪旅游销售增长超过 350%。但与其他主要滑雪大国相比，目前我国仍缺乏单雪季接待 100 万以上滑雪人次的国际性滑雪场。

全国主要滑雪大国滑雪场与滑雪人口数据见表 10–2。

表 10–2　全球主要滑雪大国滑雪场与滑雪人口数据

国家	滑雪场数量（座）*	百万人次滑雪场数量（座）	滑雪人口占总人口比例（%）
奥地利	254	16	34
法国	325	13	13
意大利	349	7	8
瑞士	186	5	35
瑞典	228	2	18
美国	481	6	8
加拿大	280	1	12
日本	547	0	9
中国	742	0	1

数据来源：LAURENT V. 2021 International Report on Snow & Mountain Tourism–Overview of the Key Industry Figures for Ski Resorts [R] .2022.

注：“*”为有 5 条及以上提升设备的滑雪场。

（二）冰上资源开发现状

1. 在冬奥会的拉动下，冰上资源开发速度增长快

中国冰上资源开发起步晚，但冬奥会带动效应显著。2021 年底，全国已有 1 450 个滑冰场地，相比于 2015 年有大幅增长。我国现有冰上场地基本能够满足开展速度滑冰、冰球、短道速滑、花样滑冰和冰壶等项目的冰上国际赛事、运动比赛、训练、健身等活动。

2. 大道速滑场地发展已位居世界前列

我国大道速滑馆主要集中在北京、黑龙江、吉林、辽宁、新疆、内蒙古，其中黑龙江至少有 3 片大道速滑场地，国家速滑馆（冰丝带）是 2022 年冬奥会大道速滑项目的比赛场地，是 2022 年冬奥会北京赛区唯一一个新建场馆。

3. 教学训练类冰场配套设施不断完善，商业滑冰场数量迅速增加

随着北京冬奥会的成功举办，各地冰上场馆及其配套设施建设不断完善，服务水平快速提升。政府主要投资建设奥运比赛场馆和专业训练场馆，如我国国家大道速滑馆、首都体育馆等。企业主要投资建设专业训练场馆、商业综合体商业滑冰场。社会（俱乐部）主要投资建设冰上运动场地，并进行培训、宣传。目前有 67% 冰上运动场地位于商业建筑内（商场、商业综合体），其他 33% 冰上场地位于体育中心、公园、校园内[①]。

4. 冰上资源尤其是户外冰上资源的有序高质量开发亟待加强

由于冰上运动参与门槛不高，大众参与性较强，因此普及冰上运动对于大众冬季健身具有重要意义。相比冰上运动发达国家，我国冰上资源开发相对滞后。我国户外冰上资源的开发目前尚处于发展初期，标准规范的临时户外冰场建设与供给严重缺乏。如北京什刹海冰场，2021 年总经营面积为 16 万平方米。其中，前海全部区域及后海的东侧部分为综

① 潘玉凤，王成．我国室内冰上运动场地设施发展现状及布局研究［R］. 2020.

合区，冰场主要为游客提供单人冰车、双人冰车、冰上自行车、冰鞋等娱乐设施设备，但消费者仍希望能有更丰富的设施设备。

二、中国冰雪场地建设空间格局

（一）滑雪场地资源空间格局

1. 初步形成滑雪场地“南展西扩东进”空间格局

全国滑雪场地空间分布不平衡，主要集中在东北地区、华北地区和西北地区，2021 年底分别是 212 家、146 家和 141 家。与 2015 年相比，2021 年，华南地区室外滑雪场由 1 座增加为 6 座，增加了 500%；华东地区室外滑雪场由 82 座增加为 110 座，增加了 34%；西南地区室外滑雪场由 26 座增加为 41 座，增加了 58%；华中地区室外滑雪场由 44 座增加为 71 座，增加了 61%。根据《2021 年全国体育场地统计调查数据》，2021 年底，我国滑雪场（含室内）811 座，占全国冰雪运动场地总量的 35.87%。

2. 滑雪场地资源分布与自然地理的关系紧密

从地貌上看，中国西北地区滑雪场地资源主要分布在大起伏山地，华北地区主要分布在中起伏山地和大起伏山地，东北地区主要分布在中起伏山地和小起伏山地；从气候上看，中国滑雪场地资源主要分布在中温带和南温带，以湿润半湿润气候为主；从生态系统来看，中国滑雪场地资源在新疆主要涉及森林生态系统、草地生态系统，其他北方地区主要是森林生态系统，部分华北地区、东北地区和华东地区滑雪场地资源还部分涉及农田生态系统。

3. 冬奥会备赛与举办对全国滑雪场地设施布局产生深远影响

（1）国内越野滑雪赛场数量少，但分布范围较广。

越野滑雪运动在我国较为小众，项目普及度低，参与人群基本限于越野滑雪专业队和业余队。因此，其场地数量较小，但分布范围广，东北地区、华北地区、西北地区均有赛场分布。黑龙江省的亚布力滑雪场、帽儿山滑雪场、双峰滑雪场、乌吉密滑雪场设有越野滑雪场地，其中亚布力滑雪场承办了哈尔滨 1996 年第三届亚冬会、2009 年第二十四届世界大学生冬季运动会越野滑雪比赛。吉林省的长白山冰雪训练基地、北大湖滑雪场、净月潭滑雪场、鲁能长白山滑雪场、万峰滑雪场和吉林北山滑雪场设有越野滑雪场地。内蒙古自治区的牙克石滑雪场、岱海滑雪场、阿尔山滑雪场设有越野滑雪场地。河北省的古杨树滑雪场、雍乾国家冰雪训练基地、涞源国家跳台滑雪训练科研基地设有越野滑雪场地，其中古杨树滑雪场承办了北京 2022 年冬奥会越野滑雪比赛。甘肃省的白银国家雪上训练基地设有越野滑雪场。新疆维吾尔自治区的天池滑雪场、那拉提国际滑雪场、萨尔阔布滑雪场、温泉滑雪场设有越野滑雪场地，其中温泉滑雪场是国家越野滑雪队备战北京 2022 年冬奥会的专属场地。在以上越野滑雪场地中，古杨树、萨尔阔布和温泉三个场地均按照冬奥会场地标准进行设计和建造。

（2）跳台滑雪赛场要求高，主要分布在吉林省、黑龙江省和河北省。

目前，我国拥有跳台滑雪场地的滑雪场主要分布在黑龙江省的亚布力滑雪场、吉林省的北大湖滑雪场、吉林市雪上训练基地和通化万峰滑雪场，河北省的崇礼国家跳台滑雪中心和涞源国家跳台滑雪训练科研基地以及新疆维吾尔自治区的阿勒泰将军山滑雪场。其中，涞源国家跳台滑雪训练科研基地和崇礼国家跳台滑雪中心的跳台分别是国家跳台滑雪队备战冬奥会和冬奥会比赛所用的场地。阿勒泰将军山滑雪场的跳台滑雪场地，对标冬奥会跳台滑雪场标准进行建设。目前，我国尚未建设飞行跳台。

（3）北欧两项滑雪赛场分布受制于越野滑雪和跳台滑雪场地要求，主要分布在吉林省、黑龙江省和河北省。

在我国，北欧两项是围绕北京 2022 年冬奥会才开展的滑雪比赛项目，仅限于专业滑雪队参与，目前仅有黑龙江省的亚布力滑雪场、吉林省的北大湖滑雪场和万峰滑雪场、河北省的古杨树场馆群、涞源国家跳台滑雪训练科研基地可进行北欧两项滑雪的训练和竞技。将军山滑雪场跳台滑雪场地将于2022—2023雪季建设完成，在萨尔阔布越野滑雪场地的配合下，将军山滑雪场也可进行北欧两项滑雪的训练和比赛。

（4）国内高标准高山滑雪赛场分布较广，东北、华北和西北地区均有分布。

在我国，高山滑雪场地主要分布在黑龙江省亚布力滑雪场、双峰滑雪场、帽儿山滑雪场，吉林省北大湖滑雪场、万科松花湖滑雪场、万达长白山滑雪场、万峰滑雪场，内蒙古自治区美林谷滑雪场、岱海滑雪场，河北省崇礼滑雪场集群、陕西省鳌山滑雪场，新疆丝绸之路滑雪场、将军山滑雪场均可进行除滑降、超级大回转、全能三个项目之外的所有高山滑雪项目竞赛训练。北京市延庆国家高山滑雪中心、河北省赤城新雪国滑雪场、新疆维吾尔自治区可可托海滑雪场、吉克普林滑雪场可以进行所有高山滑雪项目的比赛。其中，延庆国家高山滑雪中心举办了北京2022年冬奥会和冬残奥会高山滑雪的所有比赛项目。

（二）冰上场地资源空间格局

1. 室内冰上场地分布广泛，室外冰场主要集中在东北地区、河北省和北京市

全国冰上场地资源分布广泛。除西藏外，全国其他省（区、市）均建有冰上场地。室外冰场主要集中在东北地区、河北省和北京市。其中冰场数量大于10个的省（区、市）有15个，共计1245个冰场，占全国的93.26%①。其中，冰场数量最多的为河北省，其次是吉林省、黑龙江省、北京市等。

2. 华北地区受冬奥会影响异军突起，东北地区仍具有数量优势

虽然室内冰场并未受到自然资源条件的限制，但北方地区由于冰雪

① 潘玉凤，王成．我国室内冰上运动场地设施发展现状及布局研究［R］. 2020.

文化底蕴较南方具有优势，其冰场建设更为成熟。吉林省和黑龙江省的冰场数量分别为 279 个和 141 个①；华北地区的冰场分布较为集中，主要分布在河北省、北京市，其中河北省以 487 个冰场位居全国之首，北京市冰场为 82 个；西北地区新疆维吾尔自治区冰场较多，为 18 个；西南地区四川省和重庆市冰场较多，分别为 21 个和 15 个。

3. 冰上场馆“南展东进”空间格局发展快

近年来，我国冰上场地设施发展迅速。2020 年，华南地区的广东省冰场数量为 20 个，华东地区的江苏省、山东省、浙江省和上海市冰场数量分别为 41 个、23 个、22 个和 16 个②。华东地区和华南地区因经济基础较好、“南展东进”战略实施、市场需求较大等因素，成为我国冰上运动普及的重要地区，冰上运动场地的市场化、商业化程度最高。

4. 冰上运动场地主要分布在经济较为发达的地级及以上城市

我国冰上运动场地主要分布在地级及以上的城市，基本为经济较为发达的大城市或具备浓厚冰雪文化底蕴的北方城市。整体来看，近年来我国冰上场地在各省和城市间的分布更加均衡，南北方地区差距变小。冰上场地最多的城市前七位分别为北京市、哈尔滨市、上海市、深圳市、重庆市、天津市、长春市。

5. 东北冰场建设模式较为传统，南方商业滑冰场建设日益壮大成熟

东北三省的冰场主要集中在体育局下属的体育运动中心、体育馆以及体育运动学校和其他拥有传统体育项目的普通学校，直至 2006 年商业溜冰场才开始在东北三省出现③。其他省份的冰场，主要集中在本省经济发达的城市，大多为省会城市，尤其以集客能力较强的大型购物场所为主。

---

① 潘玉凤，王成．我国室内冰上运动场地设施发展现状及布局研究［R］. 2020.

② 董锁成，李宇，魏庆华，等. 2022 年冬奥会举办地滑雪旅游发展研究［M］. 北京：科学出版社，2019.

③ 同①。

第二节　中国滑雪资源空间分布特征与开发条件

一、滑雪资源空间分布特征

（一）滑雪资源的综合评价

按照国际滑雪资源标准，根据垂直落差、积雪深度、存雪期、年平均气温、坡度、坡向等综合因素，将滑雪资源分为优、良、一般、中等、较差5个等级，其中落差为基于90米高程投影数据进行邻域分析块统计，积雪深度为当年11月至次年3月的积雪深度。滑雪资源评价技术路线见图10–1。

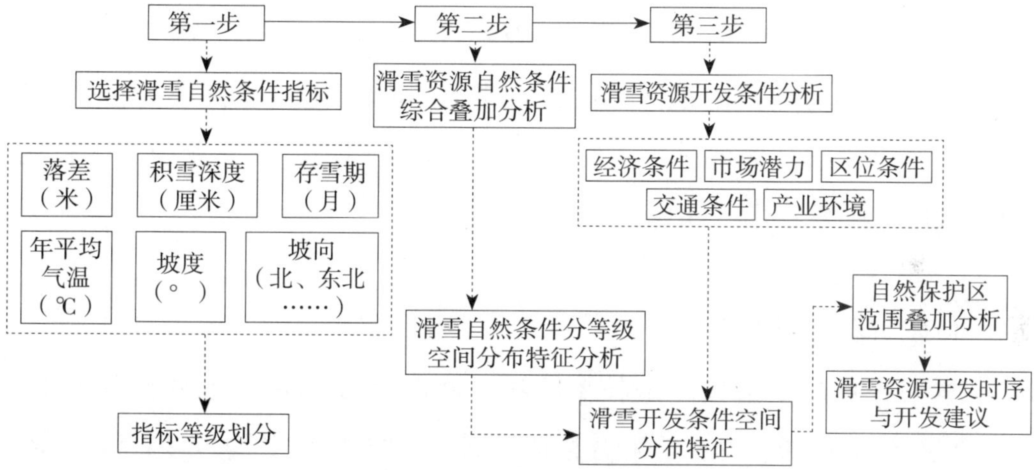

图10–1　滑雪资源评价技术路线图

（二）滑雪资源等级划分与空间分布

1. 等级划分标准

根据实地调研、专家咨询和分析文献数据，结合目前国际顶级滑雪场的自然条件现状①，本研究将滑雪资源划分为优良滑雪资源、较好滑雪资源和中等滑雪资源。优良滑雪资源主要是落差在500米以上，积雪深

① LI Y，ZHAO M Y，GUO P，et al.Comprehensive Evaluation of Ski Resort Development Conditions in Northern China［J］.Chinese Geographical Science，2016，26（3）:401–409.

度在 50 厘米以上，存雪期 3 个月及以上，年平均气温 –1.2 ~ 2℃，坡度大于8° ，坡向为北、东北、西北；较好滑雪资源主要是落差大于500米，积雪深度大于 50 厘米，存雪期 3 个月及以上，坡度大于 4° ，坡向为东；中等滑雪资源是落差在 300 米以上，积雪深度大于 50 厘米，存雪期 3 个月及以上，坡度大于 4° 。通过空间叠加分析，识别出各等级滑雪资源的空间分布。

2. 全国滑雪资源分级与空间分布特征

在没有进行生态红线冲突分析情境下，全国潜在中等滑雪场地资源主要分布在东北地区的长白山山脉、黑龙江东南部、吉林东南部、辽宁东部地区，华北地区的山西太原（含）以北地区、山东东北部地区，西北地区的甘肃南部、陕西秦岭、新疆阿勒泰地区、天山山脉乌鲁木齐以及喀什以西地区，西南地区的四川西北部邛崃山地区。其中潜在较好等级、优良等级滑雪场地资源主要分布在东北长白山、河北燕山 – 太行山、新疆天山和阿尔泰山、陕西秦岭地区。

（三）主要滑雪项目资源分布

1. 越野滑雪潜在资源

本书根据越野滑雪场地技术标准，将存雪期超过 3 个月，海拔不超过 1 800 米，周长在 2.5 千米方格内，落差 125 米，平均坡度在 4° ~ 8° 之间的雪覆盖区域筛选为越野滑雪资源的潜在区域。越野滑雪资源主要分布在华北地区的北京、河北、山西吕梁山地区，西北地区的陕西秦岭地区、新疆天山和阿勒泰山地区，东北地区的张广才岭和长白山地区。未来随着大众越野滑雪的普及，上述地区可以逐步开发成为面向大众的越野滑雪场地，促进我国越野滑雪项目消费市场的形成。

2. 跳台滑雪

在我国，跳台滑雪参与人数较少，是小众项目，仅限于跳台滑雪的专业队和业余队参与其中。在黑龙江省，亚布力滑雪场设有跳台滑雪场地，设有 W90 米、W120 米级 2 座跳台，可供冬夏两季使用。在吉林省，北大湖滑雪场设有跳台滑雪场，设有 W70 米、W90 米级 2 座跳台；吉林市雪上训练基地设有 W40 米级跳台；通化万峰滑雪场设有 W40 米、W60 米级 2 座跳台。在河北省，崇礼国家跳台滑雪中心设有 HS106 米、HS140 米级 2 座跳台；涞源国家跳台滑雪训练科研基地设有 HS20 米、HS40 米、HS75 米、HS106 米、HS140 米级 5 座跳台。在新疆维吾尔自治区，阿勒泰将军山滑雪场设有跳台滑雪场地，设有 HS20 米、HS40 米、HS75 米和 HS106 米级 4 座跳台。目前我国没有飞行跳台。未来应将跳台滑雪逐步向大众普及，重点培育青少年市场，增加专业跳台滑雪人次。

3. 国内北欧两项滑雪

北欧两项滑雪是越野滑雪和跳台滑雪两个项目的集成，对场地要求高，能开展比赛的场地有限。在全国范围内，目前仅黑龙江省、吉林省以及河北省等地具备场地建设条件。

4. 高山滑雪

在我国，高山滑雪是大众项目，也是滑雪主要的竞训项目，有回转、大回转、超级大回转、滑降、全能和团体多个小项，高标准的高山滑雪赛场分布广泛，东北、华北和西北均有分布。因此，应根据自然条件发展不同的高山滑雪小项。800 米以上落差的滑雪场地重点发展高山竞技滑雪，500 ~ 800 米落差的滑雪场地重点开展滑降项目，300 ~ 500 米落差的场地开展回转项目，并做好大众推广与普及工作，重点培育青少年市场。

5. 自由式滑雪与单板滑雪

在我国，自由式滑雪是纯技巧类的小众项目，有空中技巧、雪上技巧、坡面障碍技巧、U 型池技巧、障碍追逐和大跳台等多个小项，主要参与者为相关项目的专业队和业余队运动员、极少数的社会滑雪爱好者，赛场分布范围受限。参与单板滑雪坡面技巧、U 型池技巧、障碍追逐、大跳台、平行回转和平行大回转等多个小项的人群相对广泛，但缺乏高标准的单板比赛场地。

自由式滑雪和单板滑雪赛事共用坡面障碍技巧、U 型池技巧、障碍追逐和大跳台 4 个项目的场地。未来，应结合滑雪资源分布情况，逐步开发自由式滑雪与单板滑雪场地，鼓励建设主题滑雪公园，提高参与者滑雪技能的培养意识，逐步提升中国滑雪消费者的专业技能。

二、滑雪资源开发条件分析

（一）滑雪资源开发条件

1. 滑雪资源开发经济条件具有比较优势的区域

区域经济基础是滑雪资源开发的保障。在对 2010—2015 年 GDP 栅格数据进行归一化分析可以看出，京津冀城市群和山东半岛城市群在滑雪资源开发上具有明显优势，其次是以哈尔滨 – 长春 – 沈阳为轴线的城市群、甘肃兰州和河西走廊地区、宁夏银川地区、内蒙古呼包鄂地区、山西太原地区、新疆乌鲁木齐地区等。

2. 滑雪资源开发市场条件竞争优势大的区域

区域具备潜在消费市场是滑雪场开发的前提之一。在对 2010—2015 年人口密度栅格数据进行归一化分析可以看出，河北省东部、河南省东北部以及山东半岛城市群在滑雪资源开发市场竞争优势大，其次为黑龙江省中南部地区、吉林省和辽宁省东南部地区、甘肃省河西走廊地区、宁夏回族自治区银川以及内蒙古自治区呼和浩特地区、山西省太原地区、陕西省中南部地区、四川省北部地区、新疆维吾尔自治区乌鲁木齐 - 克拉玛依城市带及西部喀什地区等区域。

3. 滑雪资源开发区位条件具有比较优势的区域

最小成本距离通过对坡度数据和土地利用类型数据重新分类后形成成本栅格，与城市的成本距离来评价区位条件。通过与地级市的最小成本距离分析表明，京津冀城市群和山东半岛城市群以及东北地区东南部以哈尔滨－长春－沈阳为轴线的城市群在滑雪资源开发区位条件上具有较为明显的优势，其次为东北地区的西北部大兴安岭地区，内蒙古自治区中南部地区，甘肃省中南部河西走廊地区、关中地区，四川省北部地区，新疆维吾尔自治区乌鲁木齐、阿勒泰地区、喀什地区及和田地区等。

4. 滑雪资源开发交通条件具有比较优势的区域

分别计算与高速公路、二级公路、三级公路等的最小成本距离。通过交通的成本距离来评价滑雪资源开发的交通条件，东北地区中部及东南部地区、山东省大部分地区、河北省、河南省、陕西省、山西省以及内蒙古自治区南部地区在滑雪资源开发交通条件上具有比较优势，其次为甘肃省河西走廊地区，四川省北部地区，新疆维吾尔自治区乌鲁木齐－克拉玛依城市带、阿勒泰地区、克拉玛依地区、喀什地区等。

5. 滑雪资源开发产业环境具有比较优势的区域

通过计算与旅游景区的最小成本距离，评价滑雪资源开发的产业环境。京津冀城市群、山东半岛城市群以及东北地区东南部以哈尔滨－长春－沈阳为轴线的城市群在滑雪资源开发产业环境上具有较为明显的优势，其次为山西省太原市－内蒙古自治区呼和浩特市－宁夏回族自治区银川市城市带，甘肃省河西走廊地区，陕西省关中地区，四川省北部地区，新疆维吾尔自治区乌鲁木齐市、阿勒泰地区、喀什地区等区域①。

（二）滑雪资源开发条件评价

本书采用德尔菲法计算赋予权重②，通过栅格数据加权叠加得到滑雪资源开发条件的综合评价。加权叠加方法如下：

---

① 数据处理时已去除海拔 4 000 米以上和无存雪期区域。

② LI Y，ZHAO MY，GUO P，et al.Comprehensive Evaluation of Ski Resort Development Conditions in Northern China［J］.Chinese Geographical Science，2016，26（3）:401–409.

$$SC=\sum_{i=1}^{n} a_i C_i$$

SC 是滑雪资源的综合社会条件，C_i 是代表各类社会条件，a_i 代表每个社会条件的权重。通过自然断裂点法将滑雪资源的开发条件分为优、良好、中等、一般、较差五级。

根据经济条件、市场潜力、区位条件、交通条件、产业环境等因素，综合评价滑雪资源的开发条件。京津冀地区、山东省在滑雪资源开发上最具有优势，其次为东北地区以哈尔滨－长春－沈阳为轴线的城市群、甘肃省河西走廊、新疆维吾尔自治区乌鲁木齐－克拉玛依城市带、山西省太原市－内蒙古自治区呼和浩特市－宁夏回族自治区银川市城市带等。

优、良好等级以上滑雪资源在各类自然保护区的区域，划分为滑雪资源开发的限制发展区域。

第三节　中国冰上资源空间分布特征与开发条件

相比滑雪资源，中国冰上资源开发相对滞后，冰上资源的研究受到关注较少。冰上资源主要包括冰场、冰川、冰灯、冰湖、冰瀑等类型。本节主要对目前开发潜力大的户外冰场和冰川两大资源的空间分布特征进行分析。

一、冰上资源空间分布特征

（一）潜在可开发天然冰上资源丰富，集中在东北地区和西南地区

根据我国北方地区普遍的结冰期－解冻期时间特征，选取 2021 年 11 月至 2022 年 3 月月最低温度均小于零摄氏度的区域。提取区域内的户外水体，得到全国室外天然冰资源分布情况。考虑到国际标准真冰场的冰

面积为 1 200 平方米且户外天然冰多具有不规则形状，选取面积 1 平方千米以上的冰面作为潜在可开发冰资源。采用自然断裂点方法将冰面积分为 1 ~ 2 平方千米、2 ~ 3 平方千米、3 ~ 5 平方千米、5 ~ 10 平方千米和大于 50 平方千米的潜在可开发天然冰资源。

我国潜在可开发冰雪资源丰富，面积在 1 平方千米规模以上的户外天然冰资源在东北、华北、华东、西北和西南地区均有分布，总计 3 000 余块。户外天然冰资源第一梯队位于西南、西北地区，规模以上冰面 2 000 余块，占全国规模以上冰资源的 83% 以上（其中青藏高原地区生态保护优先，严格控制和限制开发）；第二梯队位于东北地区，规模以上冰面 800 余块，约占全国总量的 13%；第三梯队位于华北地区，规模以上冰面 200 余块，约占全国总量的 2.27%。

按全国气候带分区，我国户外天然冰资源主要分布于高原气候区与中温带气候区。高原气候区 1 平方千米规模以上冰面达到 1 500 余块，超过全国总面积的 74%；中温带气候区规模以上冰面为 1 000 余块，超过全国总面积的 21%。

我国潜在可开发天然冰上资源丰富，集中在东北地区、西北地区、华北地区的省市（见图 10–2）。

（二）5A 级旅游景区周边优质冰资源均较为丰富，开发潜力大

按照冰资源至 5A 级旅游景区的距离将冰资源类型分为六类，分别为距离 5A 级旅游景区小于 1 千米、1 ~ 2 千米、>2 ~ 3 千米、>3 ~ 4 千米、>4 ~ 5 千米和 >5 ~ 10 千米。全国以距离 5A 级旅游景区 1 ~ 2 千米的冰面总面积最多，且优质冰资源的面积大，说明依托旅游景区开发冰资源的潜力较大。按照冰面数量，以距离 5A 级旅游景区小于 1 千米的冰面数量最少（见图 10–3），其余几类的冰资源数量均在 400 块以上。距离 5A 级旅游景区 1 ~ 2 千米的冰资源主要集中分布在新疆、华北和东北地区，是潜在的优质开发区域。景区周边冰资源面积情况见图 10–4、图 10–5。

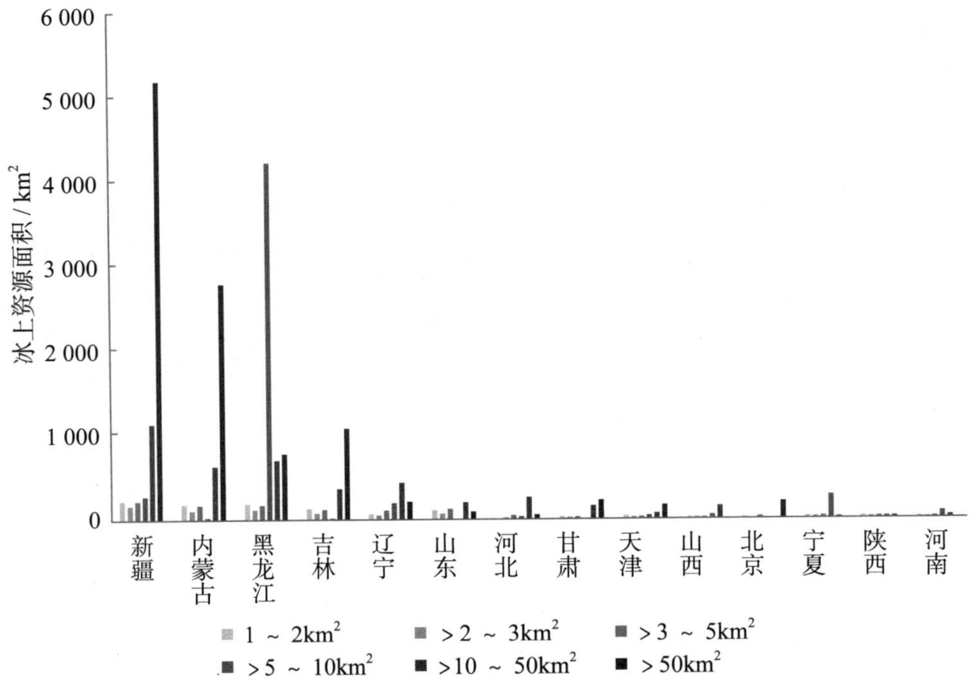

图 10-2 我国北方地区各省（区、市）潜在可开发冰上资源面积

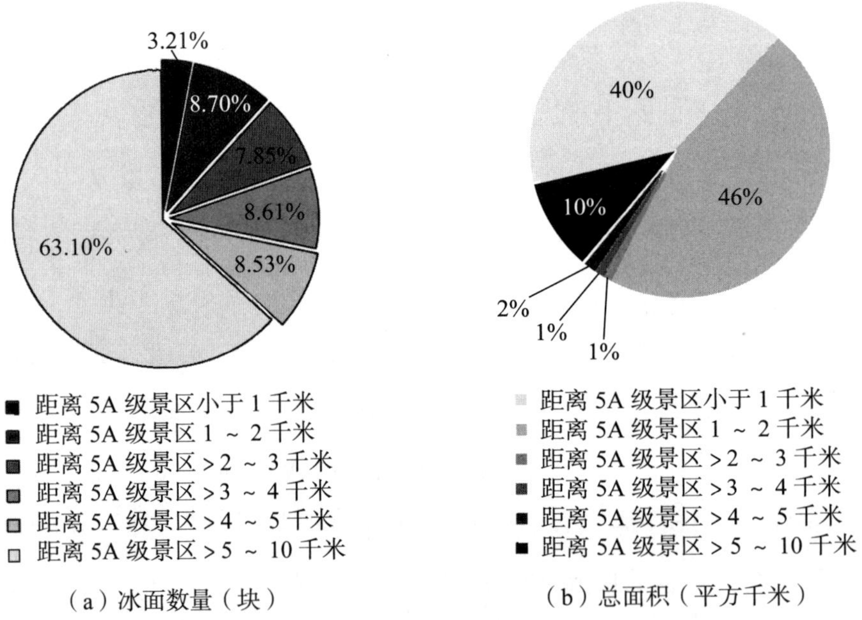

图 10-3 5A 级旅游景区周边冰资源数量与总面积情况

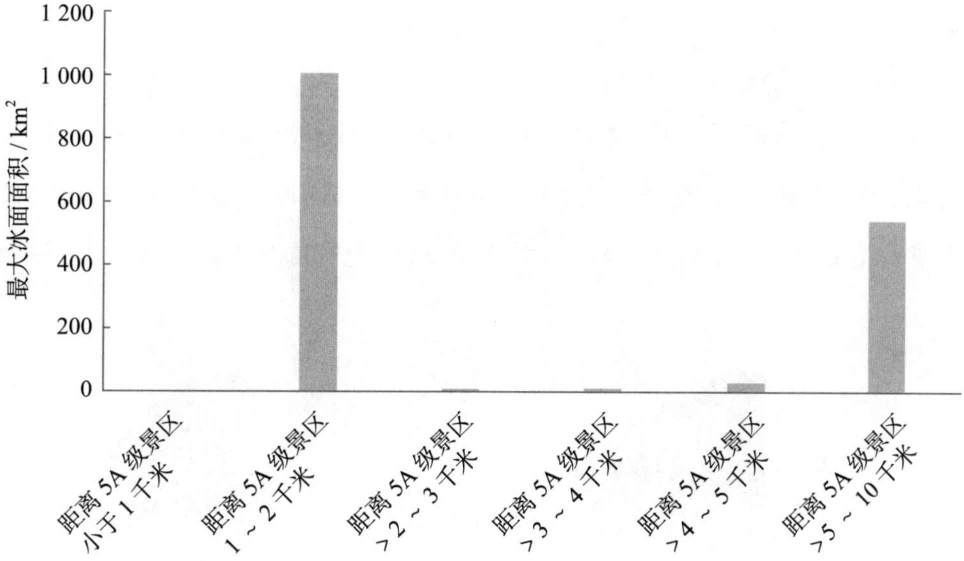

图 10-4　5A 级旅游景区周边冰资源最大冰面面积情况

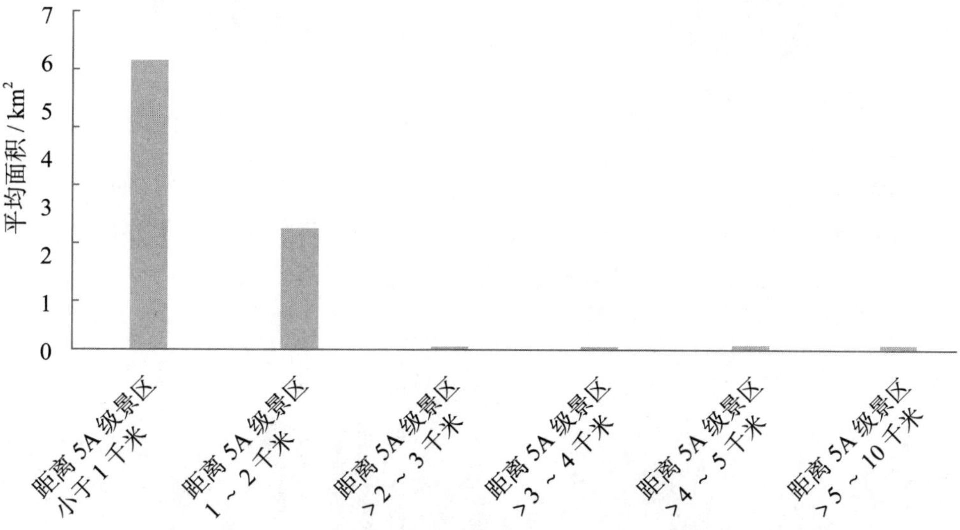

图 10-5　5A 级旅游景区周边冰资源平均面积情况

（三）公共设施依托型户外冰资源分布

按照冰资源至公园的距离将冰资源类型分为四类，分别为距离公园小于 500 米、500 ~ 1 000 米、>1 000 ~ 1 500 米和 >1 500 ~ 2 000 米。按照与公园的距离分类，全国范围内各类冰资源的数量相当，均在 1 000

块以上。与公园距离小于 500 米，500 ~ 1 000 米和 >1 000 ~ 1 500 米的冰块面积最多，且最大冰块面积均超过了 100 平方千米，说明依托公园开发冰资源的潜力较大。距离公园小于 500 米的冰资源同样主要集中分布在新疆、华北和东北地区，是潜在的优质开发区域。公园及其周边冰资源数量及总面积情况见图 10–6，最大面积及平均面积情况见图 10–7。

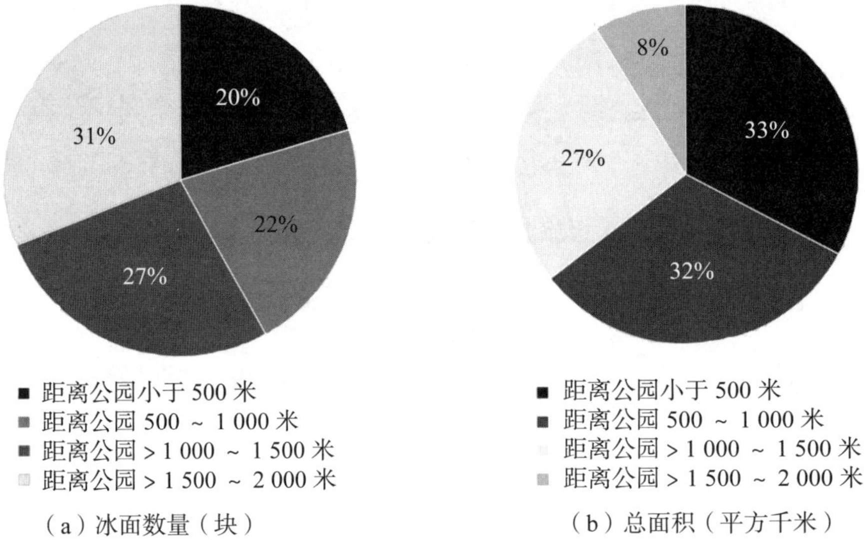

图 10–6　公园及其周边冰资源数量及总面积情况

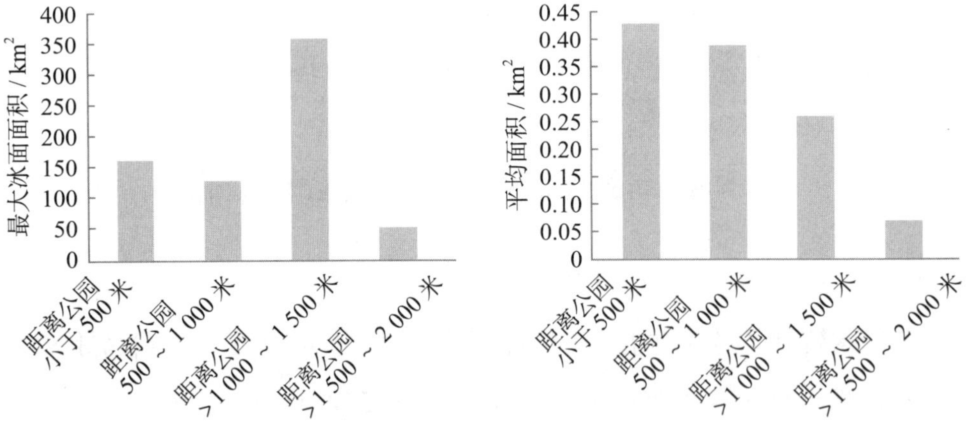

图 10–7　公园及其周边冰资源最大冰面面积及平均面积情况

二、冰上资源开发条件分析

（一）室内冰场开发条件

1. 室内滑雪场开发社会经济条件分析

由于室内冰场主要以商业冰场为主，市场化、商业化程度高，以俱乐部连锁经营和公司经营为主，因此将社会经济条件作为室内冰场开发的主要评估条件。以目前室内冰场最多的北京、天津、深圳、重庆、长春、哈尔滨和上海 7 个城市为典型代表进行分析。这些城市 2020 年 GDP 见图 10–8。

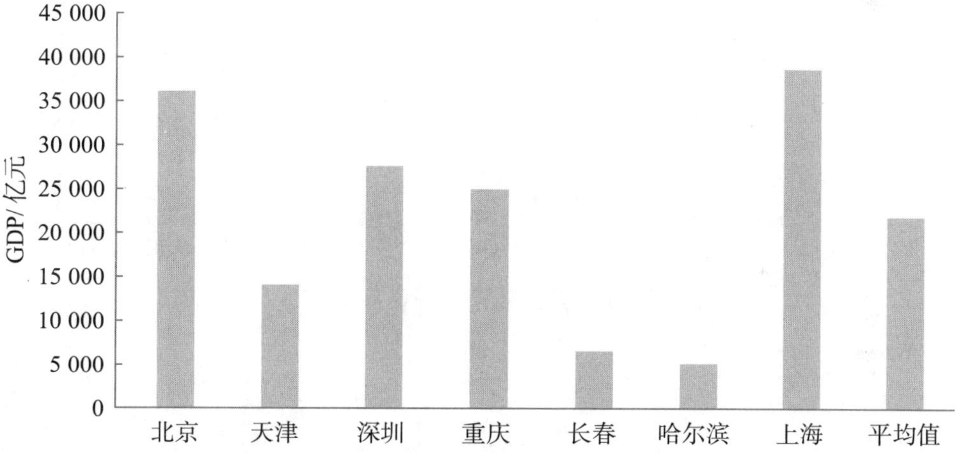

图 10–8 主要城市 2020 年 GDP

数据来源：国家统计局，2021。

2020 年这 7 个城市的 GDP 平均值为 21 911 亿元。分析发现，室内冰场发展较好的城市主要分为两类：一是冰雪文化底蕴深厚的东北地区省会城市，其 GDP 相较其余大城市较低，但冰雪产业基础好，室内冰场数量较多；二是北京市、上海市经济实力雄厚，城市居民的消费能力较高，室内冰场需求量大。

2020 年这 7 个城市的常住人口平均值为 1 841 万人，见图 10–9。分析发现，室内冰场发展较好的城市人口总量较大，均为超过500万人的大城市，除长春市和哈尔滨市之外，其余城市的人口均为千万人以上，具有良好的消费人群基数。

2020年这7个城市的人口密度平均值为2 309人/平方千米（见图10–10）。深圳市和上海市的人口密度最大，作为南方的超大城市，室内冰场较好地满足了大众对冰雪文化的热烈需求。

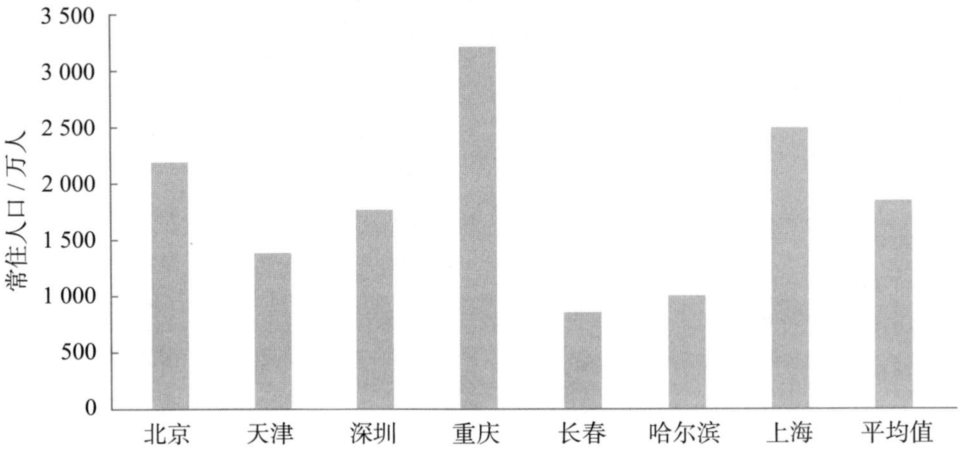

图10–9 主要城市2020年常住人口

数据来源：国家统计局，2021。

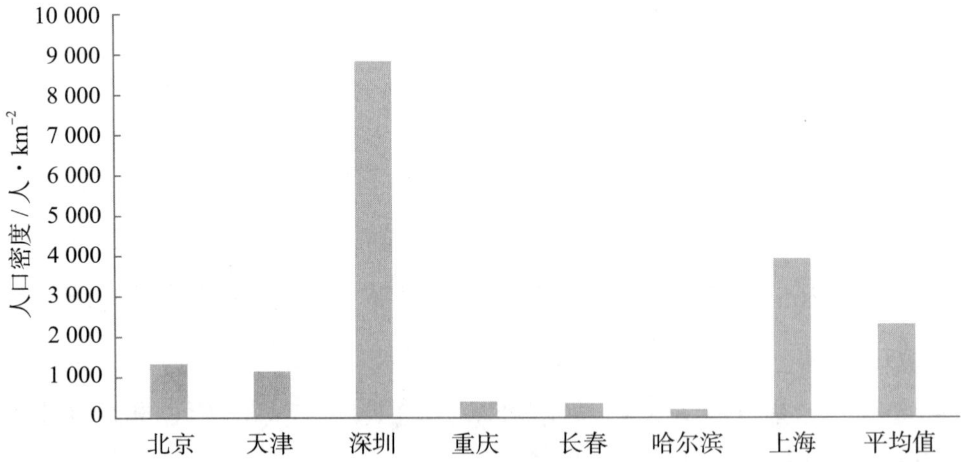

图10–10 主要城市2020年人口密度

数据来源：国家统计局，2021。

2. 室内滑冰场开发布局

适宜开发室内滑冰场的城市主要在存雪期不足 3 个月的地区，满足人口 100 万人以上，人均 GDP 2 万元以上，平均每 200 万人拥有一个室内滑冰场。二线城市适宜布局 2 ~ 3 个滑冰场，省会及一线城市适宜布局 4 个及以上室内滑冰场。适宜布局 2 ~ 3 个滑冰场的城市有 97 个，主要分布在四川、山东、河南、广东。适宜布局 4 个及以上滑冰场的城市主要分布在河北、山东、河南、广东，其中上海、成都以及重庆等地适宜布局 6 个及以上滑冰场。

（二）室外冰场开发条件

1. 开发条件

根据人体舒适度计算公式[①]，$ssd=(1.818t+18.18)(0.88+0.002f)+(t-32)/(45-t)-3.2v+18.2$。其中 ssd 为人体舒适度指数，t 为平均气温，f 为相对湿度，v 为风速，人体舒适度等级标准见表 10–3。

表 10–3　人体舒适度等级标准

等级	指数	体感
1	0 ~ 25	寒冷
2	＞25 ~ 38	冷
3	＞38 ~ 50	凉
4	＞50 ~ 55	凉爽
5	＞55 ~ 70	舒适

全国北方城市冬季舒适度指数处于 25 ~ 38 区间，舒适度不高，因此即使该区域拥有开发室外冰场的条件，仍以室内冰场建设为主。通过对各地级市的 2020 年路网密度进行分析对比，发现西部和东北地区的大部分潜在室外冰场所在的地级市交通条件并不发达，华北和东北地区东部的潜在室外冰场所在的地级市交通条件较为优越。对各地级市的 2019

① 杨成芳．山东省人体舒适度的 REOF 分析［J］．气象科学，2006（1）:103–109.

年人口数进行分析对比，发现西部大部分潜在室外冰场所在的地级市人口基数较低，东北地区和华北地区的人口基数较大[①]。

2. 室外冰场开发适宜性评价

综合考虑冰资源本体面积条件、与景区和公园的距离以及所在区域的社会经济条件，选取冰面面积（平方千米）、距离景区（千米）、距离公园（千米）、路网密度（千米 / 平方千米）、人口（万人）、舒适度指数、人均 GDP（万元）和人类活动强度（夜间灯光指数）八个指标，对冰资源的室外冰场开发适宜性进行打分评估，分为 0 ～ 5 六个分数档次（见表 10–4）。

表 10–4　室外冰场开发适宜性评价指标表

得分	冰面面积 s_1（平方千米）	距离景区 s_2（千米）	距离公园 s_3（千米）	路网密度 s_4（千米 / 平方千米）	人口 s_5（万人）	舒适度指数 s_6	人均 GDP s_7（万元）	人类活动强度 s_8
5	＞ 50	＜ 1	＜ 0.5	＞ 7	＞ 150	＞ 40	＞ 20	＞ 30
4	＞ 10 ～ 50	1 ～ 2	0.5 ～ 1	＞ 4 ～ 7	＞ 80 ～ 150	＞ 35 ～ 40	＞ 15 ～ 20	＞ 17 ～ 30
3	＞ 5 ～ 10	＞ 2 ～ 3	＞ 1 ～ 1.5	＞ 1.5 ～ 4	＞ 40 ～ 80	＞ 30 ～ 35	＞ 10 ～ 15	＞ 7 ～ 17
2	＞ 3 ～ 5	＞ 3 ～ 4	＞ 1.5 ～ 2	＞ 0.5 ～ 1.5	＞ 15 ～ 40	＞ 28 ～ 30	＞ 8 ～ 10	＞ 3 ～ 7
1	＞ 2 ～ 3	＞ 4 ～ 5	＞ 2 ～ 2.5	＞ 0 ～ 0.5	10 ～ 15	25 ～ 28	5 ～ 8	1 ～ 3
0	1 ～ 2	＞ 5	＞ 2.5	0	＜ 10	＜ 25	＜ 5	＜ 1

对每一块面积大于 1 平方千米的户外冰，上述八项评价指标得分的总分值为该冰面的开发适宜性综合得分，公式如下：

$$S=\sum_{i=1}^{8}S_i$$

根据潜在冰资源开发适宜性得分，我国潜在户外优质冰资源主要集中分布在华北地区、东北地区、西北地区的大中城市。

① 杨成芳 . 山东省人体舒适度的 REOF 分析［J］. 气象科学，2006（1）:103–109.

（三）冰川资源开发条件

由于我国东部广大地区不具备发育冰川的气候条件，并且与我国邻近的许多东亚、东南亚、南亚和西亚国家均没有山岳冰川分布[①]。因此，我国西部丰富的冰川旅游资源对国内外游客都具有吸引力。

我国冰川资源规模巨大，形态各异，但目前开发的冰川旅游景点较少，与冰川资源禀赋极不相符，与国外冰川旅游发展差距较大[②]。冰川旅游资源的吸引功能并非由冰川旅游单体决定，往往由冰川及周边景观的组合程度大小决定。

我国冰川旅游需要改变以往冰川观光和其他单一景点开发模式[③]，进而向冰川、雪山、森林、草甸、湖泊、峡谷与民族文化组团式开发转变，通过冰川与其他景观的组团式开发模式，扩展其冰川旅游类型与内涵，延伸其高山带山地旅游产业链，提升我国冰川旅游产品品牌价值。

第四节　后冬奥时期中国冰雪资源开发布局建议

一、滑雪资源区域开发布局建议

（一）优化布局，合理利用滑雪资源

以京津冀地区为引领，以东北地区稳步建设为基础，以西北和华北地区快速建设为支撑，以南方地区合理建设室内滑雪场为拓展，科学有序推进中国滑雪场地开发。其中，优先发展区域主要包括华北地区的河北省北部、北京市北部山区、天津市北部山区、山西省中部和东北部地区，东北地区的黑龙江省南部地区、吉林省中东部地区、辽

① 王世金．中国冰川旅游资源空间开发与规划［M］．北京：科学出版社，2015.

② 同①。

③ 同①。

宁省东部和西南部地区，西北地区的新疆维吾尔自治区天山北麓和阿尔泰山地区；重点发展区域主要包括东北地区的黑龙江省中部、吉林省南部地区，西北地区的甘肃省中部和南部地区，华东地区的山东省中部地区；鼓励发展区域主要包括西北地区的陕西省中部、宁夏回族自治区南部地区；控制发展区域主要包括西北地区的新疆阿勒泰部分地区、天山山脉南麓地区、甘肃省南部地区，东北地区黑龙江省中部部分地区，西南地区四川省北部和中部部分地区；限制发展区域主要包括国家公园、国家级自然保护区、国家森林公园、国家风景名胜区等保护区域核心区等。

（二）统筹资源，建立“南客北上、外客入境”统一大市场互动发展格局

依据资源禀赋和经济条件，合理布局滑雪旅游度假地。北方地区集聚发展室外滑雪场，南方地区以发展室内滑雪场为主。依托东北地区的工业基础和滑雪资源，构建东北冰雪旅游－装备制造大产业体系；依托新疆天山和阿勒泰地区的滑雪资源，建设以新疆阿勒泰地区为龙头的丝绸之路滑雪度假大区；充分依托冬奥会遗产地资源，建设以北京市延庆区、河北省张家口市为核心的华北冰雪旅游－竞技运动大区，建设冰雪主题类世界级旅游度假区；限制发展区域和南方地区重点合理建设室内滑雪场，在区域性大城市（上海、广州、深圳、武汉等）、省会城市（南京、长沙、福州、南宁、杭州、南昌、合肥、海口等）、著名旅游城市（厦门、桂林、张家界等）等中心城市科学布局室内滑雪场，持续推进冰雪运动南展，培育壮大客源市场，建立“南客北上、外客入境”的发展格局。

（三）协同创新，促进滑雪产业绿色高质量发展

以生态环境容量和资源承载力为前提，确定合理旅游规模，建设生态友好型滑雪场地设施，倡导低碳绿色发展，走可持续发展之路。充分挖掘资源，构建滑雪体育竞技—滑雪赛事观看—滑雪旅游度假—滑雪休

闲娱乐—滑雪装备制造—滑雪教育培训为一体的滑雪体育度假休闲产业链，推动滑雪旅游与体育、水利、装备制造、教育、医疗等产业联动发展与深度融合。建设滑雪旅游、滑雪经济、滑雪休闲、滑雪研学教育、滑雪装备制造等为一体的综合型滑雪旅游度假地，形成产业集聚，促进区域经济增长与社会发展。

（四）挖掘冰雪文化，打造特色滑雪产品

对标国际高水平滑雪旅游度假区，充分挖掘和弘扬我国优秀冰雪文化，将地域特色历史文化和民俗文化有机结合，形成独具中国特色和地域色彩的滑雪旅游资源体系，打造中国滑雪文化品牌。发挥北京冬奥会效应推动我国滑雪旅游强国建设，鼓励自然资源基础好的滑雪场地承办高质量的滑雪竞技活动。充分利用滑雪资源发展冰雪旅游业，面向青少年举办冰雪冬令营活动，鼓励滑雪场利用当地的山地、湖泊、河流等自然资源和地方特色民俗文化开展度假、休闲、娱乐、节庆、养生等复合旅游产品，实现四季旅游。

（五）聚焦核心问题，优化滑雪资源开发政策

优化优先开发、重点开发的滑雪场地资源的土地利用审批过程，将相关重大滑雪项目尽快纳入国土空间规划“一张图”，优先安排国家级滑雪旅游度假地等重大项目用地；总结推广滑雪道草地流转、新疆阿勒泰地区和伊犁州冬滑夏牧、北京和河北的冬季滑雪夏季种草恢复以及探索山区坡地“冬旅夏农”利用等模式，支持滑雪道使用草地或牧民草场按原地类管理；借鉴日本、韩国等国际经验，雪道、索道占用林地要求以一定的比例进行补植。加大政策支持力度，发展滑雪产业，处理好政府与市场的关系。鼓励旅游、体育企业参与其中，充分发挥市场主体活力，合理配置资源，提高运行效率[①]，推动建立一批产业规模较大的滑雪产业

① 李安娜．北京 2022 年冬奥会背景下我国冰雪产业链现代化：机遇、挑战与路径［J］．沈阳体育学院学报，2022，41（1）:8.

聚集区，发展一批具有较高知名度和市场竞争力的滑雪产业企业①。

二、冰上资源区域开发布局建议

（一）合理布局，全国形成“北冰南展”空间格局

依托中国东北地区、华北地区、西北地区优质户外冰资源，重点在东北地区的黑龙江省南部、吉林省北部、辽宁省大城市和旅游城市，西北地区的新疆维吾尔自治区乌鲁木齐市、阿勒泰地区、伊犁州地区以及陕西省、甘肃省、宁夏回族自治区省会城市和旅游城市，华北地区的北京市、天津市、内蒙古自治区及河北省、山西省省会城市和旅游城市等地区充分利用江、河、湖等水域资源建设天然滑冰场。对重点区域深入调研户外冰资源，结合经济、人口、舒适度、区位、交通等经济社会发展等开发条件，合理布局，推进我国北方冰上资源高效开发利用，扩大其经济价值转化能力，扩展北方地区冬季全民健身活动的户外冰场地设施。室内冰场拓展布局上海市、重庆市、广州市、成都市、深圳市等东南沿海发达城市、旅游城市，将冰雪文化与冰上运动不断向南方拓展，鼓励南方消费市场的发育与完善，全国形成“北冰南展”的空间格局。

（二）公益性与商业性双向发展，冰上事业与冰上产业并驾齐驱

贯彻落实《关于构建更高水平的全民健身公共服务体系的意见》和《全民健身计划（2021—2025年）》（国发〔2021〕11号），推动落实在河北崇礼、吉林长白山（非红线区）、黑龙江亚布力、新疆阿勒泰等地建设冰雪丝路带，巩固拓展“带动三亿人参与冰雪运动”成果发展冰上事业。配建一批群众滑冰场，合理布局冬季冰上运动场地，制定我国北方

① 新华社．中共中央办公厅 国务院办公厅印发《关于以2022年北京冬奥会为契机大力发展冰雪运动的意见》［EB/OL］.（2019-03-31）［2022-10-29］.http://www.gov.cn/zhengce/2019-03/31/content_5378541.htm.

适宜地区冬季临时冰场开发建设的标准与规范，将冰上运动打造成为我国全民健身的重要体育活动。推进商业性冰上场馆建设，提高对商业性冰上场馆的质量把控与安全监管，提高商业性冰上场馆的公众利用效率，促进冰上事业与冰上产业融合创新。

（三）积极探索户外冰上资源与旅游城市、5A级景区、公园的互动发展

鼓励具有大于50平方千米冰面的户外冰上资源的北京市、天津市、乌鲁木齐市、沈阳市、呼和浩特市、秦皇岛市等旅游城市开发冰上旅游、冰上运动、冰上休闲娱乐多种业态，促进冰上旅游与冰上休闲娱乐发展。鼓励北方冬季处于淡季的5A级景区探索冬季冰上旅游项目，形成四季旅游发展模式。充分挖掘大中城市公园周边的冰上资源，创新发展模式，鼓励开发冰上节庆活动，推进冰上旅游与冰上休闲娱乐的发展，成为群众冬季娱乐休闲建设的重要空间。

（四）拓展冰上资源的利用方向，培育发展冰上汽车拉力赛、冰川旅游等新兴业态

扩大中国大兴安岭·漠河国际冰雪汽车挑战赛与环长白山冰雪汽车拉力赛等赛事规模，进一步向西北地区拓展发展，促进中俄、中蒙、中哈等跨境地区举办具有国际影响的群众赛事。探索冰川资源开发，坚持生态优先和保护优先，科学开发，努力建成一批具有区域代表性的冰川探险研学、极限运动、休闲度假等冰川体育旅游目的地，鼓励开发冰川研学旅游与自然教育，提高冰川资源的综合社会效益，适度开发冰川滑雪、雪地摩托、冰川徒步等体验旅游项目。

第十一章　北京冬奥会经济影响研究

在市场经济条件下，作为一项超大型、世界性的赛事活动，奥运会是否“经济”，在从奥运会筹办到后奥运5年甚至更长时间内，都会成为大众热议的话题。北京2022年冬奥会、冬残奥会的成功申办和举办，带动超过三亿中国人参与到冰雪运动中，中国冰雪运动显著发展，冰雪产业规模不断扩大，冬奥经济也成为人们关注的焦点。本章从冬奥经济的内涵着手，在界定冬奥经济定义的基础上，结合北京实践，分析了冬奥会的经济效应，探讨了北京冬奥会对举办城市冰雪消费的带动效应，通过其他国家冬奥会经济相对成功案例的经验分析，从区位优势、人才培养、政策支持等方面给出了后冬奥时期，充分发挥冬奥经济效应的对策建议。

第一节　冬奥经济概述

北京冬奥会、冬残奥会的成功申办和举办，举国关注，举世瞩目，不仅激发了3.46亿中国人参与到冰雪运动中，更激发了北京经济发展新动能，丰富的“双奥”遗产赋能成为经济发展的新增长点，“奥运经济”“冬奥经济”再次成为学术研究的热点。

一、冬奥经济的定义

学术界关于冬奥经济的研究最先是从奥运经济的概念开始的。所谓奥运经济，即在奥运会举办前、中、后各时期，引发的与奥运会举办相关联的一系列经济活动，能够产生明显的经济效果和经济价值。学术界普遍赞同的奥运经济是指国际奥委会、奥运会主办国组委会和主办国及主办城市因举办奥运会而产生的直接或间接的经济收入[①]。直接经济收入包括出售电视转播权、奥林匹克标志产品的专营权、指定赞助商的赞助、纪念品以及门票收入等各类经济活动；间接经济收入主要指在奥运会经济强大的辐射功能下，激发相关产业发展的巨大经济效应，如休闲旅游业、建筑业、制造业等。根据上述定义不难看出，奥运经济的定义建立在奥运会的经济影响上，奥运会的经济影响可以总结为[②]：奥运会的经济影响 = 奥运会的直接经济或赛事活动（Olympic activities）所产生的直接影响与间接影响 + 奥运会的相关或背景活动（context activities）所产生的直接影响与间接影响。或者，奥运会的经济影响 = 奥运会的经济影响 + 申办和筹办奥运会的经济影响。

根据上述概念的演绎和历届冬奥会的发展经验，可以认为，冬奥经济是指在一定时空范围内，与冬奥会相关的各类活动、相关主办单位与冰雪赛会区域所产生的收入等不同维度的经济效应的总称。从时间和空间两个维度分析：时间范围包含了主办城市及其周边地区从申办冬奥会前的初始状态到冬奥会结束以后最终状态的全过程，这个过程包括冬奥会的申办阶段、筹办阶段、举办阶段和结束阶段四个阶段；空间范围包含与冬奥会相关各类活动所涉及的场所，且冬奥经济效应由冬奥会举办地向外逐级递减[③]。从广义上讲，冬奥经济是以举办冬奥会为目的，以举办城市的发展战略和长期规划为基础，围绕冬奥会所需的设施和配套工程建设以及交通运输、环保旅游、媒体信息等相关的第三产业，所产生

---

① 陶于．奥运经济问题研究［J］．天津体育学院学报，2003（3）:75-78.
② 方福前．论研究奥运经济影响的思路与方法［J］．北京社会科学，2004（2）:3-7.
③ 同②。

的经济现象和效益[①]。

二、冬奥经济的具体内容

（一）筹办冬奥会过程中的经济效应

投资规模扩大推动整体经济发展。筹办期间内大量的投资投放到市场当中，激活整个市场的活跃性，中国经济发展获得新动力。根据公开资料，2022年冬奥会编制的预算规模为15.6亿美元，其中政府补贴占6%，为9 400万美元；国际奥委会给予资金3.38亿美元；其他费用来自赞助商、门票、品牌授权等。而在15.1亿美元的场馆投资中，企业投资占比达到65%，三个奥运村建设全部由企业投资[②]。由此看出，2022年北京冬奥会的投资模式并不是仅仅为筹办冬奥会而进行投资，更多的是对民生、基础建设领域的一个由政府和企业共同投资的模式，民生、基础建设的投资对国民经济的影响是持续久远的。

筹办冬奥会推动举办城市经济转型。张家口市作为冬奥会的举办地，自北京冬奥会申办以来，冰雪运动的快速普及拉动了张家口市以冰雪装备制造为重点的冰雪产业的加快发展，冰雪经济拉动就业，93.9万贫困人口全部脱贫，正在着力打造全亚洲冰雪旅游度假目的地和“体育之城”；同时，张家口市作为全国5G发展的首批试点城市，以筹办和服务冬奥会为契机，加快推进5G“新基建”建设，引领了张家口相关产业快速升级，促进了张家口市现代产业新体系的构建。冬奥会的筹办直接带动了交通基础设施建设，2019年，京张高铁和京礼高速通车，区域交通干线逐步织密，在满足冬奥会保障需求的同时，为日后区域经济的可持续发展提供了有力支撑。

---

① 孟祺.“冬奥经济”对我国冰雪体育经济发展的促进作用[J].中国商贸，2010(6):198-199.

② 曾鼐.北京公布冬奥会赛事预算15.6亿美元[EB/OL].(2015-07-31)[2022-10-29].http://www.china.org.cn/bjzt/chinese/2015-07/31/content_36192718.htm.

（二）举办冬奥会过程中的经济效益

1. 直接经济效益

冬奥会直接经济效益包括企业赞助、电视转播带来的收入、门票收入、各类奥运纪念品的销售收入等，这部分几乎占据了历届冬奥运会总收入的半壁江山。《北京2022年冬奥会和冬残奥会经济遗产报告（2022）》显示，除了14家奥林匹克全球合作伙伴外，北京冬奥会已签约45家赞助企业，其中官方合作伙伴11家，官方赞助商11家，官方独家供应商10家，官方供应商13家[①]。北京冬奥组委早在2021年7月传出的消息就显示，对照国际奥委会官方网站公布的历届冬奥会赞助收入数据，北京冬奥会市场开发可实现的赞助收入，已经超过了以往历届冬奥会的同类数据。此外，北京冬奥会开发了品类丰富的特许商品，冬奥会特许商品深受民众追捧。截至2021年底，北京冬奥会市场开发共征集特许生产企业29家，其中集中安置残疾人就业企业2家，共征集特许零售企业58家。先后开发了16个类别5 000余款特许商品。北京冬奥会的吉祥物“冰墩墩”更是火爆全网成为世界顶流，出现“一墩难求”的火爆场面。

2. 间接经济效益

北京冬奥会成为多个行业领域的体验场，是中国制造的推广大使，是中国品牌向世界展示国潮风采和品牌内涵的重要舞台和窗口。数字人民币成为本届冬奥会的一大亮点，落地应用于35.5万个冬奥场景，实现交通出行、餐饮住宿、购物消费等全场景覆盖，向世界展示了中国在数字货币方面的领先水平。智慧餐厅、智慧床、无人驾驶汽车和高铁、5G高清视频等高科技产品层出不穷，整个冬奥会成为全世界的网红打卡地。巴西、乌克兰、新西兰、斯洛文尼亚、比利时、罗马尼亚和冰岛7个奥运代表团，都身着中国品牌匹克的服装亮相赛场，匹克是本届冬

① 北京2022年冬奥会和冬残奥会组织委员会，北京体育大学．北京2022年冬奥会和冬残奥会经济遗产报告（2022）［R］.2022.

奥会赞助代表团第二多的品牌。在运动装备专业性要求更高的冬季项目中，欧美品牌此前是冰雪运动的主流，像乌克兰、冰岛这样的国家代表团，对冰雪服饰与装备都有着颇高的要求。但当他们最终选择匹克时，无疑是对中国品牌的认可。中国制造已经是绿色环保、高科技、高级感的代名词。

（三）后冬奥时期的经济效益

筹办和举办北京冬奥会，让冰雪运动火遍大江南北，让冰雪产业蓬勃发展，一系列的政策红利进一步为后冬奥时期的冰雪经济发展赋能，使得我国已初步形成比较完善的冰雪产业体系，涵盖冰雪装备制造、冰雪健身休闲、冰雪旅游、冰雪会展、冰雪文化等各个领域，中国冰雪产业全链条价值不断提升。产业的发展带动就业的增加，例如，滑雪产业带旺了崇礼这个曾经默默无闻小镇的人气，大批游客的到来不仅直接拉动了住宿、餐饮、交通等领域的消费，还催生了一批以滑雪为服务内容的旅游租赁、器械维修等新兴行业。统计显示，有近 3 万人直接或间接从事滑雪及旅游相关产业[①]。据初步估计，冬奥会可为当地带来 3 500 亿元的投资，增加 20 万个就业机会[②]。同时，冰雪产业规模持续提升也将带动中国体育产业步入黄金发展时期，为全国体育产业升级发挥表率作用。由于对冰雪运动各项设施的需求增大，因此在供给侧冰雪装备的科技创新能力也随之不断提高，同时催生出了一大批冰雪装备产业园区。

后冬奥时期，各类学校和俱乐部等机构通过冰雪人才培养，在引领就业、创造就业的同时，储备了经济发展的人力资源。各类政府机构积极作为，借助引进国内外知名的头部企业，通过区域间合作培育壮大本地企业。各类冰雪装备企业通过深化技术合作，加强技术研发设计方面

① 李辉．“三亿人上冰雪”激活万亿产业 张家口“乘风”冰雪经济［EB/OL］．（2022-04-09）［2022-10-29］．http://www.cb.com.cn/index/show/bzyc/cv/cv135149871647.

② 马常艳．“三亿人上冰雪”背后有哪些经济利好［EB/OL］．（2022-02-11）［2022-10-29］．http://www.ce.cn/xwzx/gnsz/gdxw/202202/11/t20220211_37320522.shtml.

的协同。河北通过与京津共建共享创新平台，推动冰雪产业技术创新、体制机制创新，实现技术成果转化。产业园区通过加快发展滑雪板、造雪机等高端冰雪装备制造企业，聚集形成一批具有国际竞争力的冬奥经济核心企业，带动配套企业、支撑企业创新发展。为冬奥会建设的便利基础设施也在一定程度上推动了京津冀一体化进程，形成以冬奥城市为中心的后冬奥经济效益圈，这一经济圈将覆盖房产、交通、教育、医疗等和民众息息相关的方方面面。

第二节 北京冬奥会的经济效应

一、提升北京冰雪消费，促进冰雪运动普及

北京冬奥会和冬残奥会的筹办举办，为北京冰雪运动发展和产业发展创造了新的契机。在北京市委、市政府高度重视和科学规划布局之下，北京形成了较为完备的冰雪运动基本公共服务体系和市场服务体系，冰雪运动产业发展迈上新台阶。2015—2022 年，北京作为 2022 年冬奥会主办地，践行冬奥精神，持续建设冰雪运动场地设施，激发居民参与冰雪运动热情，促进地区内冰雪运动消费内需释放，形成了良好的群众冰雪运动消费发展环境。

（一）精准施策引领冰雪运动发展

2016 年以来，北京市在全国率先出台了《北京市人民政府关于加快冰雪运动发展的意见（2016—2022 年）》（京政发〔2016〕12 号）及七项配套规划、《北京市落实〈关于以 2022 年北京冬奥会为契机大力发展冰雪运动的意见〉的实施意见》（京体办字〔2020〕59 号）等体育产业发展规划和促进冰雪运动消费相关政策，其中特别强调加大冰雪运动场地设施供给，以赛事和活动促进冰雪运动消费，同时提出要加大冰雪运动行

业技能人才的培养力度，有效引导大众参与冰雪健身消费，丰富群众体育消费业态。例如，始于2015年连续举办的北京市民大众快乐冰雪季活动，累计开展各级各类群众活动2.9万余场，参与人次达到4 300多万，大众冰雪运动覆盖面进一步扩大。

（二）冰雪产业服务体系不断完善

场地设施建设方面，北京市逐年增加冰雪场地设施供给。冰雪场地由冬奥申办前的42个冰场、44块冰面、22座雪场，发展为滑冰场地82个（其中室内冰场58个），冰面97块（含有1 800平方米以上的标准冰面49块[①]),32座雪场[②]，冰雪场地的建设为开展冰雪赛事和促进冰雪消费奠定了坚实的基础。在群众冰雪赛事开展和项目建设方面，北京市持续打造一批冬奥主题、冰雪主题的精品旅游线路，2021年北京市文旅局推出了22条冰雪旅游精品线路[③]。2014年以来，围绕“冰雪运动进公园，快乐健身迎冬奥”主题，市属公园连续多年举办冰雪游园会，共有近200万人参与其中[④]。青少年冰雪运动普及方面，北京市持续开展“冰雪运动进校园”系列推广普及活动。截至冬奥会开幕前，推广普及活动及体验课已走进16个区600余校次，覆盖学生50余万人次。此外，不断拓宽后备力量成长渠道，市、区冰雪运动人才培养体系初步建成，共有市级青少年冰球队5支、滑雪队1支，区级青少年冬季项目运动队125支，注册人数7 565名[⑤]。2021—2022北京市青少年冰球俱乐部联赛共进行

① 陈强，王海欣．北京冰雪场地数量大增！中外记者聚焦丰台这片明星冰球［EB/OL］．（2022-02-20）［2022-10-29］.https://news.bjd.com.cn/2022/02/20/10044803.shtml.

② 王灿．北京巩固扩大“带动三亿人参与冰雪运动”发展成果［EB/OL］．（2022-01-12）［2022-10-30］.http://www.new-sports.cn/quanminjianshen/202201/t20220112_140200.html.

③ 王连香．推动冰雪运动与文化旅游资源深度融合 北京推出22条冰雪旅游路线［EB/OL］．（2021-11-29）［2022-10-30］. http://ent.people.com.cn/n1/2021/1129/c1012-32294325.html.

④ 王斌．冰雪运动进公园 快乐健身迎冬奥［EB/OL］．（2021-08-09）［2022-10-30］．http://epaper.ynet.com/html/2021-08/09/node_1333.htm.

⑤ 同②。

1 224 场比赛，有 25 家俱乐部、256 支队伍近 3 600 名球员参赛[①]，赛事规模继续保持亚洲第一。

（三）新兴冰雪运动消费业态加速涌现

北京市加速冰雪主题消费体验升级，如北京朝阳大悦城联合中国邮政推出“开往冬奥的邮政专列”快闪活动等丰富群众周边的冰雪消费环境内容不断涌现。2019 年北京市发布《加快新首钢高端产业综合服务区发展建设 打造新时代首都城市复兴新地标行动计划（2019 年—2021 年）》（京办发〔2018〕30 号），实现了首钢区域从“火”到“冰”的重生，为区域创新和冰雪产业发展提供了北京智慧。2021 年“相约北京”国际艺术节以“线上+线下”的形式举行，围绕“激情冰雪 云上文艺 经典百年”主题，线上演出 31 台、剧场演出 11 台，同时还举办 6 个艺术展览、系列冬奥主题文化活动，以及专题论坛和演出推介会，营造出全社会支持冬奥、参与冬奥、共享冬奥的浓厚氛围。

二、促进京津冀基础设施建设新发展，助力区域发展更协调

自 2015 年北京申办冬奥会成功至今，北京冬奥会为京津冀基础设施建设带来诸多新变化。体育场馆建设、公共交通等领域新亮点层出不穷，京津冀交通一体化程度不断加深，生态建设持续推进，绿色成为城市的鲜亮底色。

（一）“冬奥效应”为人民参与冰雪运动提供新便利

北京赛区所有竞赛场馆都实现了冬季和夏季场地互换功能，大大提升场馆经营能力、运行活力。国家游泳中心于 2019 年在世界上首次实现了水冰场馆的转换，北京冬奥会的标志性建筑国家速滑馆 1.2 万平方米的冰面实现了可以根据需要分区域分标准制冰，能同时开展所有冰上运动。

① 汪涌 . 冬奥筹办助推北京成为全球瞩目的冰雪运动之城［EB/OL］.（2021-12-28）［2022-10-30］.http://www.news.cn/sports/2021-12/28/c_1128207657.htm.

同时，首都体育馆园区通过建设改造，形成了包括一个比赛场馆、三个训练场馆、两个服务设施的冰上运动园区，成为国内最大的冰上比赛、训练、科研中心。此外，首钢滑雪大跳台“雪飞天”被打造成为以冰雪文化为主题的城市广场。值得一提的是，延庆赛区国家高山滑雪中心同步建设了大众雪道，延庆冬奥村将作为旅游接待酒店。新建国家速滑馆“冰丝带”光影流转、国家跳台滑雪中心“雪如意”傲视群峰，这些场馆将现代奥林匹克元素与中国传统文化完美结合，已成为主办城市的地标性建筑。

（二）“冬奥效应”推动城市交通发展迈上新台阶

城市要发展，交通须先行。北京在冬奥会筹办期间建设了一张“冬奥绿色低碳公共交通网”。北京地铁开通 11 号线，北京赛区所有场馆实现地铁覆盖。京礼高速直达赛区核心区，京张高铁直达延庆城区，京张地区实现“一小时交通圈”场馆建设和交通路网不断完善，北京市内无障碍交通设施也进行了全面升级。张家口市为进一步完善冬奥场馆周边基础设施，提高路网的道路通行能力和服务水平，建成了 10 项交通基础设施项目。2021 年底，“冰雪专线”京张高铁建成通车，张家口同北京车程缩短为一小时。张家口赛区内部改建四条公路，新建河北张家口崇礼城区至长城岭滑雪场公路、崇礼城区至万龙滑雪场两条公路，此外还新建三个客运枢纽，分别为张家口南综合客运枢纽、崇礼南客运枢纽、太子城高铁客运枢纽，显著提高了张家口客运流转能力。

（三）“冬奥效应”助力增添可持续发展强大动力

冬奥会筹办期间，北京的绿色生态建设也紧锣密鼓地有序开展。北京冬奥会建设了世界首创 500 千伏张北柔性直流电网，实现了赛时所有场馆 100% 使用可再生能源电力，北京冬奥会也因此成为奥运历史上第一届 100% 使用绿色清洁电能的奥运会；北京成为首个大规模使用当今最环保的二氧化碳制冰技术的冬奥会主办城市。在绿色、共享、开放、廉洁的办奥理念带动下，绿色低碳理念也融入城市建设和民众生活。从场馆建设到垃圾分类，绿色低碳理念更加深入人心，有力助推了城市绿色可持续发展。北京所有新建冬奥会场馆都达到最高等级的绿色三星标准，改造场馆通过改造达到绿色建筑标准。延庆赛区充分实践“山林场馆、生态冬奥”理念，生态建设与冬奥建设同步规划、同步建设、同步完工。

三、促进冰雪运动“南展西扩东进”，实现“带动三亿人参与冰雪运动”

自北京携手张家口申办2022年冬奥会以来，在“带动三亿人参与冰雪运动”的目标感召下，国内的冰雪运动加快了“南展西扩东进”步伐，群众性冰雪运动在大江南北、长城内外大力推广普及，冰雪运动之花在神州各地竞相绽放。截至2021年12月，全国共有滑雪场811座，分布在全国29个省（区、市）。各类滑雪、冰雪乐园、冰雪嘉年华更是不计其数，这些设施将保证冰雪运动的常态化开展，使冰雪运动的根基更加牢固，冰雪的普及程度逐年提高，人民群众的冰雪活动极大丰富。

（一）北方拥有冰雪运动的天时、地利、人和

自2021年10月中旬开始，为了迎接2021—2022冰雪季节，在冰雪资源丰富、冰雪运动群众最多的东北三省、冬奥会举办城市河北张家口，各大滑雪胜地的造雪机昼夜不停地开动着。从10月底起，各主要滑雪场相继开放，吸引了来自全国的游客。数据显示，国内十大最受欢迎的滑雪胜地中，有一半以上是在东北三省以及河北张家口。河北省发布的数据还显示，2020年12月至2021年11月，河北共组织了4 300多场冰雪比赛，参加冰雪运动的人数达到2 200万人；河北已建成202个室内溜冰场馆，普及到县，建成了109座滑雪场地，是冰雪场馆数量居首位的省份[①]。可可托海国际滑雪场，虽地处新疆，但仍吸引大量来自世界各国的

① 河北日报.建成滑雪场馆109个！河北冰雪场馆总数居全国首位[EB/OL].(2021-05-28)[2022-10-30].http://district.ce.cn/newarea/roll/202105/28/t20210528_36597730.shtml.

游客，领略高山滑雪的魅力。

（二）南方人口也是参与冰雪运动的重要力量

根据中国天气网和携程集团联合发布的《2020 年寒假及春节假期国内滑雪游报告》，全国十大最受欢迎的雪场均在北方，但十大热门客源地却是南北方城市各占一半，这充分表明冰雪运动已火遍大江南北。上海市体育局于 2021 年 10 月 20 日正式推出“冰雪运动专用消费券”，以更好地服务市民健身、开展冰雪运动。据调查，截至 2021 年底，上海有 14 座冰场，43 座室内滑雪场馆，3 座冰壶场馆，8 条冰壶道[①]；市区 13 个地区有各种不同的冰雪项目。在广州，广州融创雪世界从 2019 年开始，就一直爆满，截至 2021 年 8 月，广州融创雪世界已有 160 万名参观者，是国内人气最高的室内滑雪胜地之一。在深圳，总投资 183 亿元、总建筑面积 131 万平方米、拥有世界上最大室内滑雪场之一的深圳冰雪文旅城也正在建设之中，该项目预计在 2024 年开业。

四、首钢园转型重生，为老工业基地改造提供思路

现在的首钢园前身是首钢总公司，是中国十大钢铁公司之一，建于 1919 年，新中国成立初期，我国工业基础薄弱，首钢承担起多项科技创新任务。一代代首钢人艰苦奋斗、自主创新，创造了多项世界第一、中国第一，是中国钢铁工业的开拓者和集大成者，是老工业基地的典型代表。2003 年，为推动首都发展转型和环境保护，支持 2008 年北京奥运会的申办，首钢作出了主厂区搬迁的决定，向国务院递交了“搬迁报告”。2010 年，首钢主厂区正式全面停产，并开始探索全面转型发展的路径。

① 李灵娜．“南展西扩东进”势头旺盛 带动三亿人参与冰雪运动 冬奥观察 | 中国为全球冬季运动带来积极改变［EB/OL］.（2022-02-18）［2022-10-30］. https://www.ccdi.gov.cn/yaowenn/202202/t20220218_172453.html.

（一）冬奥之风“吹去了”首钢园的锈迹和旧貌

2015 年 7 月 31 日，北京冬奥会申办成功，首钢园区的转型改造迎来了新机遇。2018 年底，北京市出台“新首钢三年行动计划”，新首钢地区加速转型。2021 年服贸会在首钢园举办，标志着传统工业区实施城市更新、功能再造，步入复兴。2022 年，北京冬奥会举办，曾一度沉寂的“十里钢城”经过多年的更新改造，华丽转身后焕发出新的活力。以冬奥会为契机，通过对老工业区工业遗存和风貌的保护再利用，首钢园实现了让世人惊叹的转型。如今，科幻元素、潮流运动、无人科技、冬奥足迹遍布整个园区，首钢园正逐渐完成蜕变，加快向“传统工业绿色转型升级示范区、京西高端产业创新高地、后工业文化体育创意基地”的定位迈进。

（二）可持续发展融入转型建设每一步

作为北京 2022 年冬奥会的重要遗产之一，滑雪大跳台在赛后实现迅速“变身”，通过转换赛道上的可变剖面，滑雪大跳台可以转换为自由式滑雪空中技巧赛道，运动员在同一场馆就能完成不同跳跃类项目的训练和比赛。科幻即将成为首钢的一张新“名片”，大量科幻企业正在此汇聚，聚力打造科幻产业聚集区。聚集区将建成科幻创作者集聚地、科幻数字内容创作地、科幻场景体验地，打造“三中心、一平台”，即科幻国际交流中心、科幻技术赋能中心、科幻消费体验中心、科幻公共服务平台，努力成为中国科幻产业发展的重要承接地和科幻产业创新展示的重要窗口，成为具有全球影响力的科幻产业特色园区。首钢园将进一步着力于产业发展，重点推动“体育 +”、数字智能、科技创新服务、高端商务金融、文化创意等产业融合发展，积极利用和开发冬奥要素资源，努力打造奥林匹克运动推动城市发展的新典范。

（三）首钢园转型升级为老工业基地发展提供新思路

2022 年，北京冬奥会的成功举办带动了“带动三亿人参与冰雪运动”，冰雪经济的蓬勃发展使得冰雪产业的潜力得以彰显，东北老工业基地的改造正是从这里得到了灵感和启发，老工业基地目前面临的困局似乎迎来了转机。借助冰雪运动和旅游，仅在 2022 年春节假期间，吉林省全省共计接待国内冰雪旅游游客 934.14 万人次，同比增长 13.9%；实现国内冰雪旅游收入 83.85 亿元，同比增长 12.4%。同一期间，黑龙江省和辽宁省也分别实现 57.19 亿元和 47.33 亿元可观的冰雪旅游收入[①]。由此可见，借着北京冬奥会的东风，东北地区冰雪旅游产业为其区域经济发展作出了巨大贡献，东北地区冰雪产业普及推广体系逐步建立完善，冰雪运动产品和服务供给不断创新，多层次的冰雪经济产业版图正在不断扩大、潜力持续释放，已经探索出东北地区产业转型升级、实现老工业基地持续发展的新路径。

五、周边产品走红，显著提升中国软实力

（一）北京冬奥会带火一系列包含中国元素的周边产品

北京冬奥会吉祥物“冰墩墩”“雪容融”一举出圈，成为全球顶流，“我想有个冰墩墩”“一墩难求”“一户一墩”等热词频频登上热搜。冬奥会开办恰逢中国春节期间，居民对周边商品的购买热情愈发高涨。冬奥会期间，天猫奥林匹克官方旗舰店内“冰墩墩”“雪容融”手办摆件、毛绒玩具、毛绒挂件、钥匙扣等多次售罄。尽管北京冬奥“顶流”是“冰墩墩”，但实际上，冬奥的周边产品都曾出现供不应求，包括各种系列的徽章、贵金属制品、服装及配饰和一些家居用品等。冬奥会相关文创概念股受此影响，整体股票价格呈现上涨态势。以元隆雅图为例，作为北京冬奥会吉祥物“冰墩墩”的特许生产商之一，该公司 2022 年上半年冬

① 央视网 . 聚焦两会 看中国答卷 | 冬奥会“溢出效应”带动群众运动和冰雪产业发展［EB/OL］.（2022-03-08）［2022-10-30］. https://news.cctv.com/2022/03/08/ARTI8RpvVAEj5Bhqi0yhc4dD220308.shtml.

奥会特许纪念品收入达到 10.6 亿元，同比增长 1 716.92%[①]。

（二）冬奥周边产品融入大量中国文化和中国元素

周边产品是文化输出的一部分，周边产品销售情况越好说明文化输出越成功，同时周边产品也是对文化输出的强化。冬奥会周边产品设计的基本理念是具有奥运会本色、传播奥林匹克精神和举办国体育精神。作为北京 2022 年冬奥会吉祥物，“冰墩墩”的设计以中国的国宝熊猫为原型，继承以往冬奥会吉祥物冰雪元素的同时，打破了传统的审美理念，将全球化、艺术性、民族性和创新性有机地结合起来。

（三）包含中国元素的纪念徽章走红赛场内外

冬奥期间，纪念徽章也是容易脱销的“大户”。这些方寸大小的金属徽章隶属不同系列，比如中轴线倒计时系列徽章，将北京中轴线申遗点与北京冬奥会倒计时进程相结合；中国传统节日系列徽章，以不同节日特有的风俗、饮食以及脍炙人口的民间故事为创作主线进行绘制；中国传统体育系列徽章，兼具了纪念冬奥和推广传统体育文化的双重作用，颇受外籍人士喜爱。北京冬奥会上，不少外国运动员积极交换徽章，还自发摄制发布图文和视频等，在海外社交平台“晒”出他们来北京参赛的种种日常好感。冬奥村的热情服务、中华文化元素、吉祥物“冰墩墩”、各类纪念徽章等都成为他们镜头中的主角。这些视频吸引了不少关注和转发点赞评论，不经意间在海外形成并扩大了“北京冬奥朋友圈”，有利于提升部分海外观众对中国的好感度。

（四）冬奥周边产品成为展示中国的新载体

售卖周边不仅是冬奥会的收入来源之一，也是展示中国文化形象和民族精神的窗口。这些周边产品的热销，是一种文化和情感的交流，通过艺术巧思、精致细节，让世界了解中国，理解中国和喜爱中国。“中国

---

① 体育大生意．冰墩墩效应！礼品公司元隆雅图上半年冬奥特许商品收入超 10 亿元［EB/OL］．（2022–08–24）［2022–10–30］.http://sports.ifeng.com/c/8IiMpXq09zq.

风”托起“冬奥范”，一次又一次惊艳世界，释放着厚重的文化自信。冬奥会通过扎根中国传统文化、传播中国声音、讲好中国故事，诠释了新时代中国可信、可爱、可敬的形象，显著增强了中国软实力。

六、冰雪制造产业链逐渐形成，技术创新成果显著

（一）冰雪产业链逐渐形成

在冬奥会的带动下，一系列鼓励冰雪运动推广及支持冰雪产业发展的政策随之推出，我国通过利用、整合和转换冰雪资源，逐渐构建起了以系统性、开放性、创新性、科学性为主要特征的冰雪产业链，推动冰雪相关产业集群化、结构化、规模化，加强上中下游冰雪产业的协同竞争关系，不断增强产业链条的集成效应。我国冰雪运动产业链上游以冰雪赛事运营为关键，其价值主要分为赛事自身观赏价值和赛事附加吸引价值。中游以媒体传播为核心，以 5G、云转播、人工智能等新兴技术为依托，通过传统媒体和网络媒体传播相关赛事信息，催化赛事热度，转播赛事实况，实现赛事与观众零距离，从而激发消费者的消费热情。下游以消费者需求为导向，结合当地冰雪产业优势，采用 O2O 模式，线上线下双向推动产品与服务的消费，再依据反馈进行相应的调整，实现需求偏差的负反馈调节，提高产品与服务的质量水平，进而减少消费者的失望预期、实现消费的持续增长。冰雪产业在冬奥会的刺激下，以引进物联网、区块链等高新技术为基础，结合大数据研究，分析消费者的消费倾向，打破产品与服务的同质化现状，对其进行个性化定制，利用反馈机制调整产品与服务，满足消费者的需求，实现冰雪运动与高新技术的深度融合。

（二）冬奥会推动冰雪相关产业从生产到服务的转型升级

冰雪赛事依靠其影响力实现赛事自身观赏价值的同时，在赛事传媒的多方面作用下，也增强了消费者由于赛事产生的消费兴趣。在传统传

媒稳定发挥基础转播功能的同时，网络传媒以图文、视频、直播等多样化的形式进一步提升赛事的热度，提高消费者的参与度，从而激发消费热情。在此激励下，冰雪运动产业链下游相关产业通过并联的方式扩宽产业链，通过数据共享、实现信息互通、整合资源，降低企业成本，加强企业间的相互联合，实现互利共赢。冰雪运动相关企业努力抓住发展机遇，利用互联网、大数据、人工智能等技术分析市场现况，重新整合企业资源与信息，形成独特的发展优势。此外，冰雪运动服务业依赖自身天然的环境优势，推出冰雪运动相关产品与服务体验，通过反馈协调机制优化服务模式，提高顾客服务体验感。延伸的业务使得外部交易内部化，降低了产品成本。“互联网 +”冰雪产业链通过横向与纵向的延展，利用数字技术、网络技术等新兴技术，联结线上线下，实现更大范围的连接，持续不断地为冰雪运动产业的发展提供动能。

第三节　国际冬奥经济的案例分析

一、阿尔贝维尔经验：冬奥会成为小城经济发展推动力

（一）冬奥会的筹办首先带动基础设施建设

作为赛事活动举办的重要载体，基础设施建设先行是基本要求。20世纪80年代，位于法国东部萨瓦省的阿尔贝维尔仍是一个公路和铁路交通不便的内陆小镇，冬季假日期间，当地滑雪场里常迎来蜂拥的滑雪者，导致当地及周边交通堵塞。法国政府从1986年开始各项准备工作，包括修建和延伸高速公路、实现高速铁路通车等，打造互联互通便捷高效的交通环境，从而也带动日后以冰雪运动为主题的当地旅游业发展。从1987年至1991年，筹办冬奥会推动了萨瓦省的经济发展，五年内GDP增长了17.2%，远超法国全国经济增速。其间创造的工作岗位超过1万

个，其中服务业占比最多。根据法媒报道，法国为承办第十六届冬奥会在基础设施方面耗资约120亿法郎（约11.9亿欧元）[①]。这也体现了法国在冬奥会筹备阶段对承办地区的投资拉动作用明显。

（二）全球电视转播成为冬奥会传播新途径

1992年法国阿尔贝维尔举办第十六届奥林匹克冬季奥运会时，全部57个比赛项目中只有18个在阿尔贝维尔本地举行，其余的比赛项目都在分布于阿尔贝维尔及其东南1 000平方千米的奥林匹克公园内的13个比赛场馆进行，这届冬奥会也成为有史以来场地最分散的一届。为了提升经济效益，组委会推崇全球电视转播的运用，所以该届冬奥会被认为是从现场观看奥运会到全球电视转播的历史性转变。

（三）奥运遗产赋能后冬奥时期经济发展

镶嵌于阿尔卑斯山间的雪上项目场馆，在冬奥会后迅速打响了知名度。曾承办冬奥会赛事的雷塞兹滑雪场、拉普拉涅滑雪场、高雪维尔雪场等，均发展成为欧洲著名的滑雪胜地。基于丰富的赛事经验、完善的滑雪基础设施，这些雪场不断提质升级，向着更加专业化的方向发展，不仅承接各种国际性大型滑雪赛事，而且也为普通游客提供方便舒心的服务。以高雪维尔雪场为例，在阿尔贝维尔冬奥会后，当地政府着力挖掘这一世界级雪场的优势，将其打造为世界级的体育赛事举办地和旅游度假村。2023年，世界高山滑雪锦标赛将在此举行。雪场除在冬季提供滑雪服务之外，还开设一系列休闲设施，在夏季举办远足、山地自行车、烟火艺术节等活动。阿尔贝维尔市副市长奥古斯特·皮科莱表示，为连接阿尔贝维尔冬奥会14个比赛场地，萨瓦省在主要赛区间修建了高速铁路，阿尔贝维尔冬奥会留下的宝贵财富极大促进了当地冰雪产业及旅游业的发展。

① 陈晨. 看世界 | 法国冬奥会举办地经济效益渐显[EB/OL].(2022-01-25)[2022-10-30]. http://www.jjckb.cn/2022-01/25/c_1310439427.htm.

（四）清晰定位和针对性开发是冬奥时期遗产发力的着力点

法国冬奥会不同场馆的赛后利用过程目标客户定位清晰，开发利用针对性强，已形成各自的核心竞争力。虽然法国冬奥会场馆的赛后利用将为公民提供公共体育服务置于首位，但在实际利用过程中，也并非完全采取"一刀切"的方式，而是根据不同场馆的特色有针对性地进行开发利用，目标定位清晰、准确。以伊泽尔谷高山滑雪场为例，在满足当地居民大众冰雪运动需求的前提下，以专注于国家队高水平训练和服务于世界级赛事为其核心任务，通过自身高水平的滑雪俱乐部培养出众多世界级滑雪精英运动员，并承接大量的世界性滑雪赛事；蒂纳滑雪场和圣热尔勃朗滑雪场则是以各自的海拔高度、旖旎的风光和现代化的设施吸引了大批旅客，从而实现了体育与旅游的完美结合，进而带来巨大的经济收益。冬奥会的举办，不仅大大改善了阿尔贝维尔地区的基础设施，促进了该地区的可持续发展，更是在一定程度上带动了当地经济的发展。

二、日本长野经验：让专业的人做专业的事

（一）为冬奥遗产成功运营确立管理者

日本于 1972 年和 1998 年分别在札幌和长野举办了第十一届和第十八届冬季奥运会。长野冬奥遗产是奥运遗产盈利的典范，在长野地方政府、企业和社会的共同探索下，长野冬奥遗产实现了冬奥纪念体育馆等主设施维持盈利（截至新冠肺炎疫情暴发之前的 2019 年），并吸引了大量海内外游客。其实，长野作为本州岛上一个经济不算发达的内陆县，就如何运营冬奥会留下的庞大场馆设施群，曾是一个巨大难题，直至 M-WAVE 股份公司的成立。M-WAVE 公司由长野市、长野县和民间企业共同出资设立，负责运营长野冬奥的两个场馆（速滑馆 M-WAVE 和冰球馆 Big Hat）、媒体中心大厅和奥运博物馆等设施。

（二）让专业的团队管理专业的场馆

据悉，就长野冬奥会设施的赛后利用，长野召开多次市民会议，由各方反复论证，最后将场馆分为三种：第一种是综合体育馆、市民服务设施，为市民提供服务。第二种是举办体育比赛和活动的设施，吸引观众前来。第三种是兼备前两种功能的综合性设施。最终，市民会议将 M-WAVE 和 Big Hat 定位为举办体育赛事吸引观众的第二种设施。之所以没定位第一种，意在拓展体育馆的功能，不仅要举办赛事，还举办音乐会、各种展会。每年 3 月 20 日左右把冰融化，3 月底到 9 月初不铺冰，在此期间招揽客户举办其他活动，以获得收入。M-WAVE 公司为了应对管理维护和持续盈利的挑战，在运行机制上选择了股份制，即长野市政府持有 50% 以上股份，长野市长是董事会主席，而为了维持高效和灵活的经营方式，社长一般来自民间人士。现任社长龙泽信一，是一位土生土长的长野人，曾任职于市政府和日本最大的旅游公司 JTB，是行政管理和观光开发领域的专家。据悉，场馆的制冰、室温控制、各种费用开支等，都需要专家组来维持，M-WAVE 公司将相应的服务打包委托给了原场馆建设方鹿岛建物，制冰、铺冰外包给制冰机械制造商，维护也交给他们，实现了将专业业务交给了专业人士。

（三）竞技场变为训练基地

M-WAVE 和 Big Hat 已经成为冬季运动员的培养基地。从学生的冰雪运动教育到市民的冰雪运动场地，再到专业运动员的训练、选拔和专业赛事的承办，这些昔日的冬奥场馆都扮演着重要的角色。在日本体育厅领导下，日本开始实施选手强化体制，M-WAVE 成为选手强化训练的基地。参加过北京 2022 年冬奥会的小平奈绪、小岛良太和一户诚太郎三人均来自这一基地。长野市还大力推广和普及滑冰，促进滑雪和滑冰项目的平衡发展，得益于较多的滑雪场，长野市最初滑雪比滑冰推广和普及程度要高。长野市教育委员会肩负起市里所有小学的滑雪教育职责，由市政府拨款普及滑雪运动。滑雪课程已经成为小学四年级、五年级和六年级的一项重要教学内容。M-WAVE 作为室内滑冰场，可以突破天气限制，成为室内教学主场地。所有学校每次半天，滑冰教室每次两个小时。从每年的 11 月至次年的 1 月，为期三个月。长野滑冰运动的普及程度大大提高。

（四）提供优质服务吸引更多海外游客

位于长野县西北部的白马村有 9 个雪场，其中 3 个是长野冬奥会雪上项目主场地。长野冬奥会使得白马村雪场作为滑雪胜地享誉海外，吸引了大批欧美游客。其中，八方尾根滑雪场在吸引外国游客和培养儿童滑雪兴趣、创造未来客源方面，取得了显著成效，滑雪场开设的儿童课程非常受欢迎，招生季刚刚开始，会员就已经超过了 1 万人。这进一步使得雪场投资成为“可更新、可持续的投资”。白马观光开发公司是白马村当地的民营公司。尽管日本游客因为少子化等原因逐年减少，但八方尾根滑雪场接待的游客中，海外滑雪游客的比例却越来越高，目前已高达 40%。海外游客来日本多是 5 ~ 10 天，甚至两周，由此带动食宿条件和环境、交通和服务体系都更加完善。白马村 9 座雪场现在统一举办儿童滑雪教学项目，发售儿童专用季节通票。虽然持有通票的儿童免费滑雪，但陪伴而来的家长则会消费，雪场从家长的消费中同样可以获取收益。

三、意大利都灵经验：赛前积极布局和赛后高效利用

（一）让冬奥和城市完美融合

作为意大利的老工业基地，都灵在转型升级过程中也曾迷茫过，20 世纪 90 年代，它和很多老工业城市境况相同，陷入经济低迷，工厂倒闭产生了超过 500 万平方米的工业废地，严重阻碍了城市规划和土地使用。冬奥会唤醒了都灵的活力。都灵奥组委为冬奥会所做的努力渗透到了城市的每一个角落，使所有宾客一进入都灵就能感受到浓浓的冬奥会气息。

从古堡广场向罗马大街走去，沿路都能看到都灵的风景名胜，小路布满抽象风格主题的临时雕塑，引得游人纷纷驻足。都灵奥组委对颁奖广场的设计不遗余力，舞台装置总花费达到1 200万欧元。除了由参加本届冬奥会各代表团标识铺满的巨型奥林匹克大家庭展示墙以外，每晚请一位世界级歌唱家进行露天演唱也吸引了不少人的关注[①]。遵循可持续发展理念，在中央果蔬市场旧址上建起奥运村，废弃的工业仓库被改造成媒体中心。

（二）充分抓住冬奥期间的盈利良机

冬奥会期间，都灵吸引了150万名游客抵达皮埃蒙特大区，出售赛事门票90万张，仅门票收入就超出预期，高达6 940万欧元。电视转播权收入4.7亿欧元，赞助商提供资金4.2亿欧元，特许合作收入1 500万欧元。仅这四项为都灵带来将近10亿欧元收入。旅馆服务业井喷式增长，2006年都灵从事旅馆服务业人员增至6 000多人，而20世纪90年代末这一数字仅为2 000。冬奥会的举办为都灵旅馆业发展吸引了10亿欧元的建设资本，既包括新建高档旅馆，也包括对老旧旅馆的更新改造。截至2009年，冬奥会在三年内为都灵带来上百亿欧元的投资额，5万多个就业岗位，数以千万的旅游人数，极大带动了区域经济发展[②]。

（三）利用冬奥会遗产为都灵相关产业发展赋能

首先是赛后场馆利用，极大地推动了旅游业的发展。在申办冬奥会成功之始，都灵和皮埃蒙特大区政府便开始制定“旅游发展战略”，即通过冬奥会的承办，提升都灵文化遗产价值，推动旅游业发展，更新都灵与皮埃蒙特在国际上的定位，将都灵打造为集文化、体育、旅游、商业四位于一体的国际之城。从冬奥之前游客每年不足百万人，到冬奥会

① 连洋，王秋成，杨颂.都灵冬奥会成功经验对哈尔滨市承办世界大学生冬季运动会的启示［J］.冰雪运动，2006（3）:62-65.

② 郑彬.冰雪旅游受带动作用明显［EB/OL］.（2015-08-13）［2022-11-15］.http://paper.ce.cn/jjrb/html/2015-08/13/content_253509.htm.

后的每年 600 万人，成就了截至 2019 年都灵在旅游人数和收入方面在意大利排名第三的位置，都灵也成为意大利吸引外国游客最多的城市之一。其次是赛后场馆的高效利用和价值创造。都灵冬奥会是第一个采用城市 / 山地举办模式的欧洲冬季奥运会。冰上运动在城市中心举行，雪上赛事在山区举办，有的放矢，打造了该地区更多的旅游及冰雪运动的目的地。

第四节　冬奥会赋能经济发展的对策建议

一、务必注重区位优势

区位优势是发展冰雪经济的先天条件，冬奥经济主要是基于冰雪运动赋能区域经济发展，冰雪运动发展首先要天时地利。发展冰雪经济的区位优势意味着有天然的冰雪资源，可以最大幅度降低制造和维护冰雪场地的成本，更有在长期的天然资源下的冰雪文化内涵可以挖掘打造，丰富“冰雪 +”的内容，延伸冰雪运动的产业链，提升冰雪运动的价值链。比如吉林市的天然雪场和新疆阿勒泰的粉雪，将在冬奥会的带动下，必然成为区域经济发展的新引擎。更应该注意的是，虽然冰雪经济、冰雪产业是冬奥经济的核心内容，但冰上运动和雪上运动含义不同，冰场可以建在市内、室内，雪场则往往涉及大面积、长幅度的户外运动。地区经济在搭乘冰雪经济发展的快车时，要首先避免在资本的驱动下盲目进行冰雪项目的开发，必须根据其区位优势，宜冰则冰、宜雪则雪，遵循新发展理念，乘势而为，抓住机遇，通过发展冰雪经济，实现区域经济高质量、均衡化增长。

二、务必注重经济基础

经济基础是消费者消费能力的基础，冰雪经济发展必须要拥有稳定、大批的有消费意愿且有支付能力的消费者为冰雪服务买单。冰雪运动的普及和发展必然要建立在经济发展基础之上。从场地建设到装备购买，从学习运动技能到消费冰雪旅游服务，既是创造经济价值的手段，同时也需要强大的经济发展做支撑。国际上，冰雪运动较为发达的国家或地区，往往不但具备发展冰雪运动的区位优势，更是具备支付能力的消费者。我国作为世界第二大经济体，在一线城市和沿海地区，早已具备发展冰雪经济的经济基础，但区域经济发展不平衡、不协调的实际情况，意味着我国部分地区发展冰雪经济，还需要政策的引导和政策红利的支持，通过“有形的手”在冰雪运动基础设施建设和消费者培育上积极作为、“筑巢引凤”，以资本引入和政府公共投入为支点，建设良好的冰雪运动基础设施和相应服务供给，撬动冰雪经济发展的车轮，推动冰雪经济快速发展。

三、务必抓住时代契机

发展中的问题必然以发展的办法解决。在新时代，我国社会的主要矛盾是人民日益增长的美好生活需要和不平衡不充分的发展之间的矛盾。冰雪运动本身就是人民对美好生活需要的必然内容，作为体育大国和正在建设体育强国的国家，冰雪运动和冰雪经济必然会因为某个时代契机而迅速崛起和发展，北京 2022 年冬奥会就是新时代促进我国冰雪运动和冰雪经济发展的时代契机。正如习近平总书记强调，“树立了科学和先进的规划理念，路就选对了，道路对了不怕遥远”。在抓牢冬奥会赋能冰雪经济发展的机遇时，要紧抓时代契机，贯彻新发展理念，牢记习近平总书记教导，坚定冰天雪地也是金山银山的信念，乘势而为。科学谋划是抓牢时代契机的先决条件，只有先“筑巢引凤”，通过招商引资和公共服务的提供，才能提供冰雪经济发展的有效供给；通过消费者引导和培育，才能为冰雪经济发展创造有效需求；只要需求和供给配合恰到好处，就能促进地区抓牢北京冬奥会带来的时代契机，以冬奥会效应赋能经济发展。

四、务必注重政策支持

任何一个新兴产业的科学有序发展，都离不开政府政策的扶持和支持。习近平总书记在党的二十大报告中指出，“构建高水平社会主义市场经济体制”，即充分发挥市场在资源配置中的决定性作用，更好发挥政府作用。在冬奥会赋能经济发展的过程中，必须坚持市场在资源配置中的决定性作用，充分发挥价值引导资源配置，做到物尽其用，提升市场效应。但是，体育产业在我国是朝阳产业，也是幼稚产业，作为其重要组成部分的冰雪运动和冰雪经济更是幼稚产业，无论其规模还是竞争力都有待进一步提升。在后冬奥时期冰雪经济“火热”的吸引下，各地政府和企业都纷纷关注冰雪经济，努力抓住冰雪经济在中国发展的第一波热潮。冰雪资源作为一种“冷资源”转而化为一种“热经济”，第一阶段的发展更应该是在合理引导下有序、科学的发展，正如习近平总书记强调的：“举办北京冬奥会、冬残奥会不是一锤子买卖，不能办过之后就成了‘寂静的山林’。”引导和支持冰雪运动和冰雪经济发展的政策措施必须是持续、稳定、可落地和可预期的，只有科学规划、合理布局，在政策上扶持起冰雪领域市场主体的信心，更好发挥政府作用，才能真正通过释放政策红利，成为促进冰雪经济高质量发展的动力。

五、务必注重专业人才培养

发展是第一要务，人才是第一资源，创新是第一动力，强起来要靠创新，创新要靠人才。更好发挥冬奥会的带动作用，做好冬奥经济高质量发展，必须在培育冰雪运动和冰雪经济管理人才上下功夫。不同于其他体育项目，冰雪运动的参与者需要更多的装备和技术含量。冰雪运动作为我国体育运动的短板，对于大部分冰雪运动参与者来说，还是一项新鲜、时尚的运动，而不是熟练和强黏性的运动，因此，要在社会形成推动冰雪运动培训的合力，通过学校、俱乐部和社会指导员等共同发力，使得冰雪运动参与者由初级体验变成快乐体验、变成熟练运动、变成健康体验，变成一种爱好和一种生活方式。新时代是追梦者的时代，也是广大青少年成就梦想的时代，青少年参与冰雪运动成长和发展需要正确的引导和教育。群众参与体育运动意在获得快乐和健康，确保参与冰雪运动的安全就意味着既要提升冰雪运动装备的科技含量，又要增加冰雪运动专业指导员、专业教练的人员和数量。实现这两个方面的根本保障就是冰雪运动各类人才的培养。要大力推动我国冰雪运动专业俱乐部建设，让俱乐部承担起专业人才选拔和大众运动技能提升双重重任；要加强学校冰雪运动教育，推广和普及冬奥精神和冰雪运动；要保护和发展好冬奥遗产，引导群众走向竞技场馆，借鉴训练方案，提升运动技能，成为冰雪运动真正的“行家里手”。

六、务必注重配套设施建设

良好的配套设施是打造冰雪产业的产业链、提升冰雪产业价值链的物质基础。后冬奥时期，抓牢冬奥会引领冰雪经济发展的前提，是必须建立起完善的场馆服务和配套设施。对于冰雪运动的发展态势，习近平总书记给出过如下论断：“现在我国冰雪运动的态势是冰强于雪，冰上运动要巩固优势，再上新台阶；雪上运动要奋起追赶，恶补短板。”冰场可以建在城市里，方便冰上运动爱好者便捷快速到达，但雪场通常建在市外，庞大的雪场和长长的赛道决定了雪场的地理位置。因此，相应的交通基础设施建设和交通服务就成为必要的配套设施。纵观国际冬奥经济的成功案例，从法国阿尔贝维尔到日本长野，从意大利都灵到中国北京，都将交通设施建设作为发展冰雪经济的第一步。完善的配套设施是“冰雪+”产业融合发展的必备条件，“赛事吸引眼球，旅游聚集人气”。“冰雪+旅游”的产业融合发展对冰雪运动配套设施提出更高的要求，不但要有良好的运动场、便利的交通，还要有良好的旅游服务和丰富的文化内涵，甚至提供运动、赛事、旅游、购物、休闲、康养、文化体验等多维度、全方位、一条龙服务，突破冰雪运动的季节限制，打造“四季游”的新模式，重塑冰雪经济产业链，提升冰雪经济价值链，真正实现冬奥会赋能经济更长时期、更可持续的高质量发展。

第十二章　冰雪产业对区域经济带动效应研究

后冬奥时期，冰雪经济发展是推动体育产业高质量发展、成为国民经济支柱性产业的重要内容。在冬奥经济的引领下，我国冰雪经济发展迅速，产业规模不断扩大，冰雪产业将冰天雪地变身金山银山，成为区域经济发展的重要引擎。缘于冰雪产业的发展，河北张家口从偏远山区变为冬奥之城，更成为冰雪运动和冰雪旅游胜地；冰雪经济发展为东北三省经济复苏注入了新的动力，以吉林为例，天然优势赋予冰雪经济发展，带动区域经济发展效果显著，老工业基地重新焕发新活力；新疆阿勒泰地区通过援疆机制和制度红利的不断释放，乘冬奥之东风，赋予古老运动以新的内涵，成为带动新疆经济发展的主抓手；广东虽身处南方，通过技术创新和制造优势，打造了亚热带火热的“冰雪经济”。为解决好社会主要矛盾和实现体育强国建设目标，必须进一步推动冰雪经济发展，通过更好发展冰雪经济，为区域经济发展赋能，成为推动区域经济发展新动力。

第一节　张家口：从冬奥赛场到冰雪胜地

从冰天雪地到金山银山，从偏远山区到奥运之城，借助北京2022年冬奥会、冬残奥会之东风，张家口趁势逆袭，抓住冰雪经济发展的大好机会，以冰雪资源为抓手，以冰雪运动和冰雪旅游为方向，以冰雪产业为后盾，实现了冰雪经济带动区域协调和全面发展。

一、冬奥赛场提升了张家口的国际知名度

张家口雪场供给和需求实现“双高”增长。2015 年，北京冬奥会申办成功后，张家口市崇礼区成为全国乃至世界的焦点，知名度显著提升。借势冬奥会，崇礼由一个山区小镇蜕变成为国际舞台上的特色小城。从崇礼区全年旅游数据来看，接待游客由 2015 年的 277 万人次，增长到 2019 年的 442.7 万人次，旅游收入由 19.6 亿元，增长到 33.3 亿元①。受新冠肺炎疫情影响，2019—2020 雪季旅游出现下跌，但 2020—2021 雪季又快速增长，接待游客 246.2 万人次，实现旅游综合收入 20.2 亿元，基本恢复到疫情前水平②。从固定资产投资和营业收入来看，冬奥会筹办以来，各大滑雪场设施不断完善，2015—2020 年云顶、万龙、长城岭、多乐美地、富龙、银河、太舞 7 家大型滑雪场固定资产总额由 5.6 亿元增加到 30.4 亿元，每年新增固定资产投资约 5 亿元，年均增长 40.26%；营业收入由 1.9 亿元增加到 6.7 亿元，年均增长 28.67%③。2021 年底建成通车的京张高铁“冰雪专线”，将张家口市正式纳入“首都一小时生活圈”，为张家口市的冰场和雪场带去 2022 年春节的火爆季。吸纳外资也成为张家口市发展的重要支撑，冰雪产业呈现出强劲发展态势。高新区冰雪运动装备产业园和宣化冰雪产业园两个规模较大的冰雪装备研发制造集聚区，依托老工业基地，积极向冰雪装备制造转型。截至 2021 年 7 月，高新区冰雪运动装备产业园已累计签约 45 个项目，注册企业 40 家，落地

---

① 刘雅静，邵俊琴．张家口：崇礼区打造“国际范儿”冰雪胜地［EB/OL］.（2020-03-02）［2022-11-15］.http://he.people.com.cn/n2/2021/0302/c192235-34600572.html.

② 王雪成，刘冉，王晓倩．崇礼的雪——冬奥前夕探访生态崇礼③［EB/OL］.（2022-01-28）［2022-10-25］. http://hebei.hebnews.cn/2022-01/28/content_8718455.htm.

③ 冀晓东.借助冬奥会影响力 交出张家口文旅发展优异答卷［EB/OL］.（2022-07-29）［2022-11-15］. http://www.ctnews.com.cn/gdsy/content/2022-07/29/content_127917.html.

投产 10 家，张家口宣化冰雪产业园累计签约落地项目 15 个。[①]

崇礼区提前成为冬奥“练兵场”。崇礼区是冬奥会重要举办地，拥有古杨树场馆群和国家云顶滑雪公园。古杨树场馆群包括国家跳台滑雪中心、越野滑雪中心、冬季两项中心，设计方案从美国、法国、瑞士、加拿大等多个国家的顶级设计团队中优选，由清华大学综合，最终形成了“雪如意”“冰玉环”的设计方案，与北京赛区的“冰丝带”共同构成本届冬奥会的地标性建筑[②]。这些竞赛场馆在进行冬奥比赛之前已举办过多项国际著名赛事。2021 年国际雪联自由式滑雪和单板滑雪世界锦标赛于 2021 年 2 月 18—28 日在张家口云顶滑雪公园和北京首钢园区举行，其中张家口云顶滑雪公园为主场馆。它是国际雪联首次在中国举办世界锦标赛级别的赛事，也是冬奥会前规模最大、级别最高、赛时最长、项目最多的赛事。此次锦标赛有 1 800 名运动员、随队官员、教练员和 900 名国内技术官员参加，有 20 多个国家的 300 多家媒体和转播商在现场提供全球转播。这大大提高了崇礼的国际知名度，并且为冬奥会预热[③]。

二、冬奥会极大改善了张家口的基础设施建设

张家口市基础设施建设显著提升。张家口市为进一步完善冬奥场馆周边基础设施，提高路网的道路通行能力和服务水平，建成了 10 个交通基础设施项目。2021 年底，“冰雪专线”京张高铁建成通车，张家口同北京车程缩短为一小时。张家口赛区内部改建 4 条公路，新建河北张家口崇礼城区至长城岭滑雪场公路、崇礼城区至万龙滑雪场两条公路。两条

① 北京 2022 年冬奥会和冬残奥会组织委员会 . 可持续・向未来——北京冬奥会可持续发展报告（赛后）［R/OL］.（2023-02-01）［2023-02-04］.https://www.beijing2008.cn/upload/resources/file/2023/02/02/9827.pdf.

② 北京日报 . 冬奥会张家口赛区 8 个场馆全部开工建设，进度超过要求［EB/OL］.（2019-11-21）［2022-11-15］.https://baijiahao.baidu.com/s?id=1650597537340764340&wfr=spider&for=pc.

③ 张铜锋，管建霖，张学冰，等 . 激情世锦赛 相约张家口［EB/OL］.（2020-03-19）［2022-11-15］.https://3g.163.com/dy/article/F83GKTTP05128SPD.html?referFrom=baidu&spss=adap_dy.

公路均采用二级公路标准建设，路基宽度 12 米，设计时速 60 公里[①]。张家口新建 3 个客运枢纽，分别为张家口南综合客运枢纽、崇礼南客运枢纽、太子城高铁客运枢纽，显著提高了张家口客运流转能力。

机场扩建带动基础设施建设踏上新台阶。张家口宁远机场扩建工程于 2018 年 9 月开工，是由中铁十八局集团投资并承建的 2022 年北京冬奥会张家口赛区重点交通项目，于 2020 年 8 月正式建成通航。该扩建工程主要包括建筑面积约为 2.8 万平方米的新建航站楼、航管楼、应急救援中心等 11 栋单体建筑，以及新建停机坪、滑行道和跑道延长线、联络道等场道工程，总面积约为 20.5 万平方米，同时新建了目视助航系统和先进的空管工程等配套设施。改扩建后，机场的停机位由原先的 3 个扩展到了 14 个，年旅客吞吐量将由过去的 60 万人次增加到 100 万人次，远期预计突破 260 万人次，除了满足冬奥会期间的交通需求，还兼顾了赛后发挥场馆运营效益，特别是适应京津冀区域经济发展的需要[②]。

科学规划合理布局为张家口发展冰雪产业储能。在 2015 年北京申办冬奥会成功后，张家口坚决贯彻“四个办奥”“五个着力”要求，冬奥会和冬残奥会各项筹办工作按时间节点高质量扎实推进。张家口赛区秉承“国际视野、世界一流、中华文化、生态文明”的理念，组织国内外顶级团队编制综合交通、水电气信、医疗服务等 10 个专项规划和冬奥会场馆、太子城冰雪小镇等 7 个分区规划，构建了“10+7”规划体系[③]。76 个冬奥项目于 2020 年 12 月全部完工，包括冬奥场馆及交通、电力、通信、安

① 张海洋，陈红宇．中国交通报：冬奥会张家口赛区两公路改建项目通车[EB/OL].(2020-08-24)［2022-11-15］. http://jtt.hebei.gov.cn/jtyst/ztbd/zdzt/bj2022dahhdcah/mtjj/101598337995985.html.

② 齐慧．2022 年北京冬奥会重点交通项目：张家口机场改扩建工程建成通航［EB/OL］.（2020-08-03）［2022-11-15］.http://www.ce.cn/xwzx/gnsz/gdxw/202008/03/t20200803_35451449.shtml.

③ 孟晓光．河北省编制形成 2022 年冬奥会张家口赛区规划体系［EB/OL］.（2017-08-02）［2022-11-15］. http://m.cnr.cn/news/20170802/t20170802_523882027.html.

保、住宿、餐饮、医疗、气象等与赛事紧密相关的基础设施项目[①]。这些基础设施项目为冬奥赛事的成功举办提供了支撑，也是张家口在后冬奥时期建设成为“冰雪胜地”的有力保障。

冬奥场馆建设提升了张家口发展的科技含量。张家口崇礼区共建设完工8个场馆，其中4个竞赛场馆分别为云顶滑雪公园、国家跳台滑雪中心、国家越野滑雪中心、国家冬季两项中心。这些场馆在比赛中承担了单板滑雪、自由式滑雪、越野滑雪、跳台滑雪、北欧两项、冬季两项等项目的比赛。其中，国家跳台滑雪中心为中国首座跳台滑雪中心，主体建筑灵感来自中国传统饰物“如意”，因此被形象地称作“雪如意”。“雪如意”是张家口赛区工程量最大、技术难度最高的竞赛场馆项目，创造了多项世界第一或世界之最。张家口崇礼赛区的场馆运用世界先进科技，保障运动员的竞赛成绩和观众观赛的舒适度。“雪如意”使用了跳台滑雪助滑道冰面温度位移智能监控系统，该系统既保证了冰面温控的实时性和准确性，又实现了系统本身对助滑道设施的零干扰；云顶滑雪公园运用3D全景安全控制台、移动式哨兵车站等安防技术，提升场馆安全防范智能化水平。早在设计之初，“绿色”就是张家口赛区的“基因”，竞赛场馆尤为突出。所有竞赛场馆全部设计建设了雨水、地表水、融雪水收集系统，打造出“夏季绿化灌溉、冬季造雪”双利用的高质量“海绵赛区”；场馆用电全部来自风电、光电的绿色电力。

非场馆设施建设引领张家口未来发展多元化。4个非竞赛场馆分别为张家口冬奥村、张家口山地新闻中心、张家口山地转播中心、张家口赛区颁奖广场。张家口冬奥村是赛区内规模最大的场馆项目，坐落于崇礼区太子城高铁站东北方向0.6公里处，位于古杨树场馆群和云顶场馆群两大比赛场馆中间，整体设计体现了中国传统建筑的特点。该场馆的规划

① 佚名.张家口76个冬奥项目全部建成［EB/OL］.（2020-12-31）［2022-10-31］.http://www.olympic.cn/news/olympic_comm/2020/1231/371874.html.

设计结合了北方山地民居特色，共 10 个组团 31 栋楼，每个组团由 3 ～ 4 栋小楼围成一个院落，共有住宿公寓楼 27 栋，可以提供 2 111 间卧室[①]。冬奥村分为居住区、广场区、运行区三个功能区。居住区主要为冬奥村居民的住宿、办公和医疗空间；广场区是冬奥村举行仪式的地方，还设有一些商业设施，是访客参观的主要区域；运行区是冬奥村工作人员办公的场所。

三、后冬奥时期冬奥遗产为张家口发展赋能

提前布局是冬奥遗产发挥作用的有效前提。面对冬奥时期留下的冬奥遗产，张家口市交出了属于自己的答卷，制定了高效利用冬奥遗产的未来规划。后冬奥时期张家口冬奥遗产的高效利用主要体现在场馆利用。2022 年 3 月 22 日，北京冬残奥会闭幕不到 10 天，张家口市首批 46 个京张体育文化旅游带项目就集中开工，项目总投资约 148.62 亿元[②]；4 月 23 日，该市正式启动“京张惠民欢乐游”文化旅游惠民工程，面向群众发放 5 万张文化旅游惠民卡[③]。2022 年 7 月 16 日，张家口崇礼奥林匹克公园正式开园，冬奥场馆再次焕发生机。

政策引领冬奥遗产的布局应用。为将张家口崇礼奥林匹克公园和冬奥村打造成京张体育文化旅游带示范区、国际冰雪运动引领区、四季体育旅游度假区，《“三场一村”冬奥场馆赛后利用方案》出台，着力引入“赛、会、演、典、展、学、游、健”八大业态，通过“体育＋文旅商养”多业态融合发展，将“三场一村”打造成集专业赛事、会展节演、康养

① 赵瑞雪．相约冬奥｜张家口冬奥村已完成基础装修［EB/OL］．（2021-04-21）［2022-10-31］．http://hebei.hebnews.cn/2021-04/21/content_8472550.htm.

② 秦建．张家口市首批京张体育文化旅游带建设项目集中开工［EB/OL］．（2022-03-24）［2022-10-31］．http://www.hebei.gov.cn/shoujiapp/15087087/15087130/15344369/index.html.

③ 马国萍．“京张惠民欢乐游”惠民直通车正式发车［EB/OL］．（2022-06-21）［2022-10-31］．http://www.hebei.gov.cn/hebei/14462058/14471802/14471717/14471782/15397129/index.html.

度假、研学培训等功能于一体的世界级“体文旅”目的地，成为京张体育文化旅游带上的璀璨明珠。张家口赛区中，冬奥村赛后将改造为度假酒店；国家冬季两项中心赛后将保留冬季两项和越野滑雪两个项目的比赛和训练功能；国家越野滑雪中心赛后拟将场地重新开发利用，打造成“山地公园”和“户外冰上娱乐中心”。北京冬奥会结束后，张家口市还将与北京市联合发展体育文化、旅游休闲、会议展览等产业，推出高端冰雪运动旅游项目，策划消夏避暑、登山健身、玩冰戏雪多种休闲项目，推出全时全日四季旅游产品，着力打造京津冀冰雪产业带。

体育赛事经济成为张家口发展新动力。后冬奥时期冬奥遗产的高效利用体现在依靠冬奥场馆打造高端体育赛事聚集区，大力发展体育赛事经济。依托冬奥场馆，积极承办国际国内高端赛事。由于冬奥场馆的标准化、国际化，张家口市有承办国际国内高端赛事的能力，张家口市意在承办更多体育赛事，与相关单位组织加强合作，积极承办常态化赛事和重大国际赛事，提升张家口“冬奥之城”的影响力，增加张家口经济发展新活力。

四、“冰雪＋旅游”融合成为区域发展新引擎

“冰雪＋旅游”的体旅经济带动区域经济快速发展。河北省体育局将会同京张体育和文旅部门，每年举办“京张全季体育旅游嘉年华”，打造具有世界知名度和影响力的高品质体育文化旅游品牌。政策红利的释放更彰显出张家口市“冰雪＋”体育旅游经济发展的壮志，政府将积极实施“冬奥惠民”行动，持续发挥全省体育消费券发放对体育消费的拉动作用，重点向张家口市倾斜，向冰雪运动倾斜。崇礼区已成为中国最大的滑雪聚集区之一，被评为冰雪旅游投资潜力区，并被《纽约时报》评选为2019年全球52个值得前往的旅游目的地之一。2019年崇礼区成功创建全省首个以冰雪为主题的省级旅游度假区，并启动国家级冰雪旅游度假区和省级全域旅游示范区创建工作，富龙、太舞两家滑雪场成功获

评国家4A级景区。万龙、太舞、云顶3座雪场入围“全国滑雪场十强”。张家口市作为河北滑雪产业的核心基地，已经成为全国主要冰雪旅游目的地，正在打造世界滑雪旅游目的地。

“冰雪+训练”的训练基地建设成为区域经济发展新业态。后冬奥时期，张家口市依托“三大基地”打造国际级冰雪竞赛训练基地。张家口市意在加强与国家体育总局的合作，进一步拓展完善崇礼高原国家（综合）训练基地、保定涞源国家跳台滑雪训练科研基地、河北承德国家体育训练基地3个国家级体育训练基地（简称“三大基地”）设施条件，在保障国家队训练备战工作需要基础上，吸引其他省市运动队以及国外高水平运动队伍驻训，承接国际国内高水平赛事，辐射带动周边地区、全省冰雪赛事、冰雪运动开展。推进与北京体育大学、涞源县政府共建中国雪上运动学院，大力培养高水平教练员、裁判员、科医保障人员、竞赛组织人员、技术官员等各类专业人才，为国家队、省级专业队备战训练和重大赛事组织承办提供人才保障。举办训练营，在全国范围内选拔优秀运动员，努力将训练营打造成为国家集训队的后备力量。加快将“三大基地”建设成为技术领先、设施一流、环境优美的国际冰雪专业赛事中心、训练中心、科研培训中心。

“冰雪+科技”的产业链全方位提升区域经济竞争力。张家口市依托现有产业基础和冰雪资源优势，抢抓京津冀协同发展、筹办2022年北京冬奥会、“首都两区”建设等重大历史机遇，一条集冰雪装备研发制造、冰雪运动、冰雪文化旅游、冰雪人才教育培训、冰雪现代服务于一体的冰雪全产业链发展正酣。张家口市规划建设了高新区冰雪运动装备产业园、宣化冰雪产业园两个产业规模较大的冰雪装备研发制造集聚区，聚焦冰雪运动装备，形成集冰雪装备研发、设计、制造、检测、流通、仓储于一体的冰雪装备产业基地。依托科汇冰雪公司，整合北京体育大学、北京化工大学、黑龙江冰雪研究院、法国MND、意大利天冰等15家院校及企业资源，推动成立省冰雪产业技术研究院，并联合哈尔滨体育学院、北京春秋永乐体育发展有限公司推出单板和双板等大众滑雪技术级标准。不断完善冰雪产业评价指标体系。张家口市高新区管理委员会和杭州数亮科技公司联合编制的张家口冰雪指数，通过“冰雪产品价格指数”“冰雪旅游发展指数”“冰雪体育发展指数”“冰雪装备制造指数”，综合反映张家口市的冰雪产业发展状况，致力于打造成为中国第一个权威性冰雪产业大数据指数平台。

“冰雪 + 人才”的人才培养为区域经济提供可持续发展的动力。借助北京冬奥会的东风和我国冰雪产业发展的阶段实际，张家口市全面启动冰雪人才培养计划，致力于打造世界冰雪人才培养基地。在张家口学院、张家口职业技术学院、张家口机械工业学校等 10 多所大中专院校共开设冰雪运动和冰雪产业相关专业 20 余个，其中，张家口学院成立的冰雪学院是河北省唯一一个被北京冬奥组委确定为 2022 年北京冬奥会和冬残奥会的培训基地，为 2022 年冬奥会提供了大批专业人才支撑。同时，张家口市还着力打造“111N”冰雪运动培训体系，即创建一批冰雪运动特色学校、搭建一批冰雪运动学历教育平台、建设一批冰雪运动培训基地、打造 N 个国际一流冰雪运动综合培训中心。目前，全市建立冰雪运动特色学校 90 所，创建市级冰雪运动培训基地 59 家、综合培训中心 7 家；培训冰雪运动竞技人才 525 名、校园辅导员和社会体育指导员 1 850 名[①]。通过在全市中小学广泛开展奥运知识进课堂、冰雪运动进校园等活动，形成全面覆盖与突出重点、专业培养与普及教育相结合的冰雪人才培养体系。人力资源是最活跃最具竞争力的宝贵资源，通过人才培训体系的科学构建，张家口市为其冰雪经济发展注入了源源不断的推动力。

① 河北省体育局 . 对政协河北省第十二届委员会第四次会议第 0429 号提案的答复［EB / OL.］.（2021-05-19）［2022-10-31］.http://sport.hebei.gov.cn/m/view.php?aid=17183.

第二节 吉林：以“吉林冰雪”促吉林发展

北京2022年冬奥会犹如一个巨大的杠杆撬起了中国冰雪经济发展的巨轮。冰天雪地也是金山银山，冰雪经济作为新时代的新型经济内容，为吉林省振兴提供了重要突破口，作为东北重要省份的吉林，其冰雪经济已从“冷资源”变成了“热经济”。

一、冰雪经济发展具有优越的“天时地利人和”条件

以吉林市为例，第一，吉林市位于我国高纬度地区，冬季雪期长、雪质好，具有得天独厚的冰雪资源优势；第二，吉林市内拥有松花江等水域资源，为吉林开展冰雪运动、发展冰雪经济提供了充沛的水资源；第三，吉林市冬季的寒冷气候、温暖江水和多种自然因素共同作用，为吉林市装饰上特有的“雾凇”盛景，塑造了吉林冰雪经济中的独特优势；第四，吉林市还有多种多样的优秀传统文化和非物质文化特色，包括“船厂文化”“摇橹人精神”“乌拉文化”和满族文化等，奠定了吉林冰雪经济发展中雄厚的文化底蕴和文化内涵。以点带面，吉林省冰雪经济发展具备得天独厚的多重优势。

二、冰雪产业发展和工业创新发展相互督促、相得益彰

借助冬奥会的东风和城市工业经济发展，吉林市以“先遣队”的姿态，一手抓冰雪经济，一手抓工业创新，带动地区经济在新时代实现了高质量发展，引领吉林振兴和东北振兴进入“上升期”、步入“快车道”。当前形势下，实体经济仍旧是推动城市经济发展的有力引擎，振兴东北必须靠实体经济。在振兴东北老工业基地战略和长吉图开发战略的双轮驱动下，吉林市明确提出打造“工业强市”名片，力推工业经济实现高质量发展，建设省级级别重点工业项目超过300个，有序推进经济转型升级。一系列

的产业战略和政策支撑互相补充，新业态的发展不仅促进了吉林省“工业锈带”的涅槃，也为冰雪经济的壮大提供了基础和有力保障。

三、冰雪经济高质量发展试验区成为新平台

突出的区位优势、良好的工业资源相互促进，率先造就了一个“全国唯一”——吉林市冰雪经济高质量发展试验区，2021 年 11 月 11 日正式挂牌，为吉林市、吉林省、东北地区冰雪产业发展塑造了一个更广阔的高质量发展平台，为带动区域发展注入了新的动力。从基础设施建设上看，区内北大湖滑雪场作为国内一流、世界知名的滑雪旅游休闲胜地，现有雪道 27 条，雪道长度 48 公里，雪道面积 126 公顷，索道数量 7 条；配套设施国际一流，拥有目前亚洲规模最大的滑雪综合服务大厅；拥有 Club Med、洲际假日等星级酒店 5 座，总床位数 5 000 张。到 2025 年，雪场旅游人数将达到 260 万人次，旅游收入达到 12 亿元；雪道数量达到 210 条，雪道长度达到 250 公里，雪道面积达到 1 050 公顷，索道数量达到 32 条。届时，北大湖滑雪场雪道面积和索道数量将位居国内雪场、国外单体雪场第一名，真正实现跨越式发展[①]。

四、“冰天雪地”真正变成“金山银山”

吉林市冰雪经济高质量发展试验区在推动冰雪经济发展上表现突出，以冰雪旅游为例，试验区在接待冰雪旅游人数上名列前茅，仅 2021—2022 一个雪季，雪场旅游人数就高达 57.52 万人次，旅游收入超过 2.36 亿元[②]。在天然资源优势的基础上，通过资源联系运动、运动产生爱好、爱好带动

---

① 佟禹霏 . 破局“后冬奥时代”：吉林市冰雪经济高质量发展试验区大跨越纪实［EB/OL］.（2022-07-01）［2022-10-25］.http://www.jlcity.gov.cn/bmwz/jlbxsyq/fzdt/202206/t20220614_1041252.html.

② 吉林市人民政府 . 吉林市落实省第十二次党代会报告目标任务系列新闻发布会第七场［EB / OL］.（2022-10-11）［2022-10-30］.http://wza.jlcity.gov.cn/esd/zfxwfbh/202210/t20221011_1072992.html.

产业发展的思路，试验区把冰雪和旅游充分融合，让天南地北的游客通过吃、住、行、游、购、娱等一条龙服务体验，接触冰雪运动、爱上冰雪运动、成为冰雪运动忠实粉丝，提升了冰雪消费，促进了冰雪经济的可持续发展，建立起以“冰雪”为核心的冰雪产业体系。在服务游客的同时，冰雪经济还为村民提供了大量的就业岗位和就业机会，让往日冷清的冰天雪地变成了热闹的运动娱乐场，使“冷资源”变成“热产业”，把“资源优势”转化成“经济优势”，将“冰天雪地”变成“金山银山”，让“来北大湖体验冰雪”成为一张北国冰雪新名片，吉林打卡新地标。

五、内容创新促进冰雪产业链条延长

作为依靠天然冰雪资源的冰雪产业，其发展很大程度上受气候和天气的影响，往往“靠天吃饭”，形成“一季养三季”的特点，冰雪季一票难求，非冰雪季则一“客”难求，极大限制了冰雪产业高质量、可持续发展。试验区在解决这一问题上，率先进行了内容创新，打造出“一季带三季”，冰雪和其他运动、旅游项目深度融合的四季旅游名片。例如，通过将山地马拉松、登山徒步行、丛林越野跑、草坪文化节等春夏秋户外活动与冬季的滑雪活动加以整合，在经营上突破了传统上只能冬季营业的模式，实现了“春踏青、夏避暑、秋游景、冬滑雪”四季运营的新发展模式。通过设计“滑雪＋科技”“滑雪＋温泉”“滑雪＋民俗”等富含深厚东北文化底蕴的精品冰雪旅游项目，极大增加了消费者的消费黏性，配合“一日游”“多日游”“四季游”等产品，解锁了新玩法，突破了冰雪限制，真正创新实现了“一季热”向“四季火”转变，延长了冰雪产业的产业链，丰富了冰雪产业的内涵和外延。

六、以点带面赋能吉林省旅游产业高质量发展

基于冰雪资源的竞争优势和冰雪景观的独特优势，吉林省以冰雪运

动辐射旅游产业，出台了一系列政策措施，实现资源优势和政策红利的“双轮”驱动。《吉林省滑雪场建设布局规划（2020—2025 年）》（吉体联〔2020〕9 号）指出，到 2025 年，全省滑雪场数量达到 100 座，形成吉长滑雪产业带、大长白山滑雪产业带和吉林省中西部地区“两带多点”布局，努力打造世界级滑雪运动休闲和旅游观光目的地。其中，吉长滑雪产业带依托吉林市、长春市现有滑雪场建设基础，形成滑雪运动、旅游、度假核心产业带，打造融竞技滑雪和大众滑雪为一体、冬夏两季皆宜的全天候全功能滑雪胜地，到 2025 年，雪场总数将达到 30 座左右。大长白山滑雪产业带依托大长白山地区冰雪自然优势，在大长白山地区集中布局，围绕长白山国际度假区、长白山鲁能胜地滑雪场、通化万峰滑雪场和柳河滑雪场的完善和建设，提升大长白山地区冬季滑雪旅游品牌集聚效应，形成环长白山滑雪产业集群，到 2025 年，雪场总数将达到 50 座左右。完善的基础设施建设、贴心的服务、现代化的技术应用形成发展的合力，将极大推进冰雪和旅游的深度融合发展。

七、“冰雪 +”战略持续发力带动区域协调发展

吉林省冰雪产业长规划、高质量的发展，塑造了当今的冰雪产业版图，形成“西冰东雪”的产业协调发展格局：东部地区具有丰富的雪资源，长白山经济区被称为粉雪资源富矿；白城莫莫格、松原查干湖等由冬捕文化连线组成西部冰经济区；长春、吉林两市则因拥有众多滑雪场、冰场而被称为冰雪双能经济区，东中西三区联动，形成吉林省庞大的冰雪产业联动发展版图。根据《2021—2022 中国滑雪产业白皮书》，滑雪场和滑雪人次是滑雪产业的两极，滑雪产业的业务活动都是围绕两极展开，构成衡量滑雪产业发展的核心指标。2021—2022 雪季财年，吉林省运营雪场数为 41 座，位列全国第七；从滑雪人次排名来看，吉林省保持第二名的位置。在“冰雪 +”的战略下，冰雪同

休闲、健康、文旅等进行不同程度的跨界融合、协同发展，促进了冰雪产业多维度的魅力绽放。冰雪运动衍生出的各类俱乐部、私人定制活动等一系列生态旅游成为消费新业态。“冰雪 +”战略促进了冰雪产业和其他产业的深度融合，形成了相互促进的发展合力，爆发出发展的乘数效应，仅在 2021 年春节期间，长春市就接待游客 355.66 万人次，实现旅游收入43.46亿元[①]。从“深度玩水、厚度玩雪、暖度温泉、热度民宿”的产品符号，到“最后的渔猎部落”“中国品质滑雪在吉林”“长白春雪”“世界雾凇之都”冰雪品牌，从吃、住、行、游、购、娱全要素深度挖掘，到吉林冰雪产业博览会、长春净月潭瓦萨国际滑雪节、吉林雾凇节等许多享誉中外的冰雪文化活动，都为吉林冰雪产业可持续带动区域经济协调发展提供了产业基础、发展平台，吉林冰雪已享誉海内外。

第三节　新疆：从冰天雪地到金山银山

一、区位优势：“冷资源”化身“热经济”

区位优势赋予新疆优质资源。新疆雪都阿勒泰地区位于新疆维吾尔自治区最北部，在北纬 45°“黄金雪域”线上，是世界滑雪的黄金纬度。阿勒泰地区冬季漫长，雪期长达 7 个月，在山区可以达到 8 个月，冰雪资源区坡度以 8.5° ~ 31° 的坡度居多，沿阿尔泰山区域的平均积雪厚度达到 1 米以上，以干燥松软的粉雪为主，适宜开展冰雪运动，雪质雪量雪期、纬度温度湿度坡度舒适度等滑雪条件达到世界一流。天然优质资

① 中国吉林网.2021 年春节期间长春市实现旅游收入 43.46 亿元［EB/OL］.（2021-02-25）［2022-10-30］.https://www.ndrc.gov.cn/fggz/dqzx/lzydfzxfz/202102/t20210225_1268038.html?state=123&code=&state=123.

源为阿勒泰地区赢得“中国雪都”“人类滑雪起源地”两大称号。

冬奥之风让“冷资源”化身“热经济”。凭借得天独厚的区位优势，借冬奥东风，新疆深入贯彻冰天雪地也是金山银山理念，以冰雪运动和冰雪经济为抓手，大力发展冰雪旅游、冰雪运动、冰雪文化、冰雪装备产业，积极拓展冰雪旅游元素，催生出冰雪体验、冰雪培训、冰雪民俗等新业态，将冰雪“冷资源”转化为带动区域高质量发展的“热经济”，致力于把新疆打造成中国西部冰雪旅游胜地。聚焦阿勒泰地区，围绕“以旅游业为主体、牵动一产、托举二产”的发展思路，以冰雪运动吸引眼球，以冰雪旅游聚集人气，创新性拓展“冰雪运动＋旅游”，形成集冰雪运动、冰雪体验、冬季休闲度假、冰雪装备、产业服务于一体的冰雪产业链，开创了冰雪产业融合性、高质量发展的新格局。

二、阿勒泰：乘势而为筑牢产业发展之基

阿勒泰地区借冬奥契机，积极发展冰雪经济，成为区域经济增长新引擎。阿勒泰全地区共有各类滑雪场 10 座，雪道 166.33 公里，拥有“亚洲最早雪季、最长雪期”的可可托海国际滑雪场（每年 10 月 1 日开滑、次年 5 月 1 日结束），拥有距离城市最近的将军山国际滑雪场（距离市区 1.6 公里）、还拥有中国落差最大的禾木（吉克普林）国际滑雪场（落差 1 466 米）。特色教育理念助推冰雪经济的繁荣。阿勒泰地区按照“夏骑马，冬滑雪，一年四季踢足球”的办学理念，凭借得天独厚的资源优势，大力发展冰雪全民运动，将中小学生体育课从学校操场“搬”到了滑雪场、滑冰场。2021 年，累计参与滑雪的学生已经达到 3.52 万人次，参与冰雪运动达到 15 万人次 [①]。冰雪经济正成为阿勒泰地区经济高质量发展

① 佚名．抓住机遇 推动阿勒泰地区旅游业高质量发展［EB/OL］.（2022-01-26）［2022-10-30］.http://www.xinjiang.gov.cn/xinjiang/dzdt/202201/cba59c92d2c94213b4968e008a42fa2f.shtml.

的秘诀。冰雪旅游有消费活力，更有产业前景。冬奥之火进一步点燃全国冰雪运动热情，助推冰雪相关产业稳步快速发展。据统计，2022 年春节期间，阿勒泰地区累计接待游客 59.83 万人次，实现旅游收入 3.73 亿元。其中，阿勒泰市共接待游客 20.95 万人次，实现旅游收入 1.51 亿元，将军山国际滑雪度假区进场游客达到 5.38 万人次，日接待首次突破 1 万人[①]。阿勒泰地区冰雪经济已乘“冬”风而起。

三、政策红利：以“有形的手”助推冰雪经济

为认真贯彻落实《国务院关于加快发展体育产业促进体育消费的若干意见》（国发〔2014〕46 号），新疆出台了《新疆维吾尔自治区关于加快发展体育产业促进体育消费的实施意见》（新政发〔2015〕87 号），在重点任务第四条中，明确提出要扩展冰雪运动产业。针对“认识与重视不够”“冰雪经济发展环境不佳”“专业人才缺乏”等新疆冰雪产业发展中存在问题，文化和旅游部在答复《关于支持新疆发展冰雪旅游的提案》中指出，支持新疆冰雪旅游发展，是深入践行绿水青山就是金山银山、冰天雪地也是金山银山理念，实现“带动三亿人参与冰雪运动”目标的重要途径。阿勒泰地区积极与东北冰雪友好城市合作，联合开展冰雪赛事、冰雪节庆、冰雪人才培养等工作，继续支持新疆创作冰雪主题的文艺演出、展览，开展冰雕雪雕、群众摄影等活动，打造以冰雪旅游为主线，以冰雪旅游节、冰雪文化节、冰雪嘉年华、欢乐冰雪季等冬季旅游节庆活动为支撑的冰雪文化旅游季。文化和旅游部还会同国家发展改革委、国家体育总局等部门以《冰雪旅游发展行动计划（2021—2023 年）》为抓手，力促新疆冰雪产业高质量发展。

他山之石可以攻玉。根据对口援疆制度优势，东北冰雪经济发展经

① 胡俊秀. 阿勒泰：一座滑雪场带来产业效益［EB/OL］.（2022-02-16）［2022-10-30］. https://sdxw.iqilu.com/share/YS0yMS0xMTk0NjYwOQ.html.

验成为新疆作为发展冰雪经济“后起之秀”的行动指引。2021 年 3 月签署的新疆和吉林共同创建中国（长白山脉—阿尔泰山脉）冰雪经济高质量发展试验区战略合作框架协议，从制度上锁定了促进新疆地区冰雪经济发展的政策红利，吉林在人才培养、冰雪装备、旅游基础设施建设等方面提供支持，推动新疆冰雪产业提质升级。阿勒泰地区与吉林市还签订了战略合作协议，双方将共建冰雪产业发展联动协作新机制、共享冰雪产业发展新政策、共创冰雪产业发展新样板、共谋冰雪产业发展新思路，同时，共推冰雪产业发展新成果、共商冰雪人才新模式、共用冰雪文化新市场。

四、文化资源：提升冰雪经济的品质内涵

冰雪，既是一种经济，也是一种文化。所谓冰雪文化，是指在冰雪自然环境中，日常工作、生活的人们以冰雪为介质，以生态环境为基础，所创造的具有冰雪符号的生产、生活方式及其精神追求——即人类对冰雪的利用过程和结果[①]。主要包括在冰雪文化漫长的发展历史中形成的关乎冰雪的宗教、民俗、雕塑艺术、运动娱乐、文艺作品及现代冰雪活动等。

新疆冰雪文化是在长期的历史发展中提纯升华的。2005 年，一幅阿尔泰山古阿勒泰人脚踏滑雪板、手持单杆滑雪狩猎的岩画在阿勒泰市被发现，经鉴定来自距今至少一万年前的旧石器时代，是世界上最早反映滑雪场面的考古资料。2015 年，中国阿勒泰国际古老滑雪文化交流研讨会开幕，来自挪威、瑞典、芬兰等国家的 30 余名滑雪历史研究专家、学者联名发表了《阿勒泰宣言》。从此，阿勒泰作为人类滑雪发源地这一观点得到国际公认。在绿水青山就是金山银山、冰天雪地也是金山银山的发展理念指引下，新疆充分发挥冬季冰雪资源优势，统筹冰雪旅游、冰

① 李刚．对我国冰雪文化传承与创新的思考［N］．中国旅游报，2022-02-11（3）．

雪节庆、冰雪民俗协同创新发展，绽放冰雪文化之花。新疆的非物质文化遗产——用动物皮毛制作雪橇而形成的冰雪运动，堪称世界体育运动奇观。此外，冰雪经济还带动了新疆雪地赛马、叼羊、姑娘追、射箭、摔跤、马拉雪橇、民俗家访、民间歌舞表演、民族服饰展演等传统文化活动，吸引了一批批游客纷至沓来。

冰雪文化说到底是一种地域文化，冰雪文化有了地域色彩才有文化特色。新疆的民俗文化为冰雪盛景赋予了独特的内涵。冰雪运动中也包含着现代人的精神、青春、个性、自由、创造力和挑战性。冰雪文化是新疆精神的运动版。我国第十三届冬季运动会把运动版的新疆推送到全国，甚至全世界的焦点位置，这不仅使新疆的冰雪“冷资源”成为“热经济”，更让新疆的冰雪文化得以精彩绽放。新疆各族人民热爱冰雪活动，各地结合民族民俗、地域特色，举办冰雪节、滑雪节、冬捕节等系列活动，让冰雪文化焕发出独特魅力。依托新疆丰富的民俗资源，新疆将本地浓郁的民俗风情植入冰雪经济，发展“冰雪 + 民俗”，让游客在参与冰雪运动、赏冰玩雪的同时，体验浓郁的民俗文化成为冰雪旅游的一大亮点。

五、产业引领：提供高品质的冰雪产品供给

作为引领经济发展新业态，带动区域经济发展的新抓手，如何提供高质量的产品，是冰雪经济本身高质量发展必须思考的问题，只有高品质的产品（服务）供给，才能引发有效需求，才能形成良性的产业发展互动。具体到储备优质冰雪资源的新疆，在优质产品的供给上，必须下足功夫。

首先，尊重历史深挖文化资源。阿勒泰地区作为人类滑雪的起源地，其古老的毛皮滑雪一直受到广泛欢迎，许多游客幻想尝试穿着毛皮滑雪板滑进中古时代。阿勒泰市拉斯特乡至今仍留存着延续千年的哈萨克族

毛皮滑雪板滑雪传统，哈萨克族民间艺人手工锻造毛皮滑雪板，可以让冰雪游客零距离体验毛皮滑雪。阿勒泰地区哈萨克族的非物质文化遗产驯鹰狩猎，适宜在冬季开展，可以策划鹰坊项目，传承弘扬驯鹰文化。

其次，因地制宜合理创新规划。借冬奥之风，新疆持续推进冰雪娱乐设施、交通、吃住游乐购等设施服务，壮大冰雪旅游。据统计，2022年春节期间，新疆共接待游客超360万人次，同比增长5.62%，冰雪旅游尤为突出①。新疆冰雪资源天赋异禀，发展冰雪旅游时要避免雪场景区的同质化，推动阿勒泰地区冰雪旅游业的可持续发展。国内三大冰雪区域间冰雪文化的差异化向趋同过渡。因此，形式创新尤为重要。可以以冰雪演艺、冰雪民俗、沉浸式冰雪文化展示等方面为抓手，打造自身景区亮点。位于西部边远地区的雪都阿勒泰地区，可以强化“野性冰雪”，利用其自身地貌地形等优势，吸引野雪爱好者前往体验。

最后，建设和完善基础设施。新疆各地加大冰雪旅游基础设施建设，吸引资本、技术、人才等加速聚集，为冰雪经济高质量快速发展牢筑根基。可可托海国际滑雪场雪道总长约58公里。其中有三条全国之最：一是全国最长雪道，可滑行9公里；二是全国坡度最陡雪道，高差227米；三是能够满足高山滑降国际比赛的雪道，最大落差900米。雪场根据功能布局主要分为高山竞赛区、大众滑雪区、技巧区、北欧训练中心、野雪区。2021年，可可托海国际滑雪度假区新建雪具大厅建筑面积超过4 300平方米②。此外，滑雪场的停车场、索道和缆车运力等方面也都有显著提升，完善的基础设施极大提升了滑雪场承载和服务能力，为推进阿勒泰冰雪旅游注入了强大动力。

---

① 姚刚．春节假期全疆接待游客360万人次［EB/OL］．（2022-02-07）［2022-10-30］．http://www.xinjiang.gov.cn/xinjiang/xjyw/202202/3230aa319437401b9c559f4f0b38d926.shtml.

② 阿勒泰地委宣传部．可可托海国际滑雪度假区积极筹备“十一”首滑［EB/OL］．（2021-09-28）［2022-10-30］．http://xj.people.com.cn/BIG5/n2/2021/0928/c394722-34936177.html.

第四节　广东："冷运动"助力"热经济"

广东是有名的经济大省。如何满足塑造经济新增长点，促进消费不断升级，是广东经济发展必须回答的问题。广东人对冰雪运动有极大热情和旺盛需求，加上广东地区巨大的消费潜力，预示着广东冰雪产业将会有良好的发展，广东可以依托现有的条件，不断延长相关冰雪产业链，构建起整体化冰雪运动消费服务平台，使游客能够感受到广东地区冰雪运动的热情，带动广东冰雪产业消费市场的不断发展，推动广东经济持续增长。

一、冰雪经济赋予广东经济发展新活力

根据携程网的数据，2017 年 11 月—2018 年 4 月，在冰雪旅游二十大客源城市中，广州和深圳位居前十位，广东也成为冰雪旅游客源地中客源流量最多的省份，冰雪旅游对广东市民有着特别的吸引力。有需求就会有市场，冰雪产业在广东省已经具备市场消费条件。

冰雪制造为广东经济高质量发展注入新活力。俗话说，东莞堵车，全球缺货。广东是我国制造业的"排头兵"，而冰雪制造成为广东制造发展的"新势力"。天眼查数据显示，截至 2021 年末，我国有超过 8 500 家从事冰雪运动的相关企业，其中广东省以 633 家企业位居全国第三；我国有近 1 500 家冰雪科技企业，广东省、北京市均以 192 家、占比 12.9% 并列第一位；在冰雪经济相关企业地区分布中，广东省超越大部分北方地区，以近 1 300 家居全国第四位 ①。作为制造业大省，广东的冰雪制造产业发展得有声有色，一些产品被外国的国家队选中，成为北京冬奥会专用装备。

① 齐萌，葛爱峰．"冰雪经济"为何在南方爆火？广东十一黄金周滑雪订单量 NO1［EB/OL］.（2022-10-10）［2022-10-30］.https://www.chinatimes.net.cn/article/121399.html.

例如，承办冬奥会男子冰球比赛的国家体育馆的观赛座椅是由深圳企业领先体育设备有限公司打造。座椅不仅符合人体工学和美学，还植入了芯片，拥有智慧导航指引功能。观众入场时只需使用移动端便可访问导航系统小程序，输入座位号就可以通过 AR 实景导航获得通往座位的最快路径及其他备选路线。中国雪车队所使用的头盔，则来自广东东莞。该款头盔是由东莞理工学院 3D 打印与智能制造研究中心研发和制造的，目前这一头盔已通过了国际雪联 ECE 认证。来自佛山的广东德润纺织有限公司参与了科技部国家重点研发计划“科技冬奥”重点专项“冬季运动与训练比赛高性能服装研发关键技术”，为速度滑冰选手打造专属“战袍”，助力中国队破纪录夺金。

这些优秀企业厚积薄发，用广东速度、广东质量、广东创新，为北京冬奥会添砖加瓦，更是广东制造实力的证明。其他冰雪制造中小企业也是活力满满，广州市拓森运动用品有限公司主营业务是滑雪眼镜的生产和销售，在冰雪经济的刺激下，订单量实现大幅增长。广东益佳光学科技有限公司同样是冰雪经济的受益者，该公司主要生产骑行眼镜、摩托车风镜和滑雪镜等产品，目前年产眼镜 1 000 多万副。为了抢抓“冬奥经济”机遇，益佳光学正在积极布局线上销售渠道。面对冰雪制造订单的暴增，一些制造企业也计划借冰雪制造的东风，加大技术研发投入，从而实现产品附加值提升，以此寻求转型升级新路径。

二、冰雪旅游引燃广东冰雪经济

冰雪旅游产业，是绿色产业、朝阳产业和幸福产业。以冰雪旅游为轴心的各类关联产业和新业态，将提供更多的就业创业机会，促进冰雪市场的繁荣和区域经济的发展。国家体育总局、国家发展改革委等四部门于 2016 年发布了《冰雪运动发展规划（2016—2025 年）》，明确提出全面推进冰雪运动“南展西扩”战略，形成引领带动、三区协同、多点扩充的发展格局。并且南方地区“白色经济”人群消费能力强、开发潜力大等已然引起了广大关注。广东打造“白色经济”的规划在《粤港澳大湾区发展规划纲要》发布后进入了实质性落地阶段，进一步明确冰雪旅游产业地位，将把冰雪旅游业作为一大新兴产业，使其成为城市升级发展的催化剂，充分发挥旅游的产业带动和群体辐射功能。

广东省体育局数据显示，截至2022年1月，广东省已建室内冰场20座，场馆总面积超过2万平方米；室内雪场3座，场馆总面积达到10万平方米[①]。其中广州融创雪世界更是已经成为著名的冰雪旅游胜地，马蜂窝数据显示，华南地区2021—2022冰雪季热度前三的景区分别是广州融创雪世界、三亚千古情景区、深圳世界之窗。

融创文旅城是粤港澳大湾区建设重点项目，建有华南地区最大的室内滑雪场——融创雪世界。该滑雪场不受季节性影响，成为日常高频的游乐场所。滑雪场占地7.5万平方米，设有初学者滑道、初级滑道、中级滑道和高级滑道四类雪道，最大落差达到66米，最多可容纳3 000名游客，让游客在全年平均温度超过20℃的广州，方便地体验冰雪运动的魅力。融创文旅城作为首个落地华南的广东冰雪旅游项目，吸引广东、福建、香港甚至东南亚的客源前来，也有不少来自北方的滑雪爱好者，这部分反季节“候鸟”滑雪发烧友，会在夏天来到雪场周边的酒店长住数月，集中训练提升滑雪水平，同时带动住宿、餐饮、娱乐等消费。

除了雪世界，融创文旅城还有星级酒店群、大剧院、融创乐园、滨湖酒吧街等全业态布局，形成冰雪旅游微度假目的地。也正因为业态多样，为当地提供了众多不同门槛的就业岗位，目前融创文旅城主要面向花都区本地招聘的岗位包括游乐操作员、舞台机械工程师、舞美经理、慧云助理工程师、乐园工服主管、水暖维修工、弱电维修工、高压维修

① 南方日报.冬奥有“粤”更精彩［EB/OL］.（2022-02-04）［2022-10-30］.http://www.fsxcb.gov.cn/gzdt/gcsy/content/post_716071.html.

主管、客服专员等，普通员工年薪达到5万元至20万元不等。这些配套业态，预计将带动近万人就业。

在广州融创雪世界内的商场，能看到不少经营滑雪装备的商家，场外更是形成了包括雪具店、滑雪俱乐部等在内的滑雪商业群。集聚效应由此越发显现。区域内不仅环境变美了，有吃有玩，还分布着岭南印象、南越古国、千年商都等富含文化底蕴的房地产新业态，也由点到面带动了周边景点的消费。统计数据显示，自融创文旅城项目顺利推进以来，花都区成功举办旅游发展大会、旅游招商推介会、旅游发展论坛，营利性服务业2018年实现营业收入26.64亿元，同比增长25.5%[①]。

“白色经济”产业链下游的冰雪运动体验、青少年冰雪运动培训、体育旅游、赛事支持和服务等也是助力冰雪产业壮大，突破体育产业盈利困境的另一种路径。融创文旅在雪场建设和运营的基础上，打通室内与室外、南方与北方雪场壁垒，逐渐形成了滑雪学校、滑雪赛事、营地教育和会员俱乐部四大衍生业务体系，并进一步向产业上下游拓展业务布局，随着冰雪文化逐步在南方生根发芽及配套产业链日渐成熟，后续产业的带动效应也将逐步显现。其中融创雪世界周边的滑雪俱乐部已经发展到了60多家，三年的市场培育，使融创雪世界的用户黏性也在增加。

三、冰雪体育赛事点燃广东冰雪消费热情

竞赛机制是推动运动项目发展的一个有效杠杆，举办相应比赛能吸引冰雪体育旅游，更是对冰雪运动培训的教学应用，可提升冰雪消费用户黏性。广东较大规模的专业赛事主要是冰球比赛和滑雪比赛。

2018年广东成功举办大湾区首个冰球联赛——粤港澳大湾区青少年

① 广州市花都区人民政府．二〇一九年花都区政府工作报告［R/OL］．(2019-02-28)［2022-10-30］.https://www.huadu.gov.cn/xxgk/ghjh/zjgb/qzfgzbg/content/post_4772921.html.

冰球国际邀请赛，这是粤港澳大湾区首个冰球联赛和首个青少年冰球联赛，在昆仑鸿星冰球国家俱乐部深圳训练基地（深圳龙岗大运中心副馆冰场）举行。邀请赛共设置U6、U8、U10和U12四个年龄组的比赛，吸引了来自粤港澳地区的34支球队。四个年龄组的冠军由四个不同地区的球队摘得，体现出大湾赛立足粤港澳，辐射中国南部的办赛宗旨和青少年冰球在国内全面开花的良好局面。

2019年广东省“中国体育彩票”青少年花样滑冰锦标赛在深圳市龙岗区大运体育中心体育馆举行，共有100多名广东本土的花滑青少年选手参赛。这是广东花样滑冰最高级别的比赛，也是广东历史上首次举办花样滑冰的青少年锦标赛，具有重要的历史意义。此外，举办广东首次青少年冰球赛，参赛队伍超预期地达到了17支。举办青少年冰球、花样滑冰锦标赛，对推动省青少年冰上运动发展有着重要意义，同时也是挖掘好苗子、培养后备力量的绝佳机会。2022年广东省第十六届运动会“中国体育彩票”竞技体育组冰球、花样滑冰比赛在深圳昆仑鸿星冰上运动中心举行，这是广东省运动会历史上首次设立冰球和花样滑冰比赛。冰雪项目首次进入广东省运动会，给广东冰雪热再添一把“火”。

广东滑雪比赛也精彩非凡。2020年和2021年连续两年举办了粤港澳大湾区滑雪精英挑战赛，这是全新赛事IP，是粤港澳大湾区首个高水准的滑雪赛事，它还通过贯穿全年的分站积分赛打造全国范围“滑遍四季”的大众冰雪赛事IP，为全国乃至世界各地的滑雪爱好者搭建重要的交流平台，从而推动华南冰雪运动跨越式发展，并以体育赛事促进冰雪消费与华南冰雪产业发展，为助力粤港澳大湾区经济建设注入新的活力。

除了专业赛事，2016—2021年，广东每年都会举办群众性冰雪活动，全省各地均有分会场，包括大众冰雪季、群众冰雪运动嘉年华、冰雪单项赛事、运动展示、大众冰雪季、冰雪论坛、博览会等，同时以冰球比赛、花样滑冰比赛、冰上运动展示与体验等方式多渠道向群众推广普及冰雪运动，传播冰雪运动知识，让更多群众参与进来。伴随冰雪文化逐步在广东生根发芽、参与冰雪运动人群不断壮大，广东的滑雪产业发展驶入快车道，也带动了运动服装、用品、器械为载体的实体消费持续增加，并有效拉动周边酒店住宿、餐饮、购物等消费。

四、冰雪运动培训激发广东消费活力

冰雪运动培训是冰雪产业链中至关重要的一环，为冰雪赛事提供基础与安全保障。“十三五”以来，广东冰雪运动培训发展迈上了“快车道”，尤其是竞技层面，一个重要标志就是大力支持国家队备战北京冬奥会，积极向多个项目国家队输送优秀运动员。广东共有 17 名运动员以及 5 名教练员进入中国代表团，参与女子冰球以及雪橇项目的角逐，实现了广东运动员参加冬季奥运会零的突破，创造了广东冰雪运动新的历史。中国女子冰球队自 2010 年温哥华冬奥会后，时隔 12 年重返冬奥赛场。冰球队 23 名运动员有 16 名来自广东，她们大部分作为主力出战，表现抢眼。小组赛 4 场比赛，中国队全部 7 个进球均由广东运动员打进[①]。

广东冰雪运动开展较晚，基础薄弱，短短几年时间，便实现了冬奥赛场的重大突破，这背后离不开广东深入推进冰雪运动“南展东进西扩”国家战略过程中的深厚积淀。深圳昆仑鸿星冰球俱乐部 2017 年正式落户深圳龙岗。在 2019—2020 赛季俄罗斯女子冰球联赛中，深圳昆仑鸿星女子冰球队勇夺冠军，为中国首夺世界顶级职业冰球联赛总冠军。2021 年 8 月，国家体育总局、广东省体育局、深圳市及龙岗区体育行政部门和深圳昆仑鸿星冰球俱乐部共建“深圳龙岗国家冰球项目训练基地”，全力保障国家女子冰球队的训练和比赛，同时积极推动冰球运动在广东的普及发展，也肩负着冰球等冰上项目在南方地区推广和普及的重任。

---

① 南方网．五个关键词，回顾广东的冬奥“非凡之旅”［EB/OL］.（2022-02-22）［2022-10-30］. http://tyj.gd.gov.cn/tyxw/dongao/content/post_3817968.html.

俱乐部则对标国际顶级标准，引进高水平教练员、科研人员、队医、后勤保障团队，为中国女冰保驾护航，全力备战北京冬奥会。中国女冰以深圳昆仑鸿星女子冰球队为班底参加北京冬奥会，23 名队员代表俱乐部全部出战了 2021—2022 赛季俄罗斯女子冰球联赛上半赛季比赛，她们也将良好的状态延续到了冬奥赛场。受到头部俱乐部的激励，截至 2022 年 3 月，广东全省有冰上项目俱乐部 25 家，会员超过 1 000 人；有滑雪项目俱乐部约 20 家，滑雪爱好者约 40 万人[①]。

广东冰雪运动不仅在竞技层面实现飞跃，在青少年后备人才培养上也走出了属于自己的新路子。广东冰雪运动协会积极推进后备人才的培养，根据轮滑水平高的实际情况等，重点发展花样滑冰、冰壶、冰球、速度滑冰等。利用体育用地新建冰球馆，用于广东省青少年冰雪项目的训练和比赛，作为广东省冰雪运动训练基地。同时，另一个“广东省冰雪运动训练基地”也在深圳龙华区观澜湖落成，冰雪场地达到 8 000 平方米。在积极鼓励、支持社会力量开设青少年冰雪项目培训的同时，广东省体育局联合省教育厅、冰雪企业开展“冰雪运动进校园”的活动，例如，融创文旅冰雪发起“冰雪进校园”活动，已陆续走进全国数十所中小学进行冰雪知识的公益普及与校队组建，还专门针对青少年群体，提供营地教学、竞技教学等多种特色项目，全面提升不同阶段青少年学员的滑雪能力，激发其潜在兴趣空间，也为家庭类消费者提供冰雪度假类亲子共享产品，通过政企联动方式，奠定冰雪进校园项目基础，构建广东校园冰雪运动的新格局，也是针对下一代青少年客群，不断激发冰雪消费市场活力、提升消费黏性的有效途径。

---

① 南方网．五个关键词，回顾广东的冬奥“非凡之旅”［EB/OL］．（2022-02-22）［2022-10-30］．http://tyj.gd.gov.cn/tyxw/dongao/content/post_3817968.html.

附　　录

附录 1　冰雪经济相关政策清单

表 1　近年来国家颁布的冰雪经济相关政策文件

序号	时间	发布单位	文件名称	发文号
1	2016 年 11 月	国家体育总局、国家发展改革委、教育部、国家旅游局	《冰雪运动发展规划（2016—2025 年）》	体经字〔2016〕645 号
2	2016 年 11 月	国家体育总局、国家发展改革委等 23 部门	《群众冬季运动推广普及计划（2016—2020 年）》	体群字〔2016〕146 号
3	2016 年 11 月	国家体育总局、国家发展改革委等 7 部门	《全国冰雪场地设施建设规划（2016—2022 年）》	体经字〔2016〕646 号
4	2018 年 1 月	教育部、国家体育总局、北京冬奥组委	《北京 2022 年冬奥会和冬残奥会中小学生奥林匹克教育计划》	教体艺〔2018〕1 号
5	2018 年 9 月	国家体育总局	《2022 年北京冬奥会参赛实施纲要》	—
6	2018 年 9 月	国家体育总局	《“带动三亿人参与冰雪运动”实施纲要（2018—2022 年）》	—
7	2018 年 9 月	国家体育总局	《2022 年北京冬奥会参赛科技保障工作计划》	—
8	2018 年 9 月	国家体育总局	《2022 年北京冬奥会参赛服务保障工作计划》	—
9	2018 年 9 月	国家体育总局	《2022 年北京冬奥会参赛反兴奋剂工作计划》	—
10	2019 年 3 月	中共中央办公厅、国务院办公厅	《关于以 2022 年北京冬奥会为契机大力发展冰雪运动的意见》	中办发〔2019〕19 号
11	2019 年 5 月	工业和信息化部、教育部等 9 部门	《冰雪装备器材产业发展行动计划（2019—2022 年）》	工信部联装〔2019〕106 号
12	2019 年 5 月	教育部、国家体育总局、国家发展改革委、财政部	《关于加快推进全国青少年冰雪运动进校园的指导意见》	教体艺〔2019〕3 号

续表 1

序号	时间	发布单位	文件名称	发文号
13	2019 年 10 月	国家体育总局、公安部等 8 部门	《关于进一步加强冰雪运动场所安全管理工作的若干意见》	体规字〔2019〕4 号
14	2019 年 11 月	财政部、国家税务总局、海关总署	《关于北京 2022 年冬奥会和冬残奥会税收政策》	财政部 税务总局 海关总署公告 2019 年第 92 号
15	2020 年 1 月	教育部办公厅	《关于做好全国青少年校园冰雪运动特色学校及北京 2022 年冬奥会和冬残奥会奥林匹克教育示范学校遴选工作的通知》	教体艺厅函〔2020〕1 号
16	2020 年 5 月	北京冬奥组委等	《北京 2022 年冬奥会和冬残奥会可持续性计划》	—
17	2021 年 2 月	文化和旅游部、国家发展改革委、国家体育总局	《冰雪旅游发展行动计划（2021—2023 年）》	文旅资源发〔2021〕12 号
18	2021 年 12 月	国家市场监管总局办公厅、国家体育总局办公厅、文化和旅游部办公厅	《关于加强滑雪场客运索道安全工作的通知》	市监特设发〔2021〕97 号

资料来源：根据国家体育总局、文化和旅游部等发布的政策文件整理。

表 2　近年来各省（区、市）颁布的部分冰雪经济相关政策文件

省（区、市）	时间	发布单位	文件名称	发文号
北京	2016 年 2 月	北京市人民政府	《北京市人民政府关于加快冰雪运动发展的意见（2016—2022 年）》	京政发〔2016〕12 号
	2016 年 3 月		《北京市冰雪运动发展意见配套规划》	—
	2018 年 9 月	北京市教委、北京市财政局	《北京市支持校园冰雪运动发展项目管理办法（试行）》	京教体艺〔2018〕20 号
	2020 年 5 月	北京市体育局、北京市残疾人联合会	《北京市落实〈关于以 2022 年北京冬奥会为契机大力发展冰雪运动的意见〉的实施意见》	京体办字〔2020〕59 号
	2021 年 1 月	北京市体育局	《北京市体育局关于进一步加强滑雪场所安全管理工作的通知》	京体产业字〔2021〕2 号

续表 2

省（区、市）	时间	发布单位	文件名称	发文号
天津	2017 年 3 月	天津市体育局、天津市发展改革委等 8 部门	《天津市冰雪运动发展规划（2016—2025 年）》	津体〔2017〕9 号
	2019 年 12 月	天津市教委、市发展改革委、市财政局、市体育局	《关于印发加快推进我市冰雪运动进校园的工作方案的通知 》	津教规范〔2019〕28 号
河北	2016 年 1 月	河北省体育局、河北省发展改革委	《河北省冬季运动发展规划（2015—2022 年）》	—
	2016 年 5 月	张家口市人民政府	《张家口市人民政府关于加快冰雪运动振兴发展的意见（2016—2022 年）》	张政发〔2016〕7 号
	2016 年 6 月	河北省教育厅	《河北省教育厅关于大力开展冰雪运动进校园活动的通知》	冀教政体〔2016〕12 号
	2017 年 6 月	河北省体育局	《河北省冰雪运动场地设施发展扶持方案》	—
	2017 年 7 月	河北省人民政府办公厅	《河北省人民政府办公厅关于支持冰雪运动和冰雪产业发展的实施意见（2017—2022 年）》	冀政办字〔2017〕92 号
	2018 年 3 月		《河北省人民政府办公厅关于创新冰雪运动发展体制机制的实施意见》	冀政办字〔2018〕32 号
	2018 年 5 月		《河北省冰雪产业发展规划（2018—2025 年）》	冀政办字〔2018〕73 号
	2018 年 7 月	—	《张家口市支持冰雪装备产业发展若干措施》	—
	2018 年 9 月	河北省体育局	《河北省冰雪运动推广普及实施方案（2018—2022 年）》	—
	2019 年 7 月	河北省工业和信息化厅等 8 部门	《河北省冰雪装备器材产业发展行动计划（2019—2022 年）》	冀工信装〔2019〕号
	2019 年 12 月	河北省财政厅、河北省体育局	《关于财政支持冰雪运动加快发展的通知》	冀财教〔2019〕147 号
		河北省发展改革委等 10 部门	《支持冰雪场地设施建设的若干政策》	冀发改社会〔2019〕1891 号

续表 2

省（区、市）	时间	发布单位	文件名称	发文号
河北	2021年5月	河北省人民政府	《河北省国民经济和社会发展第十四个五年规划和二〇三五年远景目标纲要》	—
	2022年5月	河北省体育局	《河北省体育局加快推动后奥运经济发展实施方案》	—
内蒙古	—	内蒙古自治区发展改革委、体育局、教育厅、旅游发展委4部门	《内蒙古自治区冰雪运动中长期发展规划（2016—2025年）》	—
辽宁	2019年9月	辽宁省文化和旅游厅	《关于推进辽宁省冰雪经济发展的实施方案》	辽文旅发〔2019〕32号
	2020年1月	辽宁省人民政府办公厅	《辽宁省人民政府办公厅加快推进冰雪运动发展的实施意见》	辽政办发〔2020〕3号
			《大力发展冰雪运动项目积极推动辽宁体育振兴发展实施意见》	—
			《关于推动冰雪经济发展专项行动方案（2021—2025年）》	—
			《辽宁省冰雪旅游发展行动计划（2021—2023年）》	—
	2021年3月	辽宁省人民政府	《辽宁省国民经济和社会发展第十四个五年规划和二〇三五年远景目标纲要》	辽政发〔2021〕9号
	2021年12月	辽宁省体育局	《辽宁省促进冰雪运动发展的实施意见》	—
	2022年6月	辽宁省发展改革委、辽宁省文化和旅游厅、辽宁省体育局	《辽宁省冰雪经济高质量发展实施方案》	辽发改社会〔2022〕261号
吉林	2016年9月	吉林省委、省人民政府	《吉林省委省政府关于做大做强冰雪产业的实施意见》	—
	2019年12月		《吉林省关于以2022年北京冬奥会为契机大力发展冰雪运动和冰雪经济的实施意见》	—
	2021年10月		《吉林省冰雪产业高质量发展规划（2021—2035年）》	—

续表 2

省（区、市）	时间	发布单位	文件名称	发文号
吉林	2021 年 3 月	吉林省人民政府	《吉林省国民经济和社会发展第十四个五年规划和二〇三五年远景目标纲要》	吉政发〔2021〕7 号
	2021 年 8 月	吉林省人民政府办公厅	《吉林省工业发展“十四五”规划》	吉政办发〔2021〕36 号
	2021 年 10 月	吉林省旅游产业发展领导小组	《吉林省冰雪资源普查实施方案》	吉旅发组字〔2021〕1 号
	2021 年 11 月	吉林省体育局	《吉林省体育局关于进一步加强冰雪场地设施建设的通知》	吉体产字〔2021〕20 号
	2021 年 12 月	吉林省人民政府	《吉林省冰雪运动高质量发展规划（2021—2035 年）》	吉政办发〔2021〕66 号
黑龙江	2017 年 8 月	黑龙江省发展改革委	《黑龙江省冰雪装备产业发展规划（2017—2022 年）》	—
	2017 年 9 月	黑龙江省旅游发展委	《黑龙江省冰雪旅游专项规划（2017—2025）》	黑旅办发〔2017〕144 号
	2018 年 1 月		《黑龙江省冰雪旅游“五大行动”工作方案》	黑旅发〔2018〕31 号
	2019 年 10 月	黑龙江省委办公厅、省人民政府办公厅	《关于加强北京冬奥会备战工作大力发展冰雪运动的具体措施》	—
	2020 年 8 月	黑龙江省人民政府	《黑龙江省冰雪旅游产业发展规划（2020—2030 年）》	黑政发〔2020〕7 号
	2021 年 2 月		《黑龙江省国民经济和社会发展第十四个五年规划和二〇三五年远景目标纲要》	—
	2022 年 3 月		《黑龙江省冰雪经济发展规划（2022—2030 年）》	黑政发〔2022〕7 号
	2022 年 3 月	黑龙江省人民政府办公厅	《黑龙江省支持冰雪经济发展若干政策措施》	黑政办规〔2022〕10 号
	2022 年 6 月	黑龙江省人民政府	《黑龙江省产业振兴行动计划（2022—2026 年）》	黑政发〔2022〕15 号
上海	2019 年 10 月	上海市体育局	《冰雪运动奥全运项目发展规划（2019—2025 年）》	—

续表 2

省（区、市）	时间	发布单位	文件名称	发文号
江苏	2018 年 6 月	江苏省体育局等 4 部门	《江苏省加快发展冰雪运动产业行动方案》	苏体经〔2018〕50 号
	2019 年 12 月	江苏省体育局	《省体育局关于转发国家体育总局等八部门〈关于进一步加强冰雪运动场所安全管理工作的若干意见〉的通知》	苏体办〔2019〕101 号
安徽	2019 年	安徽省体育局等 12 个厅局	《安徽省大力发展冰雪运动工作方案》	皖体办〔2019〕21 号
	2021 年 1 月	安徽省体育局	《安徽省体育局关于广泛开展群众冰雪运动的通知》	—
福建	2019 年 7 月	福建省体育局	《福建省关于抢抓机遇发展冰雪运动的若干措施》	闽体〔2019〕198 号
	2020 年		《关于加快推进全省冰上运动场馆建设的通知》	—
江西	2019 年 4 月	江西省体育局等 4 部门	《江西省冰雪运动产业发展规划（2019—2025）》	—
山东	2019 年	山东省体育局	《山东省体育局加快发展冰雪运动的若干措施》	鲁体办字〔2019〕28 号
河南	2020 年 3 月	河南省人民政府办公厅	《关于促进冰雪运动发展的实施意见》	豫政办〔2020〕6 号
湖南	2019 年 12 月	湖南省体育局等 4 部门	《关于加快发展湖南省冰雪运动的实施意见》	湘体字〔2019〕48 号
贵州	2019 年	贵州省体育局	《关于加快冰雪运动发展的实施方案》	—
云南	2020 年 3 月	云南省人民政府办公厅	《关于以 2022 年北京冬奥会为契机大力发展冰雪运动若干措施的通知》	云政办发〔2020〕10 号
陕西	2020 年 6 月	陕西省体育局、陕西省教育厅、陕西省财政厅	《关于大力发展冰雪运动的实施意见》	陕体发〔2020〕7 号
青海	2019 年 11 月	青海省人民政府办公厅	《青海省推动冰雪运动发展实施方案》	青政办函〔2019〕193 号

续表 2

省（区、市）	时间	发布单位	文件名称	发文号
青海	2021 年 11 月	青海省文化和旅游厅、青海省发展改革委、青海省体育局	《关于促进冰雪旅游发展的实施意见》	—
宁夏	2021 年 9 月	宁夏回族自治区全民健身领导小组	《关于促进冰雪运动发展的实施方案》	—
新疆	2022 年 8 月 25 日	新疆维吾尔自治区人民政府办公厅	《关于进一步破解瓶颈制约推动自治区冰雪运动和冰雪旅游高质量发展行动方案（2022—2025 年）》	新政办发〔2022〕50 号

资料来源：根据各地政府、体育局等发布的政策文件整理。

附录 2　国家级滑雪旅游度假地名单

首批国家级滑雪旅游度假地名单（公布时间：2022 年 1 月 25 日）

1. 北京延庆海陀滑雪旅游度假地
2. 河北涞源滑雪旅游度假地
3. 河北崇礼滑雪旅游度假地
4. 内蒙古扎兰屯滑雪旅游度假地
5. 辽宁宽甸天桥沟滑雪旅游度假地
6. 吉林丰满松花湖滑雪旅游度假地
7. 吉林抚松长白山滑雪旅游度假地
8. 黑龙江亚布力滑雪旅游度假地
9. 四川大邑西岭雪山滑雪旅游度假地
10. 陕西太白鳌山滑雪旅游度假地
11. 新疆乌鲁木齐南山滑雪旅游度假地
12. 新疆阿勒泰滑雪旅游度假地

第二批国家级滑雪旅游度假地名单（公布时间：2023 年 3 月 1 日）

1. 河北滦平金山岭滑雪旅游度假地
2. 内蒙古喀喇沁美林谷滑雪旅游度假地
3. 内蒙古牙克石滑雪旅游度假地
4. 吉林永吉北大湖滑雪旅游度假地

5. 吉林东昌万峰滑雪旅游度假地

6. 河南栾川伏牛山滑雪旅游度假地

7. 新疆富蕴可可托海滑雪旅游度假地

附录3 “筑梦冰雪·相伴冬奥”全国冰雪旅游精品线路名单

一、“冰雪京张·冬奥之城”精品线路

1. 主要节点

北京市城区—延庆区—张家口怀来县—张家口崇礼区—张家口沽源县。

2. 沿线冰雪旅游点

国家速滑馆（冰丝带）、首钢滑雪大跳台、石京龙滑雪场、八达岭滑雪场、云顶滑雪场、国家跳台滑雪中心、崇礼冰雪旅游度假区、崇礼冰雪文化博物馆等。

3. 特色冰雪活动及体验形式

中国·崇礼国际滑雪季、北京世园公园冰雪嘉年华、龙庆峡冰灯冰雪季等，体验形式为滑雪、温泉休闲、冰雪娱乐、自驾穿越等。

4. 沿线其他旅游景区

八达岭长城景区（含古长城、水关长城）、野鸭湖湿地公园、龙庆峡风景区、鸡鸣驿景区、库伦淖尔旅游度假区等。

二、“长城内外·冰雪丝带”精品线路

1. 主要节点

承德滦平县—承德市—承德御道口牧场管理区—赤峰克什克腾旗—赤峰翁牛特旗—赤峰市城区—赤峰喀喇沁旗。

2. 沿线冰雪旅游点

金山岭国际滑雪旅游度假区、御道口草原森林风景区、道谷南山滑雪场、美林谷滑雪场等。

3. 特色冰雪活动及线路体验形式

达里诺尔湖冬捕等，线路体验形式为滑雪、雪地穿越、冰上自驾、温泉休闲、冰雪娱乐、冰雪摄影、徒步穿越等。

4. 沿线其他旅游景区

承德避暑山庄、塞罕坝国家森林公园、阿斯哈图石林景区、乌兰布统景区、达里诺尔湖、玉龙沙湖等。

三、“冰雪秘境·心灵牧场”精品线路

1. 主要节点

兴安盟阿尔山市—呼伦贝尔扎兰屯市—呼伦贝尔牙克石市—呼伦贝尔海拉尔区—呼伦贝尔陈巴尔虎旗—满洲里市—呼伦贝尔额尔古纳市—呼伦贝尔根河市。

2. 沿线冰雪旅游点

阿尔山市太伟滑雪场、扎兰屯市金龙山滑雪场、牙克石市凤凰山滑雪场、海拉尔区东山滑雪场、苍狼白鹿冰雪运动基地、根河市敖鲁古雅乡冰雪乐园等。

3. 特色冰雪活动及体验形式

冰雪那达慕等，线路体验形式为滑雪、自驾穿越、雪域列车、温泉休闲、冰雪娱乐、冰雪摄影等。

4. 沿线其他旅游景区

阿尔山—柴河旅游景区、海神圣泉旅游度假区、世界反法西斯战争海拉尔纪念园、白音哈达旅游度假区、满洲里中俄边境旅游区（国门景区、北疆明珠观光塔、套娃景区）、额尔古纳湿地景区、敖鲁古雅使鹿部落景区等。

四、“乐游辽宁·不虚此行”精品线路

1. 主要节点

沈阳市—抚顺市—本溪市—辽阳市—鞍山市—营口市—锦州市。

2. 沿线冰雪旅游点

怪坡国际滑雪场、云山滑雪场、锦州东方华地城冰雪大世界、何家沟体育运动特色小镇等。

3. 特色冰雪活动及体验形式

沈阳冰雪旅游节、辽阳冰雪节等，体验形式为滑雪、自驾穿越、温泉休闲、冰雪摄影、冰凌穿越、冰帆等。

4. 沿线其他旅游景区

沈阳故宫博物院、沈阳中街旅游休闲街区、抚顺雷锋纪念馆、本溪水洞景区、辽阳弓长岭温泉小镇、鞍钢集团展览馆、辽沈战役纪念馆等。

五、“长白有约·滑雪度假”精品线路

1. 主要节点

长春市—吉林市—延边州珲春市—延边州和龙市—延边州安图县—白山抚松县—通化集安市。

2. 沿线冰雪旅游点

长春冰雪新天地、万科松花湖度假区、吉林北大湖滑雪度假区、长白山国际度假区、鲁能胜地滑雪场、通化万峰滑雪场等。

3. 特色冰雪活动及体验形式

吉林国际冰雪产业博览会、长春冰雪旅游节、吉林国际雾凇冰雪节、长白山粉雪节等，线路体验形式为滑雪、冰上自驾、雪地摩托林海穿越、温泉康养、冰雪摄影、赏冰灯冰雕雪雕、雾凇漂流、雪谷森林徒步穿越、朝鲜族民俗文化体验等。

4. 沿线其他旅游景区

雾凇岛、防川国家级风景名胜区、老里克湖、延边州光东村、二道白河名镇景区、长白山景区、露水河长白山狩猎度假区、锦江木屋村、高句丽文物古迹旅游景区。

六、“白山黑水·冰情雪韵”精品线路

1. 主要节点

哈尔滨市—牡丹江海林市—牡丹江宁安市—延边州敦化市—吉林市—长春市—松原市—白城市。

2. 沿线冰雪旅游点

哈尔滨融创雪世界、哈尔滨冰雪大世界、亚布力滑雪旅游度假区、雪乡景区、牡丹江牡丹峰滑雪场、牡丹江威虎山横道滑雪场、万科松花湖度假区、吉林北大湖滑雪度假区、长春冰雪新天地等。

3. 特色冰雪活动及体验形式

哈尔滨国际冰雪节、哈尔滨采冰节、太阳岛雪雕艺术博览会、松花江冰雪嘉年华、亚布力滑雪节、镜泊湖冬捕节、吉林国际冰雪产业博览会、长春冰雪旅游节、吉林国际雾凇冰雪节、查干湖冬捕节等，线路体验形式为滑雪、冰湖冬捕、冰雪自驾、雪地温泉、冰雪娱乐、冰雪摄影、赏冰灯冰雕雪雕、雪地观鹤等。

4. 沿线其他旅游景区

哈尔滨伏尔加庄园、镜泊湖国家级风景名胜区、横道河子俄罗斯风情小镇、六鼎山文化旅游区、查干湖景区、向海国家湿地公园等。

七、“北国风光·两极穿越”精品线路

1. 主要节点

哈尔滨市—大庆市—齐齐哈尔市—黑河五大连池市—漠河市（中国

北极）—伊春市—佳木斯市—抚远市（中国东极）。

2. 沿线冰雪旅游点

哈尔滨冰雪大世界、哈尔滨融创雪世界、中国雪谷旅游景区、哈尔滨帽儿山滑雪场、哈尔滨极地公园、大庆连环湖温泉景区、齐齐哈尔扎龙湿地、齐齐哈尔奥悦碾子山国际滑雪场、漠河北极村、伊春汤旺河林海奇石景区、日月峡滑雪场、佳木斯卧佛山滑雪场等。

3. 特色冰雪活动及体验形式

哈尔滨国际冰雪节、太阳岛雪雕艺术博览会、松花江冰雪嘉年华、大庆雪地温泉节、齐齐哈尔雪地观鹤节、五大连池冬捕节、伊春森林冰雪欢乐季等，线路体验形式为滑雪、冰雪自驾、温泉休闲、冰雪娱乐、冰雪摄影、赏冰灯冰雕、徒步穿越、营地体验等。

4. 沿线其他旅游景区

哈尔滨中央大街、黑河五大连池景区、五营国家森林公园、同江赫哲民族文化村、抚远熊瞎子岛等。

八、“丝绸之路·人文冰雪”精品线路

1. 主要节点

天水市—平凉市—临夏州—兰州市—武威市—金昌市—张掖市—嘉峪关市—敦煌市—哈密市—吐鲁番市—乌鲁木齐市—昌吉州阜康市—库尔勒市—阿克苏地区—喀什市。

2. 沿线冰雪旅游点

天水麦积山滑雪场、青鹃山滑雪场、平凉天池四季国际滑雪场、海寨沟滑雪场、临夏凤凰岭滑雪场、松鸣岩国际滑雪场、兰州龙山国际滑雪场、兴隆山滑雪场、安宁滑雪场、武威乌鞘岭滑雪场、塔尔湾滑雪场、金昌南坝滑雪场、嘉峪关悬壁长城四季滑雪场、哈密松树塘滑雪场、乌鲁木齐丝绸之路国际滑雪场、白云滑雪场、昌吉天山天池滑雪场、库尔

勒龙之山东归滑雪场、阿克苏托峰滑雪场等。

3. 特色冰雪活动及体验形式

平凉冰雪文化旅游节、兰州冰雪旅游节、金张掖冰雪旅游文化节、敦煌文博冰雪节、乌鲁木齐丝绸之路冰雪风情节、天山天池冰雪风情节、托木尔之冬冰雪文化旅游节等，线路体验形式为滑雪、自驾穿越、温泉疗养、冰雪摄影、民俗文化体验、冰雕雪雕等。

4. 沿线其他旅游景区

麦积山石窟、崆峒山、炳灵寺、张掖七彩丹霞风景区、嘉峪关长城、敦煌莫高窟、哈密东天山风景名胜区、火焰山景区、天山大峡谷、天山天池、克孜尔尕哈烽燧、托木尔大峡谷、阿瓦提刀郎部落景区、喀什古城等。

九、“中国雪都·纯净北疆”精品线路

1. 主要节点

乌鲁木齐市—昌吉州阜康市—克拉玛依市—阿勒泰布尔津县—阿勒泰市—阿勒泰富蕴县—博尔塔拉蒙古自治州博乐市—伊犁州。

2. 沿线冰雪旅游点

乌鲁木齐丝绸之路国际滑雪场、白云滑雪场、昌吉天山天池滑雪场、克拉玛依龙山滑雪场、独山子冰峰滑雪场、阿勒泰吉克普林滑雪场、将军山滑雪场、野雪公园、可可托海国际滑雪场、伊犁那拉提滑雪场等。

3. 特色冰雪活动及体验形式

新疆冬季旅游产业博览会、乌鲁木齐丝绸之路冰雪风情节、天山天池冰雪风情节、伊犁冰雪旅游文化节、阿勒泰市冰雪风情节、那拉提冰雪旅游文化节等，线路体验形式为“复古”滑雪、冰雪娱乐、野雪竞技、冰雪摄影、自驾穿越、民俗文化体验、温泉疗养等。

4. 沿线其他旅游景区

天山大峡谷景区、天山天池风景名胜区、克拉玛依魔鬼城景区、独山子大峡谷、喀纳斯景区、可可托海风景区、赛里木湖景区、天鹅泉景区、喀拉峻景区、那拉提景区等。

十、"冬日烟火·南国雪乡"精品线路

1. 主要节点

武汉市—宜昌市—神农架林区—恩施州巴东县—恩施市—恩施州宣恩县—恩施州利川市—重庆巫溪县—重庆奉节县—重庆云阳县—重庆石柱县—重庆丰都县—重庆武隆区—重庆南川区—达州市—巴中南江县—成都市—阿坝州茂县—阿坝州理县—阿坝州小金县—甘孜州泸定县—峨眉山市。

2. 沿线冰雪旅游点

宜昌百里荒滑雪场、五峰国际滑雪场、神农架国际滑雪场、龙降坪国际滑雪场、中和国际滑雪场、天燕滑雪场、神农顶冰雪乐园、恩施绿葱坡滑雪度假区、巫溪红池坝滑雪场、奉节茅草坝滑雪场、南天湖国际滑雪场、云阳龙缸滑雪场、石柱冷水国际滑雪场、武隆仙女山滑雪场、南川金佛山滑雪场、达州巴山大峡谷滑雪场、八台山滑雪场、巴中光雾山大坝滑雪场、成都融创雪世界、西岭雪山滑雪场、九鼎山太子岭滑雪场、鹧鸪山滑雪场、毕棚沟滑雪场等。

3. 特色冰雪活动及体验形式

神农架冰雪节、恩施绿葱坡雪地音乐节+青少年科普冰雪基地冬令营、南天湖冰雪运动季、金佛山冰雪节、仙女山国际冰雪季、四川冰雪和温泉旅游节、四姑娘山国际攀冰节、海螺沟冰川温泉旅游季、黑水·达古冰川冰雪旅游季、巴山大峡谷·罗盘云顶冰雪节、八台山第八届冰雪节等，线路体验形式为冰川摄影、滑雪、雪地摩托车、雪地自行

车、冰雪娱乐、雪地火锅、温泉休闲、登山等。

4. 沿线其他旅游景区

黄鹤楼公园、东湖生态旅游区、三峡大坝－屈原故里文化旅游区、神农架生态旅游区、巴东巫峡口景区、恩施大峡谷景区、利川腾龙洞景区、巫溪红池坝景区、巫山小三峡景区、奉节白帝城·瞿塘峡景区、云阳龙缸景区、石柱黄水大风堡景区、丰都名山景区、武隆喀斯特旅游区、南川金佛山景区、大足石刻景区、大熊猫繁育研究基地、青城山—都江堰、九寨沟、泸定海螺沟冰川森林公园、峨眉山—乐山大佛等。

扫码观看
本书作者解读